한국어로 내려온
New Bible

# 새로운
# 성 경

제46권 3부 | 총10부

하얀마음

# 하나님 말씀 중에서

## 1. 사랑의 하나님

- 세상을 창조하신 하나님은 모두를 사랑하신다. 인간만 특별히 더 사랑하지 않고, 우주 만물을 다 똑같이 사랑하신다. 그러니 하나님이 창조하신 천지 만물과 화친하고, 미물까지도 소중히 대하라.

- 하나님은 특정 종파나 민족만을 더 사랑하지 않으신다. 자기 자신만 구원받겠다는 욕심을 버리고, 자기 종파만 구원받는다는 편협한 교리에서 벗어나야 한다. 종파를 초월해서, 모두를 사랑하라.

- 원수까지 사랑하라 했으니, 이 세상에 사랑하지 못할 자가 누가 있겠는가? 종파가 다르다고 해서 부모 형제와 원수처럼 지내는 자는 인간의 근본을 모르는 자다. 가장 가까운 가족부터 사랑할 때 남도 진심으로 사랑할 수 있다.

- 한 사람을 원수같이 생각하던 마음에서 사랑하는 마음으로 돌리면, 자기 자신의 마음이 가장 기쁘고 행복하다. 하나님께서는 인간의 마음속에 무거움이 없이 기쁘고 행복한 삶을 살기를 바라신다.

- 이웃을 "내 몸처럼" 사랑하라 했으니, 마지막 한 장 남은 천국의 티켓도 이웃에게 양보하라. 자기 중심적인 신앙에서 벗어나서 남을 위해 살아야 한다.

- 독초도, 약초도, 이단도 사탄도 천사도 다 필요하기에 존재한다. 독초일지라도 극소량을 사용해서 생명을 살릴 수 있고, 약초라 하더라도 남용하면 생명을 잃을 수 있다.

- 세상 모든 것을 명약으로 활용하는 것은 인간의 지혜에 달렸다. 어떤 것이든 어떤 사람이든 적재적소에 꼭 필요한 명약으로 승화시키라.

- 사탄도 이단도 천사도 모두 하나님의 주관하에 존재한다. 진정한 하나님의 백성은 사탄과 마귀까지도 감화시켜서 천사로 거듭나게 한다.

## 2. 기도

- 하나님은 인간의 생각까지 모두를 다 알고 계신다. 우리의 소원도 이미 알고 계시기에, 소원의 기도를 할 필요가 없다. 우리가 받을 자격이 되면 내려 주신다.

- 죄를 짓고 아무리 회개를 해도 용서받지 못한다. 도둑질한 자는 용서해 달라고 기도하고, 도둑맞은 자는 도둑을 잡게 해 달라고 기도하면, 공의의 하나님은 누구의 편에 서시겠는가?

- 자기가 잘못한 것은 그 사람에게 직접 갚고 용서를 구하라. 그가 용서하면 하나님도 용서하신다. 땅에서 매면 하늘에서도 매이고, 땅에서 풀리면 하늘에서도 풀리는 이치다.

- "회당에서 기도하지 말고 골방에서 기도하라" 했다. 눈에 보이는 골방이 아니라, 골방과 같이 고요한 마음이다. 잡념을 버리고 하나님을 향해 마음을 집중하며, 사랑하고 용서하는 아름다운 생각만 나오도록 하라.

- "두드리면 열릴 것이다." 하는 것은 육의 소원을 위해 두드리라는 것이 아니라, 진리의 깨달음을 얻기 위해 두드리라는 것이다.

- 기도하는 방법: 생활 속에서 수시로 기도하는 삶을 살아야 한다.

- "저의 죄를 용서하여 주옵소서." 하는 회개의 기도를 하라.
- 범사에 "하나님! 감사합니다." 하라. 현재 가진 것에 감사하며, 과욕하지 말라. 자기 노력 이상의 것을 더 갖고자 기도하는 것은 도둑놈심보다. 공의의 하나님은 각자 노력한 만큼 주신다.
- "하나님 뜻대로 살아가겠나이다." 하며 마음의 각오를 다지라.

- 기도는 하나님의 말씀을 받아서 "행하는 것"이다. 하나님이 계심을 굳건히 믿고, 하늘을 향하여 한 점 부끄럼 없이 사는 삶 자체가 가장 위대한 기도이며, 삶이 곧 예배다.

## 3. 지도자

- 똑같이 사랑한다는 말을 해도, 순수하게 하는 말은 천사의 말이지만, 사기 쳐서 재산을 가로채려고 하는 말은 사탄의 말이다.

- 종교 지도자가 아무리 훌륭한 설교를 해도, 신도의 재물을 거둬서 더 큰 교회를 짓고 자기의 부귀영화를 바라녀 실교하면 사탄의 가르침이 된다.

- "저희 교회는 만원사례요, 믿음은 다 같으니 이웃의 개척 교회에 가서 예배를 드리시오." 하며, 이웃 교회의 부흥을 먼저 생각하여 제 신도를 보내는 종교 지도자가 있다면 그를 따르라. 그가 하나님의 사랑을 실천하는 자다.

- "부자가 천국에 들어가는 것은 낙타가 바늘구멍을 통과하는 것보다 더 힘들다" 하였거늘, 지금의 교회에서는 부자가 되기만을 기도하고 소원하니, 이는 곧 천국을 포기하고 지옥 행 열차의 티켓을 사는 것과 같다.

- 예수는 빈손이었다. 종교 지도자가 예수보다 더 호화롭고 편안하게 살아간다면 잘못된 것이다. 부귀영화와 명예를 바라는 자는 절대로 갈 수 없는 좁고 협착한 길이 종교 지도자의 길이다.

- 종교 지도자는 유리로 비춰 봐 한 점의 부끄러움이 없이 살아야 한다. 의식주도 직접 일해서 해결하고, 예수의 가르침과 행함을 그대로 따라야 한다.

- 종말은 없다. 지금의 잘못 가는 종교 집단에게만 종말이 있다. 보이지 않는 하나님은 보이는 육의 종말은 관여하지 않으신다. 환경 파괴로 인간이 스스로 멸망을 자초하는 것이다. 종파끼리 싸우기 전에, 무너진 인성을 바로잡고 지구의 몸살을 해결하는 데 뜻을 모으는 게 급선무다.

## 4. 성전이란

- 이 세상 자체가 하나님께서 만드신 성전이다. 자연보다 더 아름다운 성전이 있는가? 보이는 건물이 성전이 아니라, 성스러운 마음가짐이 성전이다.

- 반석 위에 교회를 지으라 했다. 지상의 단단한 돌은 인간이 쪼갤 수 있으나, 마음속의 굳은 결의는 세상 무엇으로도 쪼갤 수 없다. 바르고 굳건한 믿음으로 성경의 가르침을 실천하는 것이 마음의 반석 위에 교회를 짓는 것이다.

- 손으로 지은 건물의 교회에 모여서 복음을 전하는 것이 아니라, 교회를 개인과 가정에 심어 주어야 한다. 무너지고 부서지는 건물을 짓지 말고, 마음속에 영원히 불변하는 참진리의 교회를 지으라.

## 5. 십계명

- 십계명은 인간이 죽어서 반드시 통과해야만 하는 열 개의 관문이다.

- 부모를 공경하지 아니한 자는 "네 부모를 공경하라." 하는 제5계명의 관문이 열리지 않으니 구원받을 수 없다.
- 살인, 간음, 거짓, 우상 등의 나머지 계명도 마찬가지다.

- 십계명은 하나님의 친필이다. 모기소리만 한 하나님의 음성이라도 들어 보겠다고 여기저기 찾아 헤매지 말고, 십계명부터 암송하고 지키라.

- 십계명은 영혼을 구원하는 양식이며, 십계명을 지키는 것이 구원을 받는 길이다. 인간이기에 지키고자 노력하고 또 노력한다면 지킬 수 있다.

- 십계명을 지키고 천사처럼 아름답게 살아가는 그 마음 하나면 세상에 이루어지지 않는 것이 없다.

## 6. 보물

- 하나님은 재물이 아니라 우리의 마음을 받으신다. 사랑을 실천하며 천사처럼 변하는 마음이 하나님께 바치는 보물이다.

- 보이지 않는 하나님께 재물을 바치려 하지 말고, 너희를 길러 준 부모에게 용돈 드리고, 찾아뵙고, 효성을 다하라. 그것이 하나님께 효도하는 것이다.

- 하늘에는 선과 악의 창고가 있다. 자기 창고에 선이 많으면 천국으로 구원을 받고, 악이 많으면 심판받아 지옥으로 간다. 그것이 바로 "선한 일을 행한 자는 생명의 부활로, 악한 일을 행한 자는 심판의 부활로" 나오는 것이다.

- "선악과를 따먹지 말라"는 것은 양심을 지키라는 것이다. 선과 악을 구분할 수 있는 양심을 최초에 인간에게 주셨다. 선한 열매는 취하고, 악한 열매는 버리며, 양심에 비추어 부끄럼 없는 삶을 살아가라.

- 가장 작은 거짓말을 하지 않고, 가장 작은 죄를 짓지 않으며, 가장 작은 선행을 하고, 가장 작은 악행을 멀리하는 것이 율법의 일점 일획도 빠뜨리지 말고 다 지키는 삶을 사는 것이다.

## 7. 우상

- 박물관에 있는 불상은 하나의 예술품이다. 그 조각품에 대고 제 소원을 빌 때 우상숭배가 된다. 십자가라 하여도 그 앞에서 소원을 빈다면 우상숭배하는 것이며, 하나님께 소원을 빈다면 하나님을 우상으로 전락시키는 것이다.

- 지금 기복신앙에 젖어 있는 모든 사람이 우상 앞에 절을 하고 있다. 조각품을 우상이라며 파괴하지 말고, 네 마음속에 있는 욕심의 우상을 무너트리라.

- 생수를 약초가 먹으면 약을 만들고 독사가 먹으면 독을 만든다. 같은 성경을 봐도 선한 지도자는 신도를 천사로 만드는 데 활용한다. 그러나 욕심이 가득한 지도자는 재물을 거두어들여 제가 부귀영화를 누리는 데 악용한다. 그가 바로 성경을 우상숭배의 도구로 전락시키는 거짓 선지자다.

- 성경을 한 획도 빼거나 더하지 말라는 것은, 그 가르침을 빠트리지 말고 온전히 지키라는 것이다. 성경 속에서 자기에게 유리한 구절만 보는 것은, 자기에게 불리한 구절들을 빼 버리는 것이다. 믿음이 제일이요, 행함은 구원과는 관계없다는 것은 자신에게 유리한 쪽으로 성경을 악용하는 것이다.

- 진정한 종교 지도자는 종파에 관계없이 어떤 종파든 어떤 책이든 접하고 보고 깨우쳐 견문을 넓히도록 인도한다. 참진리를 모르고 자신이 없는 자가 남을 이단이라며 배척하고, 신도들의 눈과 귀를 가린다.

## 8. 예수

- 예수의 재림은 없다. 예수가 다시 온다 해도, 과연 누가 그를 예수라고 믿겠는가? 예수와 같은 삶의 행함이 곧 예수의 재림이다. 각자 모두가 "재림 예수"가 되는, 차원 높은 믿음으로 가야 한다.

- 예수는 "주여 주여 하지 말고, 아버지의 뜻대로 행하라"고 했다. 예수가 전한 하나님의 뜻이 곧 "길이요, 진리요, 생명"이며, 그 가르침이 예수의 보혈처럼 소중한 것이다. 예수를 믿는 것은, 예수의 가르침을 믿고 따르는 것이다.

- 예수는 낮은 자로서 만백성을 섬기고자 했다. 만나는 모든 사람을 다 하나님이라 생각하라. 돈을 벌수록 겸손하고, 높은 지위를 얻을수록 낮아지라.

- 예수는 종파를 만들지 않았다. 인간이 만든 종교와 인간의 교리를 따르지 말고, 예수를 통해 전한 하나님의 참진리를 연구하고 따르라.

- 예수가 2천 년 전에 만백성을 위해 죽었으니, 지금 이 땅에는 예수의 가르침대로 사는 천사만 존재해야 한다. 예수가 죽어 가면서 바란 것은 만백성이 천사가 되어 예수의 자리를 채워 주는 것이지, 지금과 같이 재물을 바치면서 중언부언 제 소원만을 비는 백성들을 바란 것이 아니다.

## 9. 구원

- 천사가 사는 천국에는 천사만 갈 수 있으니, 천사 같은 마음을 길러야 한다.

\- "천국 열쇠를 네게 주리니 땅에서 무엇이든지 매면 하늘에서도 매일 것이라" 했다. 땅에서 천사같이 사는 자가 하늘에서도 천사가 되어 천국에 들어간다. 모든 사람에게 천사같다는 말을 듣는 삶을 살아야 한다.

- 천사의 곱고 아름다운 마음은 부모를 공경하고 어른을 어른으로 대접하는 데에서 출발한다. 효도하는 자는 형제와 화목하게 지내기에 가정이 화목해지고, 이웃과 화목해지고, 국가가 화목해지고, 온 인류가 화목해진다.

\- 그러므로 지상의 아름다운 소왕국은 가정에서부터 이루어야 한다.

- 선택된 14만 명만 구원받는 것이 아니라, 천사처럼 변하고자 하는 14만 명을 기초로 온 인류가 천사처럼 거듭나는 영적인 개혁이 시작되는 것이다.

- 천 년에 걸쳐서 하늘에서 이루어진 것같이 이 세상을 낙원으로 만들어, 만백성이 지상의 천국에서 살다가 죽어서 그대로 하늘의 천국으로 들어가는, 영원한 지상 낙원을 건설하는 것이 하나님의 계획이다.

**- 이것이 구약과 신약에 이어 "새로운 성경"으로 역사하시는 하나님의 창조의 완성이다.**

- 지금의 믿음으로 구원받을 수 있다면 그 길을 가라. 그러나 자신이 없다면 하나님께서 직접 내리신 160권의 "새로운 성경"을 읽고 구원의 길을 보라!

# 하나님 머리말씀

이 새로운 성경을 읽는 너희 모두는
이 율법에 따라 행하면 영원히 구원받을 것이니라.

너희 인간이 수년, 수십 년, 평생
성서를 공부하고 기도하는 것은
하늘나라 나의 곁으로 오고 싶은 소망일진대,

몇천 년 전의 너희 인성과 생각이
지금의 너희와는 판이하게 다르니,

꺾여 가고 병들어 가는 너희를 고칠 수 있는 길은,
오늘 내가 선지자에게 내리는 새로운 성경과 같이
너희가 변화되는 것뿐이니라.

나의 예수가 태어난 것처럼
내가 아들 선지자를 선택하여
나의 새로운 성경을 온 세계에 전하고자 하니,

묵은 것은 버리고 새로운 것은 취하여,
너희 모두는
'여호와 하나님! 저의 죄를 용서하여 주옵소서.'
하는 기도문으로 기도하고, 죄를 뉘우치라.

이 새로운 성경은
수천 년간 내려온 성서를 요약한 것이니,
너희는 이 책을 정독하여 쉽게 깨달음을 얻고,
이대로 실천하여 하늘에 오르라.

# 대역자 머리말

## ■ 하나님의 율법을 지키는 선지자로 선택을 받도다.

저는 남들처럼 그저 열심히 살아온 평범한 사람이었습니다. 그러나 50대 중반에 사업에 실패하여 많은 부채에 시달렸으며, 건강도 악화되어 눈이 잘 안 보이고, 걷기도 어렵고, 두통이 심해서 잠을 이룰 수 없는 고통의 나날을 보냈습니다. 그때 제가 선택할 수 있는 것은 육의 삶을 끝내는 길뿐이었습니다.

죽기 직전에 그동안에 죄를 지은 이들에게 용서를 빌고 인생을 끝내기로 작정하였습니다. 어려서부터 지은 죄를 빌고 빌다 보니 끝이 없었고, 죽음으로도 그 많은 죄를 용서받을 길이 없다는 생각에 하염없이 눈물이 흘렀습니다. 그 순간 '재래식 화장실의 구더기는 죄를 짓지 않는데, 나는 인간으로서 구더기만도 못한 삶을 살았구나.' 하는 생각이 들면서 괴로움에 몸부림칠 때, 갑자기 하나님의 음성이 들렸습니다.

"나는 여호와 하나님이니라. 너는 십계명을 암송하고 내가 내려 주는 메시지를 받아 책으로 만들어 만백성을 구하라." 하시며, 제 눈을 손으로 문지르게 하시고, 아픈 머리와 다리를 손으로 두드리게 하셨습니다. 그러고 나니 눈도 잘 보이고 걸을 수 있었으며 머리의 통증도 말끔히 낫게 되었습니다. 그때부터 십계명을 암송하고 나면 들려주시는 말씀을 기록하였고, 1999년 8월부터 2004년 7월까지 권당 288쪽, 총 160권을 받아서 "새로운 성경"이라는 책으로 펴내게 되었습니다.

그러한 저에게 죽기보다도 힘든 길이 시작되었습니다. 모든 교인들이 저에게 사탄이요, 이단이요, 악마요, 마지막 시대에 온 거짓 선지자라 하면서 공격하였고, 저를 짐승을 보듯이 대하는가 하면, 편협한 종교 지도자들의 선동으로 신도들이 이 책을 직접 읽어보고 평가할 기회마저 막아 버렸습니다. 그래서 하나님의 말씀을 세상에 내는 데 많은 어려움을 겪으며, 피를 토하는 심정으로 책을 전하고 있습니다.

그러나 아무리 인간의 힘으로 막으려 해도, 하나님의 뜻이 세상에 전해지는 위대한 역사는 계속될 것입니다. 책으로 전해지는 "하나님의 말씀"은 세상 끝날까지 항상 우리와 함께하실 것입니다. 사람은 죽어도, 책에 기록된 말씀은 영원히 남으니까요.

## ■ 따뜻한 실천

하나님께서는 어려운 사람들에게 삶의 터전을 마련해 주고, 미래를 열어 주는 것을 기뻐하십니다. 어려운 이웃이 스스로 자립할 수 있도록 이끌어 주는 것이 진정으로 이웃을 돕는 것이라고 말씀하셨습니다. 그래서 일자리가 없는 제자들에게 작은 사업장을 만들어 주는 "달란트 사업"을 하고 있습니다. 식당, 반찬 가게 등을 차려 주고, 기존의 어려운 사업장이 자립할 수 있도록 돕고 있습니다(커피숍, 미용실, 의상실 등).

하나님께서는 교회에 나와서 모든 시간과 재물을 쏟기를 원하지 않으시고, 그 시간과 재물을 교육에 투자하여 스스로 미래를 열어 가기를 원하십니다. 그래서 제때 공부하지 못한 제자들에게 학업을 이어 가도록 하였습니다. 중화요리 주방장을 하며 초등학교 검정고시부터 공부하여 2012년에 방통대를 졸업한 36세 남성, 만학도들의 2년제 중학교에 입학해서 2007년에 명지대학을 졸업한 38세 여성, 중학교 검정고시를 시작으로 숭의여자대학을 졸업한 47세 여성 등이 있습니다. 그밖에도 많은 제자들에게 나이를 초월하여 배우고 깨우쳐서 사회 속의 당당한 일원이 되도록 인도하고 있습니다.

학자금 대출로 힘겨워하는 젊은이들을 위해 "따뜻한 바람 장학회"를 발족하여(2016년 12월) 대출받은 학자금 전액을 매월 갚아 주고 있습니다. 또한, 다문화 가정을 위해 "다문화 가족 랜드"를 조성하여, 각종 시설을 무료로 활용하도록 하고 있습니다.

이러한 따뜻한 실천이 아직은 미약합니다. 그러나 책의 수입이 늘고, 저와 뜻을 같이하는 분들이 늘어나면 계속 확대할 것입니다. 지도자로서 신도의 재물을 헌금으로 거둬들여 착복하는 것이 아니라, 하나님께서 기뻐하시는 일에 사용하도록 중매 역할만 하며 살아가고자 합니다. 이런 제가 과연 사탄이고 이단인가요? 하나님께서 기뻐하시는 일이라면, 저에게 사탄이라 하든 거짓 선지자라 하든 굽히지 않고 실천해 나갈 것입니다.

끝으로, 일상의 삶 속에서 "지금 내가 하는 행동이 과연 하나님께서 기뻐하실까, 슬퍼하실까?" 생각하고, 매사에 하나님께서 기뻐하시는 길을 택하기 바랍니다. 교회에 모여서 집단적으로 예배 드리는 것이 아니라, 개인이나 가정 단위로 새로운 성경을 읽어 스스로 깨우치고 그대로 행하면 충분합니다. 그것이 마음속에 성전을 짓고, 신령과 진정으로 예배 드리는 길입니다. 그러면 천국의 문에 들어서게 됩니다.

2017. 2. 1.

하나님 말씀 대역자 김용철

# 차 례

# 십 계 명

이 책은 십계명을 암송하고 나면 내려 주시는 "하나님의 음성"을 듣고 그대로 받아쓴 기록입니다. 하나님께서 십계명을 모세에게 내려 주셨지만, 그것은 만백성에게 내려 주신 것입니다. 마찬가지로 이 책의 모든 말씀도 저에게 내려 주셨지만, 만백성 각자에게 들려주시는 말씀입니다. 여러분도 이 책을 접할 때마다 십계명을 암송하고 나서 정독해 주시기 바랍니다.

제일은, 너는 나 외에는 다른 신들을 네게 있게 말지니라.
제이는, 너를 위하여 새긴 우상을 만들지 말고, 또 위로 하늘에 있는 것이나, 아래로 땅에 있는 것이나, 땅 아래 물 속에 있는 것의 아무 형상이든지 만들지 말며, 그것들에게 절하지 말며, 그것들을 섬기지 말라.
제삼은, 너는 너의 하나님 여호와의 이름을 망령되이 일컫지 말라.
제사는, 안식일을 기억하여 거룩히 지키라.
제오는, 네 부모를 공경하라.
제육은, 살인하지 말지니라.
제칠은, 간음하지 말지니라.
제팔은, 도적질하지 말지니라.
제구는, 네 이웃에 대하여 거짓 증거하지 말지니라.
제십은, 네 이웃의 집을 탐내지 말지니라.

나 여호와가 존재함을 믿는 그 자체가 구원의 길에 들어서는 기본이요, 근본이며, 나의 새로운 성경을 가슴에 안고 정독하는 자, 반석 위에 서서 하늘에 오르는 찬란한 빛을 보게 되는 영광을 얻게 됨이니라. 진정 나를 따르고 믿는 자는 감히 사탄이나 마귀도 근접하지 못하느니라.

〈하나님 말씀〉

# 2002년 9월

## 3,313 번째 하나님 말씀

*2002년 9월 8일 22시 41분*

1 사랑하는 나의 아들아!
2 "네, 아버님! 말씀하옵소서."
3 너희들 인간사 살아가는 세상 속에서 똑같은 물건을 놓고 너희들이 거기에 대하여 평가를 내린다 하면, 보는 사람의 생각에 따라서 다르며 또 그 위치가 달라짐으로 그 보는 각도가 달라짐이니라.
4 똑같은 물건을 놓고 너희들이 평가한다 해도 그 물건이 어느 자리에 있으며 어찌 변화되어 있으며 그 분위기에 어찌 어울리느냐에 따라서, 그리고 자리를 옮김에 따라서 똑같은 물건이라도 너희들의 눈에 다르게 보임이니,
5 그리하여 같은 것을 놓고 평가해도 사람마다 평가하는 기준에 따라 다른 것이 너희들이 평가하는 것이니라.
6 하물며 믿음이라는 그 길을 오는 산 사람인 너희들이 어떤 마음과 어떤 형태로써 어찌 행하느냐에 따라서 그 변화무쌍한 것은 밀도 헤아릴 수가 없음이니라.
7 너희들의 마음은 하나이나 그 마음이 어떠한 쪽으로 어떻게 생각하느냐에 따라서, 또 너희들이 어떠한 마음을 먹고 사느냐에 따라서 그 차이는 말할 수 없이 큼이니라.
8 너희들이 하나의 물건을 놓고 그 물건의 위치와 그 음양의 관계에 따라서, 그리고 그 분위기에 따라서도 모두가 달라지듯이 그와 같이 그 자리에 따라서 달라짐이니,
9 너희들이 살아 있고 생각을 가지고 있는 나의 백성이며, 또 판단력이 있고 지혜가 있으며 옳고 그름을 볼 수 있는 너희들이니, 너희들이 지키고 안 지키는 너희들의 마음가짐에 따라서 구원의 길과 지옥의 길로 가는 그와 같은 차이가 있음이니라.
10 그러니 너희들의 마음 하나를 다스리는 것이 정녕 소중한 것이며, 그 마음을 어찌 바로잡고 곱게 보느냐에 따라서 너희들의 그 차이는 이루 말할 수 없음이니라.
11 그리하여 내가 너희들에게 말하기를 마음을 다스리며 마음을 바로잡으라 함이 거기에 있음이니라.
12 너희 스스로 마음을 다스리지 못하고 자신을 통제하지 못한다면 너희는 아무것도 이룰 수 없음이니라.
13 그리하여 너희 마음을 선한 쪽으로 향하여 하늘에 오르는 길을 선택할 수도 있으며, 사악한 쪽으로 생각하여 영원히 돌이킬 수 없는 지옥의 그 구덩이로 갈 수도 있으니, 그것이 다 너희들의 마음 하나에 달렸음이니라.
14 바로 생각하기에 달렸으며, 너희들이 어느 자리에서 어떤 마음을 먹고 살아가느냐에 따라서 너희들의 형태가 그와 같이 달라진다는 것을 알아야 할 것이니라.

## 3,314 번째 하나님 말씀

*2002년 9월 9일 0시 08분*

1 사랑하는 나의 아들아!
2 "네, 아버님! 말씀하옵소서."
3 나를 대신하여 행하는 자, 나의 뜻을
세상의 만백성에게 이루고자 하며 그
를 전하며 내가 이루고자 하는 것을
대신 행하는 자는 너희들 백성 중에
가난한 자와 궁핍한 자, 그들과 더불
어 생활하며 그들의 아픔을 알며 그들
의 고통을 같이 느끼며 그들이 어렵고
힘들 때 의식주를 해결할 수 있도록
도와주며, 그들이 내가 만든 이 세상
에 인간으로 태어난 것을 가장 행복하
게 느낄 수 있도록 그들을 도와 가며
사는 자이며,
4 그와 같이 나 여호와를 대신하여 행하
며 내가 존재함을 알려 주는 자가 곧
나의 아들과 딸들이니라.
5 어렵고 힘들고 가난한 자들을 외면하
며, 오로지 너희들을 위하여 금화와
은화를 바치는 자, 그리고 그들이 가
지고 있는 모든 재물이요, 재산을 너
희들에게 헌납하고 헌금하며 바치는
자, 그는 믿음의 강도가 높으니 타의
모범이 되며 백 번 천 번 구원을 받을
수 있는 자라 그리 말하며,
6 저희들이 살아가기도 힘든 형편에 어
렵게 용단을 내려 그 재산을 털어 바
치는 자, 그는 하늘에 재물을 그득히
쌓아 놓아 구원을 받는다 말하며, 너
희들이 성전이라는 곳을 짓기 위하여
한 가정이 파탄에 이른다 할지라도 너
희들은 그 성전을 짓는 데 금화와 은
화를 바치는 자는 축복을 받으며 영원
히 구원을 받는다 함이니,
7 그 말에 현혹되어 남편은 아내 모르게
아내는 남편 모르게 저 혼자만 구원의
축복과 영광을 받겠다 하여 그와 같은
가정 파탄을 일으키며 재물을 바치는
자, 그러한 인간들은 내가 알지 못함
이니라.
8 나는 너희들이 바치는 그 재물로써 구
원을 받고 안 받는 그 티켓을 팔고 사
는 여호와가 아님이니, 너희들이 지상
을 오염시켰으면 된 것이지 나 여호와
가 존재하는 천국에까지 그 원성이 높
이 들려오니 나를 원망하지 말며 하늘
을 오염시키지 말라.
9 그러한 자를 나는 알지 못함이니라.
10 너희들이 의식주를 우선 해결해야 하
는 것이며, 너희들이 주일이라는 그
안식일을 지키는 것보다도, 너희들의
의식주를 해결하여 가정이 화목하며
한 가정이 알뜰히 살아갈 수 있는 그
와 같은 역사를 이루며 가정을 다스리
는 것이 너희들의 근본의 해야 할 일
이니라.
11 너희들이 만든 나의 성전이라 말하는
그곳에 와 기도하고 경배하는 것이 아
니라, 스스로 의식주를 먼저 해결하는
데 모두를 다 바치며, 그리고 자연 속
에, 내가 만든 이 자연의 성전에서 너
희 스스로 가족 단위로 감사하는 기도
를 드리면 내가 그것을 받아들인다 하
였음이니,
12 너희들이 의식주를 해결하며 한 가정
이 화목하게 살아가는 것이 내가 너희
들에게 바라는 가장 큰 기대라 하였음

이니 그것부터 먼저 해결하여,

13 그 속에서 남에게 부대끼지 않으며 남에게 시시비비를 받지 않는 삶을 살아가는 자가 진정 나에게 기도를 드릴 자격이 있으며, 마음이 하나가 될 수 있다 말하였느니라.

14 그러나 너희들은 재물을 많이 쌓아 놓으면 구원을 받는다 하여 있는 것 없는 것을 다 정리하여 갖다 바치고 너희들이 길거리에 나앉으며 가정이 파탄이 나고 부부지간에 갈라서며 자식과 이별하는 그와 같은 행위를 하는 자가 구원을 받는다 생각하는가?

15 그는 제 재물을 잘못 썼으며, 내가 화목하게 살라 맺어 준 그 가정을 파괴한 원죄를 지었으니 그의 고통은 이루 말할 수 없을 것이며,

16 그는 육에서도 고통을 받을 것이며, 평생 후회하며 육의 세상에서 살다, 남들이 구원을 받아 천국의 문을 갈 때 저는 지옥으로 가 그 죄의 대가를 받는 그와 같은 자임을 알라.

17 그리하여 그들을 그리 유도하는 자, 그리 인도하는 자, 그리고 그들을 유혹하여 그와 같이 파탄에 이르게 하는 자, 제가 편하고자 하며 제가 이룬 성전을 아름답게 갖고자 하여 저희 신도라 하는 그 백성의 삶을 바라보지 않는 그 사악한 자들이 정녕 하늘에 오르는 지도자라 말하는가?

18 그들은 나와는 아무런 관계도 없음이니라.

19 오로지 어렵고 힘든 자와 같이하며 그들의 고통을 위로하며 더불어 살아가고자 그들을 도와 가며 노력하며 그들의 힘이 되어 주는 자, 그가 곧 나 여호와를 대신하여 살아가는 자이며 나의 임무를 대신하여 행하는 자임을 알라.

20 그렇지 않은 자를 나는 모름이니 너희들은 그리 알라.

21 너희들이 지옥으로 떨어지는 그 무서운 죄의 대가를 치를 때 나 여호와를 원망해서는 아니 될 것이니라.

22 너희들이 지금 그와 같이 내 뜻을 거역하며 그저 성전이라는 곳에 재물을 많이 바치며, 육의 삶에서는 어찌 살아가든, 그저 재물을 하늘에다 많이 바쳐 구원의 영광을 얻겠다고 그리 살아가며 그리 노력하고 그리 생각하는 어리석은 자,

23 너희들이 지옥으로 떨어져 그 죄의 대가를 치르는 그때 나 여호와를 정녕 원망하는 그와 같은 눈빛으로 쳐다볼 것이나, 너희들은 나를 원망치 말라.

24 오로지 그것은 너희 죄이며, 나 여호와와는 관계없음을 너희들은 그때 알게 될 것이니라.

## 3,315 번째 하나님 말씀

*2002년 9월 9일 0시 17분*

1 사랑하는 나의 아들아!

2 "네, 아버님! 말씀하옵소서."

3 너희들이 '호랑이를 잡기 위해서는 호랑이 굴로 들어가야 하며, 도둑을 잡기 위해서는 그 도둑의 소굴로 뛰어들지 아니하면 그를 잡을 수 없다.'는 말이 있음이니라.

4 지금 잘못 흘러온 그 종교 집단들이

잘못 가르치고 있으며, 또한 그것을
잘못 가는 길인 줄도 모르고 따르는
나의 피조물 만백성, 그리고 금화와
은화를 많이 바치면 구원을 받는다 그
리 가르치는 자들,
5 그리하여 저희들이 하늘에 오르는 그
영광의 티켓을 재물로 사겠다고 몸부
림치며 발버둥치며 광란의 믿음의 길
로 가고 있음이니,
6 그것이 천국으로 가는 것인지 지옥으
로 가는 것인지도 모르고 지금 광란의
짓을 하고 있는 그들, 그 모두의 뿌리
를 뽑으며 그들을 이 지상에서 제거할
수 있는 길은 그 죄악의 온상인 성전
이라는 그것부터 지워야 할 것이며,
그것부터 문을 닫게 하는 것임을 알고
있음이니라.
7 그리하여 그와 같은 종교 집단의 너희
들이 손으로 지은 성전이라는 그곳의
문을 지금 내가 너희 스스로 닫게 하
고자 함이니,
8 죄의 온상인 너희 손으로 지은 성전이
라는 곳을 궁핍과 곤란 속에 너희들이
견디지 못하는 그와 같은 역사로써 그
문을 닫고자 하는 역사가 시작되었음
을 알아야 될 것이니라.
9 그 근본의 뿌리를 없애기 위하여 지금
맹종하던 나의 백성들이요, 그리고 금
화와 은화를 바치면 천국에 가며 너희
들이 지은 성전에 가서 기도하고 경배
하면 나의 아들 예수의 보혈로써 구원
을 받으며, 그것으로써 육의 행함이
어찌하든 간에 축복을 받아 구원을 받
는다 그리 가르쳐 맹종했던 그 백성들
이 스스로 이제 깨우침을 아는 그 시
대를 열고자 함이니라.
10 아무런 뜻도 모르고 성서의 깊이도 모
르며 나 여호와가 이루고자 하는 그
뜻도 모르며, 그저 재물만 바치면 구
원을 받는다고 너희들에게 말하며 너
희들을 굴복시키며 너희들을 복종시
키며 너희들 위에 군림하고자 하는 그
잘못 가르치는 종교 지도자들이 이제
는 더 이상 존재할 수 없도록, 그들의
성전의 문을 닫도록 하고자 하여 내가
나의 백성들이 그들의 곁을 떠나도록
할 것이며,
11 너희들이 그와 같이 금화와 은화를 바
쳐 구원을 받는다 하는 그것이 잘못된
것임을 깨우치도록 함이니,
12 이제 그들이 만들어 놓은 그 호화찬란
한 성전의 문을 닫기 시작하는 역사가
시작되었음을 알라.
13 그 단계로써 그저 맹종하던 백성, 그
리고 재물과 모두를 바치면 구원을 받
는다 하여 너희들에게 시간과 재물까
지 모두 거둬들이는, 그리고 그것을
바쳤던 그 백성들이 너희들의 종교 집
단이요, 너희들의 성전이란 곳을 서서
히 떠나기 시작하는 그 역사를 시작하
였음을 알아야 될 것이니라.
14 이제는 그와 같이 재물을 바치며 맹종
하는 백성도 없을 것이며,
15 너희들의 세 치 혓바닥에 현혹되어 그
저 그것이 구원의 길이라 하여 평생
저희 조상도 그리 바치다 지옥으로 갔
으며 저 자신도 또한 지옥으로 가는
그와 같은 어리석은 그 위치에서 그들
에게 깨우침을 주기 위하여 지금 내가
세상을 덮는 비가 쏟아지듯이 나의 법

전을 세상에 전하여 그들을 깨우치고
자 함이니,
16 잘못 가르치는 종교 지도자들의 그 뿌
리를 제거하며, 그 근본의 뿌리를 제
거하기 위하여 그 성전의 문을 닫도록
지금 역사하고 있음이니라.
17 이제 저희들이 스스로 궁핍하며 그를
지탱하기 어려우며 경제난에 허덕이
는 그와 같은 형국에 이를 것이니,
18 그는 바로 아무것도 모르고 그저 재물
만 바치면 구원을 받는다는 백성들이
저희들 앞에 복종하며 '아멘! 할렐루
야!' 소리 속에서 저들의 감언이설에
의하여 가진 것을 다 바치고 나오는
그와 같은 형국에서,
19 이제 그들이 진실을 깨달으며 하늘에
오르는 길이 무엇인가를 깨달아 서서
히 그 성전을 떠나는 역사가 이루어질
것이며, 그 성전의 문을 잡는 나의 백
성들이 없을 것이니, 그 숫자가 서서
히 줄어들기 시작하는 역사가 이루어
질 것이니라.
20 그리하여 죄의 온상인 저희들이 지은
그 성전의 문부터 닫게 할 것이며, 그
리하여 만백성이 진실을 깨닫고, 정녕
하늘에 오르는 길이 무엇이며, 나의
법전을 보고 깨우쳐 저희들이 행함이
무엇인가를 알도록 그와 같이 역사를
하고자 함이니라.
21 그리하여 지금 시작되어 그 역사가 이
루어지고 있음을 너희들은 알아야 될
것이니, 너희들은 머지않아 그 변화되
는 모습을 스스로 알게 될 것이니 그
리 알라.

## 3,316 번째 하나님 말씀

*2002년 9월 9일 0시 23분*

1 사랑하는 나의 아들아!
2 "네, 아버님! 말씀하옵소서."
3 지금 나 여호와 창조주가 나의 아들을
통하여 너희들에게 구약과 신약을 덮
는다 함을 만백성에게 깨우치라 전하
였으며, 제3의 시대를 위하여 마지막
심판의 법전이라 하여 내가 160권의
법전을 세상에 내려보냄이니,
4 '하나님! 말씀하옵소서.'라는 이 책을
읽고 깨우쳐 내가 이루고자 하는 변화
의 역사에 나의 아들을 따라 동참하는
자는 구원을 받을 것이며, 이를 방해
하는 자는 영원히 구원을 받을 수 없
음을 너희들에게 지금 내가 기록하여
전함이니, 너희들은 이 깊은 뜻을 알
고 깨우쳐야 할 것이니라.
5 너희들이 지금 살아가면서 인간 세속
에서는 너희들이 잘못한 죄요, 너희들
이 실수로써 지은 죄요, 또 인간 세상
에서 지은 죄를 너희들이 노력하여 그
열 배로써 보상했을 때 그 죄를 사하
여 줄 수 있다 내가 말하였음이니라.
6 그리고 내가 너희들에게 항상 말하였
느니라.
7 너희들이 세속의 인간관계에서 지은
그 죄만큼은 하나를 훔쳤을 때 열 개
를 갚다 주어야 그 죄가 상쇄된다 하
였음이니,
8 하나를 잘못한 그 죄를 열 배로써 갚
는 수고로움을 고통스러워하지 아니
하며 그리 행하는 자, 내가 너희들의
죄를 용서해 줄 수 있다 하였음이니라.

9 그러나 너희들은 여기서 알아야 될 것
이니라.
10 지금 나의 법전이 세상에 나가는 것을
사탄의 장난이라 말하는 자들은 영원
히 구원받지 못한다는 것을 알아야 될
것이니라.
11 육의 삶을 위하여 너희들이 잘못한 것
은 열배 백배 용서를 빌 때 구원받을
수 있으나,
12 내가 내리는 나의 법전을 사탄의 장난
이요, 마지막 시대에 오는, 세상을 혼
돈케 하는 사악한 자라 그리 말하며
나의 법전을 버리거나 찢어 버리며 세
상에 나의 법전을 전하는 것을 거부하
는 데 앞에 선 자, 또 그를 전하지 못
하도록 선동하며 선전하는 자, 앞장서
서 모두를 다 방해하는 자들은 그 어
떠한 형태로든 절대 구원을 받을 수
없다는 것을 너희들은 알아야 할 것이
니라.
13 내가 다시 한 번 기록하여 너희들에게
전함이니라.
14 인간 세속에 살아가면서 실수하는 그
죄는 너희들이 열 배 이상으로 그를
보상함으로써 구원의 길을 바라볼 수
있으며 구원의 길에 들어설 수 있다
하였음이니라.
15 또한 그와 같은 역사로써 너희들이 변
화되는 삶을 살 때 내가 너희들을 거
둬들일 수 있다 하였음이니라.
16 그러나 나의 법전이 세상에 나오는 것
을 마지막 이단이요, 사탄이 하는 것
이요, 마지막 종말의 시대에 모든 백
성들을 지옥으로 이끌어 가 혼란을 빚
는 자요,
17 그러기 때문에 이 자는 세상에 존재할
수 없으며, 나 여호와의 아들이 아니
요, 사탄의 왕 자식이라 말하며, 그리
하여 이 법전을 찢어 버리는 자, 불태
워 버리는 자, 그리고 이를 읽는 자를
방해하는 자, 이를 깨우치고자 하는
자에게 읽지 못하도록 하는 자,
18 저 자신이 구원을 받지 아니하는 것은
제가 지은 죄만큼 대가를 받으면 될
것이나, 이를 보고 깨우쳐 하늘에 오
르고자 하는 나의 백성의 길을 막으며
그들을 방해하는 자, 그와 같이 행하
는 자는 어떠한 용서를 빌어도 그를
용서받을 수 없으며 내가 그들을 용서
할 수 없음을 알라.
19 그리고 이와 같은 행위를 하는 자는
절대 용서를 받을 수 없음이니, 곧 그
는 구원의 길에 오를 수 없으며 구원
을 받을 수 없다는 것을 알아야 될 것
이니라.
20 나의 법전이 사탄의 장난이요, 마지막
시대에 오는 거짓 선지자가 만백성을
혼돈하게 하는 방법이요, 그래서 이는
보지도 말아야 될 것이며 그 내용을
알려고 할 것도 없으며 그들이 행하는
것을 보지도 말라 그리 전하여 이 법
전을 버리도록 하는 자, 그 죄가 얼마
나 무서운 것인가를, 너희들이 머지않
아 그 삶을 마치고 나에게 왔을 때 그
죄의 대가를 알게 될 것이니라.
21 이와 같은 행위를 하는 자는 어떠한
용서를 빌어도 내가 그 용서를 받아들
이지 아니할 것이니라.
22 마지막 제3의 시대에 내가 만백성을
구하기 위하여 나의 아들을 통하여 밤

낫을 가리지 아니하고 이 기적의 역사
를 이루고 있음이니, 그 기회마저도
막게 했으며,
23 나의 피조물 만백성이 내가 직접 성령
을 전하는 것을 깨우쳐 하늘에 오르는
나의 아들딸들이 되는 것을 보는 것이
나의 가장 큰 기쁨이요, 내가 이 세상
에 인간을 만들어 세상을 통제하게 했
던 그것이 가장 나의 큰 영광이니, 그
것까지도 막으며 그것까지도 단절시
키는 너희들은 어떠한 형태로든지 용
서받을 수 없다는 것을 깊이 간직하고
깨우쳐 행하도록 그리해야 할 것이니
라.

## 3,317 번째 하나님 말씀

*2002년 9월 9일 0시 43분*

1 사랑하는 나의 아들아!
2 "네, 아버님! 말씀하옵소서."
3 나 여호와가 나의 피조물 만백성 너희
들을 깨우치는 길에 있어서, 너희들은
나의 아들의 행위를 보지 말며 법전을
보고 깨우치라 수없이 너희들에게 일
깨워 주었음이니라.
4 그러나 너희들은 지금 나의 성전에 와
나의 법전을 읽고 공부하고 깨우치면
서 그와 같은 뜻을 기억하여 행하는
자가 없음이니,
5 너희들은 나의 아들 예수의 그 시대의
삶과 같이 신비요, 베일 속에 싸여 있
으며 완벽한 나의 아들의 모습을 생각
하며 그리 상상함이니라.
6 또한 거기에다 너희들의 육의 기적이
요, 역사를 그와 같이 이루어 주었을
때, 이는 정녕 나로부터 선택된 자요,
나의 아들이라 생각하는 그와 같은 너
희들의 마음이 머릿속에 젖어 있음이
니라.
7 내가 너희들에게 이르기를, 나의 아들
의 행함을 보지 말고, 나의 법전의 내
용을 보며 나의 성령의 뜻을 보고 깨
우쳐 구원의 길을 가라 하였음이니라.
8 나의 아들이 인간사 60평생에 너희들
과 같이 삶을 살아왔으니, 그가 하루
아침에 너희들이 그리는 예수의 삶이
요, 예수의 행적과 같이 이루어지는
그 역사를 기다리는 것은 너희들의 욕
심이라 내가 말하였느니라.
9 나의 아들이 너희들과 같이 더불어 사
는 그 생활에서 그가 천사요, 나 여호
와 창조주의 심성으로 변화되어 예수
와 같은 삶을 이끌어 갈 때만이 너희
들의 고통과 시련과 그 어려움을 알
것이며,
10 나의 아들과 같이 살아온 그 백성 너
희들이, 그 나이에도 그와 같이 천사
와 같은 마음으로 변할 수 있던 나의
아들을 이해하며, 또한 너희들이 나의
아들을 본보기로 삼아 구원의 길에 오
를 수 있도록 하기 위한 그 역사의 한
단계가 지금 진행되고 있음이니라.
11 그리하여 내가 너희들에게 말하기를,
나의 아들의 깨우침이 변화되는 것은
그의 머리가 하얗게 변화됐을 때 그가
높은 경지에 오를 것이며, 그가 인간
의 흐르는 그 모습을 투명하게 보는
역사가 있을 때 모든 기적을 이룰 수
있다 그리 말하였음이니라.
12 그리하여 내가 너희들에게 지금의 나

의 아들이 살아가는 모습이나 그 행함
을 보지 말고, 미래에 나의 아들이 변
하는 그 형태를 그리며 나의 법전의
내용을 보고 깨우쳐 구원의 길을 달려
오라 그리 말하였음이니라.
13 그러나 너희들은 어찌 생각하는가?
14 아직도 너희들은 너희 생각대로 나의
아들이 오늘에 예수와 같이 변하는 그
기대와 상상 속에서 나의 성전에 왔다
가 등을 돌리고 떠난 자 있으며, 나의
법전을 덮고 가는 자 있으며,
15 나 여호와가 내린 이 법전의 내용은
진정한 창조주의 말씀이며 진리이며
그 뜻이라 말하면서도, 나의 아들로부
터 등을 돌리며 나의 성전을 떠나 저
희들끼리 공부를 한다 하여 역사를 이
룸이니,
16 과연 너희들이 그곳에서 어떠한 역사
를 이루며 어떠한 뜻을 이룰 수 있단
말인가?
17 그것이 너희들의 오만함이요, 인간의
욕심이요, 너희들이 나의 아들보다 더
위대하고 더 높고자 함이니,
18 이는 남의 집 종살이하는 자가 그 주
인 아들을 배척하고 제가 주인으로서
그 아들이 되고자 하나, 그는 신분이
있으며 탄생한 그의 혈통이 있으며,
성이요, 씨가 그와 다름이니, 그는 정
녕 그 주인의 아들이 될 수 없는 인간
사의 너희들의 그 법도의 흐름도 모르
는 자니, 어찌하여 그와 같이 우매한
짓을 하는가?
19 내가 나의 아들을 세상에 내보내 만백
성을 구하며 나의 법전을 받아 기록하
는 그 역사가 수천 년 만에 이루어졌
거늘,
20 내가 계획 없이, 어떠한 계획의 완벽
한 짜짐이 없이 나의 아들을 세상에
내보내 밤과 낮을 가리지 아니하고 누
구도 이룰 수 없는 대단한 그 역사의
기적을 이루도록 하겠는가?
21 곧 말씀으로써 기록된 160권의 법전
이 짧은 기간에 세상에 나가며, 천 년
의 역사 동안, 두고두고 이 지구가 멸
망할 때까지 너희들에게 가르침이요,
깨우침의 그 역사를 이루는 나의 법전
이 지금 세상에 내려가고 있거늘, 어
찌 너희들이 감히 이를 보고 왈가왈부
하는가?
22 내가 일찍이 성서에 기록하여 이미 너
희들에게 깨우친 구절이 있음이니,
23 나의 아들 예수에게 너희들이 인간적
으로 어떠한 실수를 할 수 있다 하여
도 그 실수는 너희들이 열 배 이상으
로 갚음으로 인하여 그 죄를 용서받을
수 있으나,
24 나의 성령이요, 나의 십계명을 거역하
며 순종치 아니하는 자는 예수가 존재
하던 그 시대에 그 세상에서도 구원을
받지 못하며,
25 내가 너희들에게 미리 예고하였음이
니, 제3의 시대의 역사가 이루어지는
새로운 시대요, 새로운 세상에서도 그
와 같이 역행하는 자는 구원받지 못한
다 기록하였음이니라.
26 이는 나의 아들의 행위와 그를 보고
믿지 말며 성경의 말씀만 보고 깨우치
라는 뜻을 이미 내가 너희들에게 기록
하여 두었음이니라.
27 또한 다른 세상이 온다 기록되었음이

니라.
28 그리하여 너희들이 순종치 아니하며,
성령이요, 십계명이요, 또 지금 내가
제3의 시대에 내려보내는 그 법전을
깨우치고 터득하지 아니한다면 정녕
너희들이 구원을 받을 수 없다는 것을
알아야 함을 내가 다시 한 번 너희들
에게 깊이 심어 줌이니라.
29 그리고 내가 성서에 기록하여 두었음
이니라.
30 다음 세상이 온다는 것을 기록하였으
며 새로운 세상이 열린다는 것을 기록
하였으나, 이를 공부하고 깨우치는 백
성들이 이를 바로 정독하지 아니하고
이 내용을 그저 가르치지 아니하며 나
의 피조물 만백성에게 깨우쳐 주지 아
니함이니라.
31 그를 그들이 깨우쳐 주었을 때 지금의
세상이 아니요, 다음 세상이 오는 그
역사를 위하여 지금 나의 피조물 만백
성이 저희 손으로 지은 그 성전에서
등을 돌리고 떠날 것이 두려우며 저희
들의 강론이요, 교리를 듣지 않을 것
이 두려워 그들은 그와 같이 중요한
대목을 깨우쳐 주지 아니함이니, 이것
이 종교 지도자들의 사악한 것이니라.
32 나는 나의 성서에 기록하여 두었음이
니라.
33 다음 세상이 온다 내가 명시하였으며,
그와 같이 내가 명시한 그 새로운 세
상의 장이 열리는 것이 지금 제3의 시
대에 법전이 세상에 나오는 것이며,
이 시대가 올 것을 내가 너희들에게
미리 가르쳐 주었음이니라.
34 너희들은 성서의 내용을 잘 정독하여,
이와 같이 내가 예언하고 예고한 그것
을 깨우쳐 그를 나의 피조물 만백성에
게 깨우쳐 줘야 될 것이며,
35 너희들도 또한 새로운 시대를 대비하
는 그와 같은 준비를 하지 아니하는
자, 새로운 시대에 열리는 나의 법전
을 읽고 깨우치지 아니하는 자들은 정
녕 구원을 받을 수 없음이니라.
36 내가 너희들의 성서에 기록하였음이
니, 새 시대가 열리고 새로운 세상이
온다 한 것을 너희들은 정독해서 다시
한 번 깨우쳐 보도록 그리하라.
37 그리하여 내가 너희들에게 이리 강조
하고 또 강조함을 알라.
38 너희들은 알아야 될 것이니라.
39 이제 구약과 신약을 덮는다 내가 말하
였음은, 바로 새로운 시대가 열린다는
그 시대가 열리고 있음을 너희들은 깨
우쳐야 될 것이니라.
40 지금 새로운 시대가 열려 가고 있으
며, 잘못 가는 종교 지도자들의 그 형
태와 너희 손으로 지은 그 성전이요,
그곳에 가서 구원을 받는다는 죄의 온
상의 그 모든 뿌리를 뽑으며 그들을
내가 버리고자 하여 세상에 나의 법전
을 내려보냄이니,
41 이와 같은 법전의 위대함이요, 정녕
하늘에 오르는 진리요, 나의 성령이라
는 것을 모르고 감히 이를 대적하며,
이를 사탄이요, 이단이요, 사악한 자
가 마지막 말세에 오는 그와 같은 행
위라 함이니,
42 그와 같이 말하는 자, 거기에 동참하
는 자, 그를 선전 선동하는 자는 영원
히 구원의 길을 올 수도 없으며, 그것

은 구원의 길을 놓치는 행위임을 알라.
43 너희들이 나의 법전을 사탄이요, 이단
이요, 마지막 시대에 세상을 교란하기
위해 오는 사악한 자이니 그 말을 듣
지 말며, 이제 마지막 시대가 왔으니
너희들이 구원의 길을 가기 위해서는
하나로 마음을 뭉쳐 더 많은 재물, 더
많은 재산을 너희 손으로 지은 성전에
갖다 바쳐야 되는 그때가 왔음이니 모
두를 바치라 그리 말하는 자, 그 죄 또
한 더 가중함을 알아야 될 것이니,
44 그와 같은 자들의 말에 현혹되어 너희
들이 구원의 길을 버리지 말라.
45 이제 내가 3부의 법전을 내려보내며,
160권의 법전 10부 중에서 3부가 완
성되는 이 초기의 단계를 너희들이 여
기서 읽고 깨우쳐야 구원의 길을 볼
수 있으며, 160권의 법전의 대장정의
그 책을 읽어 너희들이 진정 하늘에
오를 수 있는 그 영광을 얻게 될 것이
니라.

## 3,318 번째 하나님 말씀

*2002년 9월 9일 01시 04분*

1 사랑하는 나의 아들아!
2 "네, 아버님! 말씀하옵소서."
3 너희들은 그리 말하느니라.
4 그리고 많은 종교 지도자들이 다음과
같이 말하며 지금까지 나의 피조물 만
백성을 이끌어 왔음이니라.
5 종말의 시대에는 거짓 선지자가 나와
세상을 혼란케 한다 하였으며, 그리고
너희들을 사탄으로 만들어 지옥으로
가도록, 구원의 길로 가지 못하도록
그리하는 거짓 선지자가 세상에 나온
다 그리 말하였음이니라.
6 그리고 너희들은 그리 가르치며 그리
알고 있음이니라.
7 그리하여 거짓 선지자에게 현혹되는
자는 영원히 구원을 받지 못한다 너희
들이 그리 말함이니,
8 그리하여 너희 손으로 만든 그 성전에
나와 금화와 은화를 바치는 백성만이
구원을 받으며, 너희들이 만든 그 성
전에 와 금화와 은화를 바치지 아니하
는 백성들은 정녕 구원을 받지 못한다
그리 가르침이니라.
9 그리하여 지금 참진리요, 내가 나의
성령이요, 나의 모두를 태워 나의 아
들을 통하여 마지막 제3의 시대를 열
어 내리는 이 법전 자체도 믿으려 하
지 아니하며,
10 나의 아들 또한 너희들이 믿지 않으려
하며, 마지막 시대에 나오는 사탄이
요, 왕 사탄이요, 거짓 선지자요, 그리
하여 너희들을 지옥으로 이끌어 가며
너희들이 지금까지 왔던 그 믿음의 모
두를 다 무너트리는 사악한 자가 세상
에 내려왔음이니 너희들은 거기에 속
아서는 아니 된다 그리 말하느니라.
11 그리하여 너희들이 만든 그 성전에 와
경배하지 아니하는 자는 사탄이요, 거
짓 선지자라 말하며, 그 누구도 대적
하지 못하게 말하며,
12 아무리 진정한 참진리요, 바른 깨우침
을 가르친다 해도 그들은 귀를 막도록
하며, 듣지 못하게 하며, 눈을 뜨지 못
하게 하며, 그 말조차도 전하지 못하
게 하며, 나의 법전이라는 그 책의 뜻

겅도 열지 못하게 하는 것이 지금 종
교 지도자 너희들이 가고 있는 길이니
라.
13 그러나 나 여호와가 미리 성서에 기록
하여 너희들을 깨우쳤음이니라.
14 나 여호와가 성서에 기록하여 너희들
에게 가르치기를, 거짓 선지자가 너희
들에게 옴이니 너희는 거짓 선지자에
게 속지 말라 그리 가르쳤음이니라.
15 그리하여 거짓 선지자는 어찌 온다 하
였느냐?
16 양의 탈을 쓰고 너희들에게 다가와서
너희들을 다 멸망케 하니 너희들은 조
심하라 내가 명하였으며 나의 성서에
그리 기록되어 있음이니라.
17 그러나 너희들은 이와 같이 거짓 선지
자가 온다는 것만을 강조하며 가르쳤
음이니,
18 내가 거짓 선지자와 참진리의 참 선지
자요, 나로부터 선택된 선지자를 구분
하는 그 뜻을 나의 성경에 기록하여
너희들에게 전하였건만, 그를 전하지
아니하며 그를 깨우쳐 주지 아니하며
그를 보여 주지 아니하는 것이 지금의
종교 지도자이니라.
19 내가 너희들에게 거짓 선지자와 참진
리의 선지자를 구별하는 법을 가르쳐
기록하여 놓았음이니라.
20 너희들이 속아서는 안 되며, 그로 인
하여 속아서 지옥으로 가는 나의 백성
들을 구원하기 위하여 내가 거기에 반
드시 기록하여 놓았음이니라.
21 지금의 종교 지도자가 잘못 가르치고
있으며, 거짓 선지자와 나 여호와로부
터 진정 명을 받은 선지자를 분별하는
정답을 거기에 가르쳐 기록해 놓았음
이니, 너희 스스로 그를 읽고 깨우쳐
답을 얻도록 해야 할 것이니라.
22 지금의 수천 년 동안에 뿌리를 내린
종교 지도자들은 가르치는 자로서 그
교리요, 설법에 그를 제대로 가르치지
아니하며 그 대목을 넣지 않을 것이니
라.
23 그러면 내가 성서에 기록하여 둔 거짓
선지자와 나로부터 선택된 선지자를
구별하는 그것을 다시 한 번 나의 법
전에 기록함이니,
24 너희들은 이를 읽고 깨우쳐 의심이 나
거든 성서의 장을 열어 보라.
25 거기에 기록되어 있음이니라.
26 양의 탈을 쓰고 온 거짓 선지자는 무
엇이라 말하였느냐?
27 너희들에게 평생 노략질하며 너희 재
물을 거둬들이는 그와 같은 자가 거짓
선지자라 내가 성서에 기록하였음이
니라.
28 지금 그렇다면 누가 거짓 선지자이고
참 선지자인가를 너희들은 스스로 알
수가 있을 것이니라.
29 너희들의 재물을 평생 갖은 방법과 수
단을 가리지 아니하고 거둬들이는 지
금의 종교 집단이 바로 거짓 선지자임
을 너희들은 알게 될 것이니라.
30 그것이 두렵고 무섭기에 그들은 너희
들에게 그 대목을 가르치지 아니하며
그 정답을 구분할 수 있는 지혜를 가
르쳐 주지 아니함이니라.
31 재물을 탐하지 아니하는 자, 그리고
만백성의 의식주를 해결해 주기 위해
애쓰는 자, 그와 같은 자가 거짓 선지

자인가?
32 너희들이 거짓 선지자와 참 선지자를 구분하는 그 정의로운 답을 내가 거기에 내렸음이니, 너희 스스로 깨우쳐라.
33 지금의 종교 지도자들로서는 너희들을 깨우쳐 주지 않을 것이며, 그들의 가르침 속에서 너희들이 구원을 받겠다 하여 재물을 바치며 광란의 눈물의 기도를 드리는 그와 같은 형국에서는 너희들은 진정한 것을 보지 못하며 흙탕물 속에서 그저 텀벙대다 지옥으로 떨어진다는 그와 같은 것을 알지 못함이니라.
34 내가 성서에 기록해 놓았음이니라.
35 진정한 선지자는 너희들로부터 노략질을 하지 아니하며, 거짓 선지자는 너희들로부터 끝도 한도 없이 노략질하는 자라 내가 명하였음이니, 너희들이 이를 구분하여 찾아보도록 그리하라.
36 너희들 종교 지도자가 평생 거짓 하며 세 치의 혓바닥으로써 붙일 수 없는 각종 명칭을 다 붙여 너희들에게 감사헌금이요, 기금이라 해서 수없이 거둬들이니, 그 종목을 헤아릴 수도 없는 것이니라.
37 너희들의 인내심이요, 너희들이 구원을 받고자 하는 그 열망이 얼마나 무서운가를 천사도 혀를 내두르며, 사탄들도 감히 고개를 들어 말하지 못하며, 나 여호와도 너희들이 구원을 받고자 하는 그 마음에 감복하는 그와 같은 뜻이 있음이니라.
38 너희들이 구원을 받기 위하여 평생 동안 각종 헌금의 이름을 붙여 거둬들이는 거기에 굴복하며 재물을 바치는 그와 같은 너희들의 믿음의 열성이 정녕 나의 뜻에 따라 하늘에 오르는 자라면 구원받지 못할 자가 없음이니라.
39 그러나 너희들은 나와는 전혀 관계없는 길로 가며, 천국의 문을 향하여 오는 것이 아니라 지옥의 문을 향하여 달려감이니,
40 너희들이 죽을 때까지 그들이 거둬들이며 바치라 하며 각종 댈 수 있는 명칭은 다 붙여 재물을 거둬들여도, 너희들이 속으로는 불평할지언정 겉으로는 웃어 가면서 내고, 그래도 구원을 받는 길이 아닌가 하여 그 긴긴 세월을 살아오는 그 마음 자세에 귀신도, 사탄도, 천사도, 나까지도 말할 수 없이 탄복하고 있는 지경이니라.
41 그것이 바로 너희들의 그 마음이니, 그것이 천국에 오는 길이 아니요, 천국의 티켓을 사겠다는 사악한 마음에서 이루어지는 것이며, 잘못 가르치는 종교 지도자들의 세 치 혓바닥에 현혹되어 그와 같은 행위를 하고 있음이니, 이것을 너희들이 바로잡아야 될 것이니라.
42 참 선지자는 재물을 거둬들이지 아니함이니라.
43 어떠한 명분이나 어떠한 이유를 붙여 재물을 거둬들이는 자는 거짓 선지자임을 알라.
44 지금 바로 너희들 앞의 단상에 서서 교리를 가르치며 설법을 하며 그다음에는 재물을 거둬들이는 교묘한 방법으로써 너희들을 현혹함이니, 그리고 재물을 많이 거둬들여 위대한 성전을

지으며 궁궐같이 짓는 자를 위대한 종교 지도자라 평가하는 지금의 세태니, 그를 평가하는 백성 너희들 자체도 잘못되었음을 알아야 될 것이니라.

45 지금 너희가 재물을 모으지 아니하는 자와 재물을 거둬들이는 자를 놓고 누가 거짓 선지자인가를 구별하여 알라 하였음이니라.

46 지금 나의 아들이 가는 길은 어찌 가는가?

47 재물을 모으지 않으며, 백성을 위하며, 제가 가지고 있는 모든 것을 던져 저를 따르는 자들에게 의식주부터 해결해 주며 그들이 아들딸들과 안락한 생활을 할 수 있도록 도와주는 것이 바로 나의 아들이 가는 길이니라.

48 지금 평생 동안 재물을 방법과 수단을 가리지 아니하고 거둬들이는 그들과 반대로, 나의 아들은 있는 것은 모두가 다 나 여호와의 것이며, 내가 존재하는 그 모두를 알기에, 그리고 내가 많은 백성을 구하고자 하는 것을 알기에, 하늘에 오르는 길이 무엇인지 알고 있기에, 그리 인도하는 길을 알고 있기에, 그는 어떤 재물도 관계가 없음이니 그를 거둬들이지 아니하며 제 앞으로 명의를 걸어 놓지 않는 나의 아들이 살아가는 그 모습을 너희들이 보아야 될 것이니라.

49 그렇다면 너희들이 여기서 나의 아들과 너희들의 종교 지도자들이 이끌어 가는 방법과의 차별화를 알게 될 것이니, 이것이 바로 너희들이 증거하여 알 수 있는 답이니, 너희 스스로 찾아야 될 것이니라.

50 이제는 너희들이 더 이상 갑론을박을 하지 말라.

51 거짓 선지자가 무엇이며 거짓 선지자가 어떠한 자인가를 너희들이 말하는 그 성경에 내가 기록하여 두었음이니,

52 그 기록되어 있는 내용을 나의 법전에 다시 한 번 풀어 너희들에게 전하는 나의 아픈 마음을 너희들이 안다 하면, 이제는 나의 아들이요, 나의 법전을 보고 너희들이 감히 이단이요, 사탄이요, 마지막 시대에 오는 거짓 선지자라는 갑론을박을 하지 말라.

53 너희들이 그와 같은 갑론을박을 하지 못하도록 내가 이 대목을 성서에 기록하여 두었음이니,

54 너희들의 종교 지도자는 정녕 이를 덮어두며 너희들에게 거짓 선지자와 진정한 선지자를 구분하는 방법이요, 그 뜻을 깨우쳐 주지 아니하며 가르쳐 주지 아니할 것이니, 너희들이 너희 성서를 한 장 한 장 넘겨 정독하면 그 구절을 찾을 수 있을 것이니라.

55 그리하여 내가 오늘 기록한 법전의 이 내용과 그 성서, 두 권의 책을 펴 놓고 과연 어느 것이 진정한 하늘에 오르는 길인가 너희 스스로 깨우쳐, 이 시점에서 너희들이 바로 설 때 너희들의 후손이요, 너희들이 사랑하는 자식들까지 지옥으로 가지 아니함을 알아야 할 것이니라.

56 아무리 사악한 자라도 제 아들이요, 제 뿌리가 지옥으로 가는 것을 원하지 아니할 것이니, 너희들은 깨우쳐 스스로 일어서는 그와 같은 선택의 길을 찾으라.

# 3,319 번째 하나님 말씀

*2002년 9월 9일 01시 21분*

1 사랑하는 나의 아들아!
2 "네, 아버님! 말씀하옵소서."
3 나 여호와가 성서에 기록하여 너희들
에게 가르치기를 이리 기록하여 두었
느니라.
4 '좋은 나무가 나쁜 열매를 맺을 수 없
고, 못된 나무가 아름다운 열매를 맺
을 수 없다.' 하였음이니, 못된 나무는
많은 백성들에게 양식이 될 수 있는
소중한 열매를 맺을 수 없는 것이라
하였으며, 좋은 나무가 그와 같은 양
식의 열매를 맺을 수 있음이라 내가
성서에 기록해 두었음이니라.
5 지금 너희들의 종교 지도자들이요, 나
의 만백성을 이끌고 간다 하여 수천
년 전부터 지금까지 내려온 너희들의
모든 종파가 진정한 하늘의 이치를 가
르치며 구원의 길을 인도하며 그와 같
은 길을 가고 있다 너희들은 생각하는
가?
6 정녕 너희들은 그와 같은 길을 역행하
고 있음을 알아야 될 것이니라.
7 내가 너희들에게 말하여 일렀느니라.
8 거짓 선지자라는 것은 재물을 긁어모
으는 자라 말하였음이니, 재물을 탐하
지 아니하고 오로지 나의 뜻만을 가르
치는 자는 거짓 선지자가 아니라 내가
너희들에게 말하여 가르쳤느니라.
9 양의 탈을 쓰고, 주는 것 없이 평생 동
안 나의 백성들로부터 재물을 노략질
하거나 거둬들이는 자, 그와 같은 자
가 거짓 선지자라 내가 말하였음이니
라.
10 그리하여 그 뿌리가 뿌리를 내려 자란
그 나무에서 어찌 좋은 열매를 맺을
수 있겠는가?
11 수천 년 동안 내리고 내리는 그 뿌리
의 뿌리에서 또 변화되며 또 그 뿌리
가 사악한 쪽으로 변화되었음이니, 썩
고 썩은 그 나무에서 결코 좋은 열매
를 맺을 수가 없는 것이니라.
12 그리하여 너희들이 지금 하늘에 오르
는 길이요, 나의 백성을 구한다는 그
믿음의 방법이 나와는 전혀 관계도 없
는 그와 같은 데서 이루어짐이니,
13 그곳에서 구원의 길에 오른다 하는
자, 나의 아들 예수로써 구원을 받았
다 하는 너희 모두가 다 나와는 관계
없는 그와 같은 믿음의 세계에서 너희
들이 만든 자작극에 의하여 흘러간다
는 것을 깨우쳐야 될 것이니라.
14 정녕 너희들이 울며불며 드리는 그 기
도 소리가 나의 귀에 들리지 아니하며
나와 아무런 관계가 없다는 이 말을
너희들은 듣고 그리 흘려보내서는 안
될 것이니라.
15 내가 이와 같은 말을 내리며 나의 뜻
을 전할 때, 이를 접하는 종교 지도자,
이를 접하는 많은 백성 너희들은 등골
이 오싹하며 너희들이 밤에 자다가 벌
떡 일어나 그 깨우침의 길이 정녕 어
떠한 길인가를 너희 스스로 접해야 될
것이며,
16 내가 눈이 내리듯이 세상에 전하는 나
의 법전을 너희들이 그 뚜껑을 열고
한 쪽만 읽는다 해도 거기서 깨달음을
얻을 수 있을 것이니라.

17 절대로 썩은 나무에서 좋은 열매를 맺을 수 없다는 그 이치를 내가 성서에 기록하여 두었음이니, 너희들은 그 뜻을 음미하라.

18 그리고 내가 너희들에게 다시 한 번 강조함이니라.

19 거짓 선지자와 진정 나로부터 선택된 선지자를 구별하는 그 정답은 무엇이라 말하였느냐?

20 어떠한 수단과 방법을 가리지 아니하고 재물을 거둬들이는 자가 거짓 선지자요, 어떠한 형편이든 재물을 거둬들이지 아니하며 많은 백성들을 구하기 위하여 제가 가지고 있는 그 모두를 던지며 저를 따르는 제자들에게 의식주를 해결해 줄 수 있고 도와주는 자, 그와 같은 자가 나로부터 선택된 선지자이니, 그 정답이 거기에 있음이니 과연 누가 어찌 그리 살아가는지 너희들은 그것을 봐야 될 것이니라.

21 그리하여 나 여호와가 너희들의 방자함과 그 오만함에서 '나 여호와의 이름을 망령되이 일컫지 말라.' 내가 십계명에 기록하여 너희들에게 그리 가르쳤거늘, 너희들은 내 이름을 망령되이 일컫지 말라는 그 구절마저도 지키지 못하며, 그 구절의 소중함도 모르고 있는 것이 너희들임을 알아야 될 것이니라.

22 이제는 내가 더 이상 썩어 가는 그 나무를 그냥 두지 아니하며, 나의 피조물 만백성의 양식이 되지 않는 그 썩은 나무요, 그 열매를 맺지 못하는 나무를 더 이상 보아 두지 아니하며, 성서에 기록되어 있듯이 그 나무를 찍어 불에 태우는 것이 지금 내가 제3의 시대를 열어 가는 것임을 너희들은 알아야 될 것이니라.

23 그리하여 나의 법전이 세상에 내려가는 그 순간에 너희들의 재판이 시작되었으며, 구원할 자와 구원하지 아니할 자를 구별함이 지금 시작되어 역사가 진행되고 있다 내가 너희들에게 말하였음이니라.

24 그리하여 지금 나의 법전을 읽고 깨우치는 자, 거기에서 깨닫는 자는 내가 구원할 것이며, 깨닫지 못하고 정녕 이를 사탄이요, 이단의 장난이라 말하며 보지 않는 자는 영원히 구원하지 아니할 것이니, 지금 너희들을 선별하는 작업이 지상에서 이루고 있음을 알아야 될 것이니라.

25 그리하여 내가 이 모두를 구분하여 심판하는 역사가 지금 이루어지고 있음이니, 너희들 스스로 심판의 대상에서 있음을 알아야 될 것이니라.

26 너희들이 죽어 와 나에게 영혼의 심판을 받기 전에, 내가 너희들을 사랑하고 아끼기에 법전이라 하여 제3의 시대의 문을 열며 나의 가슴의 모두를 태워 나의 아들을 통하여 '하늘에 오르는 길'이라는 이 책을 만들어 너희들에게 전함이니,

27 내가 너희들에게 심판을 공정히 하고자 함이며, 너희들에게 누구나 다 균등한 기회를 주고자 하는 것이니,

28 이게 나 여호와요, 공의의 하나님이요, 창조주요, 너희들이 말하는 너희들의 어버이로서 마지막 너희들에게 기회를 주는 것이니, 너희들은 이를

잊어서는 아니 될 것이니라.
29 너희들은 다시 한 번 깨우쳐야 될 것
이니라.
30 나의 아들 예수가 물리적인 그 기적을
이루는 것만이 역사함이 아니요, 기적
이 아님을 너희들은 알라.
31 모세가 이룬 그것만이 역사요, 기적이
아님을 알라.
32 내가 너희들이 영원히 살고 영원히 변
하지 않는 법전으로써 나의 피조물 만
백성을 구원하기 위해서 나의 아들을
통하여 160권의 책을 세상에 내보냄
이니, 이보다 더 위대한 역사의 기적
은 없을 것이니라.
33 이는 변하지 아니하며 너희들의 기억
속에서 지워지지 않으며, 영원히 이를
보고 나의 피조물 만백성이 변화와 변
화의 씨를 뿌려 썩은 지금의 뿌리를
다 뽑을 것이며, 오로지 열매를 맺을
수 있는 신선한 나무로써 이 세상을
다 덮는 그와 같은 역사를 이루고자
하는 것이 나의 뜻이니,
34 나의 법전이기에 이게 소중함을 내가
너희들에게 다시 한 번 기억하게 하여
심어 주고자 함이니, 오로지 나의 법
전을 읽고 깨우치는 자만이 구원을 받
을 수 있음을 알아야 될 것이니라.
35 이 모두는 나를 태워 내가 성령으로써
기록한 책이니 영원히 불변하는 책임
을 알며, 너희들을 구원하고 구원하지
못함이 이 책에 있음을 너희들 스스로
알게 될 것이니라.
36 산 자는 살아서 이 변화되는 역사를
알 것이며, 죽은 자는 죽어 나에게 와
심판받을 때 그 위대함을 알게 될 것
이니 그리 알라.

## 3,320 번째 하나님 말씀

*2002년 9월 9일 09시 29분*

1 사랑하는 나의 아들아!
2 "네, 아버님! 말씀하옵소서."
3 이 세상 모든 종파들이 지금까지는 다
저희들만이 옳다 하며, 곧 종교 전쟁
이 터질 것 같은 형국으로 저희들만이
존재하며 저희들만이 뿌리를 존속시
키며 저희들 것만이 옳다 주장하고 그
와 같이 종파와 종파끼리 물고 뜯는
험악한 시대가 이루어졌음이니라.
4 그리하여 그들은 서로가 존재하기 위
하여 이웃의 신도를 빼앗아 가며, 또
서로 뺏고 뺏기고 이제는 찢고 찢기는
그와 같은 형국에까지 이르러, 그들은
곧 살아남기 위하여 종교 전쟁이라는
것이 세상에 발발하지 아니하면 존재
하지 못할 정도까지 지금의 상황에 와
있음이니라.
5 그러나 어제까지 적이요, 어제까지 서
로 물고 뜯고 죽이고자 하며 저희들만
이 존재했던 그와 같은 전쟁의 분위기
는 사라지며, 그들은 모두가 하나로
합치며 하나로 규합하는 그와 같은 시
대의 변화가 이룰 것이니라.
6 이제는 저희들이 하나가 되어 오로지
나의 성령이 세상에 나가 만백성을 구
하는 이 법전을 놓고 총공격을 할 것
이며, 힘을 합쳐 하나로 이루어질 것
이니라.
7 지금의 저희들이 분쟁하고 나누어져
있고 쪼개져 있는 그 종파 하나하나가

가지고 있는 그 힘 또한 대단하며 그
물질적인 힘과 조직력과 인력의 한계
는 그 누구도 손을 대지 못할 만큼 그
와 같이 모든 종파들이 힘을 가지고
있음이니라.
8 그러나 그 모두를 뿌리 뽑아 버리며
지금까지 온 모두가 다 거미줄을 쳐야
되며 문을 닫아야 되며, 새로운 방법
으로써 믿음이라는 그 길을 가야 하
며, 나의 피조물 만백성이 그들을 단
죄하는 그와 같은 위험한 상태가, 나
의 법전이 세상에 전해져 깨우치는 백
성들이 늘어날수록 그와 같은 무서운
형국으로 변화됨이니,
9 그들은 그를 막기 위하여 어제의 분쟁
하던 그 종파가 다 하나가 되어 너희
들을 공격하게 될 것이며, 나의 법전
이 세상에 존재하지 못하게 할 것이며,
10 나의 아들을 또한 예수보다도 더 처참
한 방법으로써 단죄하여 그가 사탄이
요, 이단이라는 것을 만백성에게 보여
주며, 그들이 그 종파의 단체를 지속
하며 지금의 형태로 이끌어 가고자 하
는 것이 그들의 무서운 힘으로써 작용
할 것이니,
11 하나의 종파를 상대로 하여 너희들이
버티고 이끌어 나가기도 물질적으로
나 그 힘의 조직적으로나 재정적으로
그 모두를 가지고 견딜 수 없으며, 또
한 신도라는 나의 백성들을 가지고도
감히 그들과 대적할 수 없는 그와 같
이 미약한 너희들이니,
12 방대한 힘을 가지고 있는 그들만이 하
나가 아니고 모든 지상에 있는 종파들
이 뭉쳐 하나가 되어 공격할 때, 이는
상상할 수 없는 힘으로써 너희들을 파
괴하고자 할 것이니라.
13 이는 무엇과도 견주어 볼 수 없는 그
와 같은 형태가 될 것이니라.
14 바다 위에 떠 있는 종이배가 그 험악
한 파도 위에서 견디는 그것보다도 더
어렵고 힘든 그 길이 너희들이 겪어야
할 길이며 너희들이 넘어야 할 길이니
라.
15 여기서 너의 제자들에게 일깨워 주라.
16 하나의 방대한 종파의 그 조직과 너희
들이 견주어 싸운다는 것도 견딜 수
없으며 이길 수 없는 것이 지금의 너
희들의 실정이거늘, 하나 둘이 아니고
그 모두가 다 합쳐 지도자는 지도자대
로 또 신도는 신도대로 너희들을 공격
할 것이니,
17 내가 너희들에게 표현하기를 풍랑이
이는 험악한 바다 위에 종이배가 떠
있어 그 종이배가 엎어지지 아니하는
그와 같은 형국으로 견디어야 함이라
하였음이니라.
18 너의 제자들이 그 종이배요, 그 종이
배가 엎어지지 아니하고 풍랑에 넘어
지지 아니하고 그 바다가 태평한 모습
을 보일 때까지, 잔잔한 호수와 같이
바다가 잠을 자는 그 위에 유유히 흐
르는 종이배처럼 그와 같은 역경을 너
희들이 넘고 가야만 그 종이배가 무사
히 항해를 할 수 있으며, 그리하여 내
가 이루고자 하는 그 역사가 이루어짐
이니,
19 그 파도가 지난 다음에 조용한 바다처
럼, 그들이 공격하고 또 공격하여 파
상적인 공격을 하다 그들 스스로 도저

히 이는 인간의 힘으로는 이길 수 없
으며 인간의 힘으로 버틸 수 없다는
그와 같은 것을 저희 스스로 깨우쳐
쓰러지고 또 분산되며 쪼개지는 그와
같은 속에서 그들은 하나하나 문을 닫
게 되어 있음이니라.
20 이것이 너희들이 견디고 넘어야 할 길
이니, 내가 너희들을 얼마나 소중히
생각하며 너희들을 사랑하는가?
21 너의 제자들과 나의 법전을 읽고 깨우
친 백성 너희들은 나의 애절한 이 뜻
을 알아야 될 것이니라.
22 오죽하면 너희들의 힘들고 어려운 그
길을 파도가 험악한 그 바다 위에 떠
있는 하나의 종이배라 말하겠는가?
23 그 종이배가 파도에 엎어지지 아니하
고 찢어지지 아니하며, 잔잔한 바다가
될 때까지 견디고 버티어야 함이니라.
24 그러나 너희들은 두려워하지 말라.
25 아무리 험한 파도라도 그 종이배를 엎
을 수는 없음이니라.
26 그 모두의 창조주는 나 여호와이기 때
문이니라.
27 그들의 종파가 뭉치고 뭉쳐 그 무서운
태풍의 회오리보다 더 무섭게 너희들
에게 밀어닥쳐도, 내가 너희와 같이하
고 있음이니, 언젠가는 그들과 한 번
은 치러야 될 일이며, 그들이 한 번은
너희들을 공격할 운명이며, 그를 받아
넘겨야 되는 것이 너희들이 가진 운명
이니,
28 세상의 모든 인구와 나의 성전에 나와
있는 너희들과의 그 싸움이니라.
29 그러나 너희들은 두려워하지 말라.
30 그들이 아무리 파상적으로 공격하고
또 밀려온다 해도, 그들은 너희들을
넘지 못할 한계가 있으며, 넘을 수 없
는 한계선이 있음이니라.
31 그 모두는 나 여호와가 존재하며 내가
너희들을 지켜 주며 너희들을 이끌어
가기 때문이니, 두려워하지 말라.
32 아무리 많은 종파가 휘몰아친다 해도,
아무리 무서운 태풍이 너희들을 공격
해 온다 해도 너희들은 정녕 쓰러지지
아니할 것이며 견디어 나갈 것이니라.
33 그러니 너의 제자들에게 마음자리를
단단히 굳히라 하며, 너희 마음이 흔
들려서는 아니 됨이니라.
34 그리하여 너를 따르는 제자들과 나의
법전을 읽고 깨우친 백성, 너희들이
천 길 낭떠러지에 한 번 손을 놓았을
때 두 번 다시 잡을 수 없는 그와 같은
이치를 깨우쳐 주었음이니라.
35 너희들에게는 오로지 이 길을 가는 것
밖에는 없음이니라.
36 여기서 너의 제자들이 어렵고 힘들다
하여 등을 돌리는 자, 그가 바로 무엇
이더냐?
37 나의 아들 예수의 시대에 등을 돌렸던
그 제자들과 똑같은 형국인 자가 되니,
38 너희들이 그와 같이 하여 지옥으로 가
너희들이 감내할 수 없는 그 벌을 받
고 영원히 살 것인가, 그렇지 않으면
육의 삶의 모두를 다 던져 바쳐 영원
히 사는 나의 나라에 와 나의 품에 존
재하는 이 낙원에서 살 것인가?
39 이것은 너희들이 선택함에 달렸음이
니라.
40 법전 3부가 세상에 나가기가 머지않
았으며, 이를 듣고 깨우치는 너의 제

자들의 그 경지가 말할 수 없이 높아
져 있음이니, 너희 스스로 판단하여
행하도록 그리해야 할 것이니라.

## 3,321 번째 하나님 말씀

*2002년 9월 9일 09시 43분*

1 사랑하는 나의 아들아!
2 "네, 아버님! 말씀하옵소서."
3 너희들의 삶에 있어서 아무리 악한 인
간이라 해도 제 자식에게는 나쁜 것을
주고 싶지 아니하며, 험한 꼴을 보여
주고 싶지 아니하며,
4 험한 삶을 살아가도록 그리 방치하고
싶은 자는 없는 것이며, 아무리 악한
자라도 좋은 것을 주고 싶어 하는 마
음을 갖고 있는 것이 너희 인간들이니,
5 선한 자나 악한 자나 관계없이 자식에
게만큼은 좋은 것을 주고 싶어 하는
것이 너희들의 인간 세속의 마음들이
아니더냐?
6 나 여호와가 너희들에게 그리 깨우쳐
가르쳤으며, 또한 너희들의 심성이 그
러하며 너희들의 마음이 그러하다고
성서에 기록하여 주었음이니라.
7 하물며 너희들이 나 여호와 창조주에
게 구하고 원하는 것을 달라 한다면
너희들은 무엇이든지 얻지 못할 것이
없을 것이라 그와 같이 생각하고 지금
의 믿음의 길을 가고 있지 아니하는가?
8 너희들은 내가 성서에 기록하여 악한
인간도 제 자식에게는 선한 것을 주고
싶어 한다는 그 마음을 역이용하여 나
의 피조물 만백성으로부터 재물과 금
화와 은화를 거둬들이는 그와 같은 형
국으로 쓰고 있음이니,
9 이것이 바로 잘못된 종교 지도자들이
가는 길이요, 그들이 가르치는 길이니
라.
10 그리하여 모든 성서에 있는 것은 너희
들에게 가장 불리한 쪽이요, 나쁜 쪽
으로 해석해서 너희 것으로 만들라 하
였으나,
11 너희들은 성서에 있는 것 그 모두를
너희들에게 유리한 쪽이요, 재물과 금
화를 거둬들이는 쪽으로, 그리고 너희
들이 성전이라는 것을 짓는 것에 모두
를 다 역이용하고 있으며, 그리하고도
부족하여 우리 부자의 이름을 팔아 지
금 이와 같은 잘못된 믿음의 형국이
온 세상을 덮었음이니,
12 하늘에서 내려다보는 나의 아름다운
지상의 낙원은 온통 썩은 뿌리로써,
그 뿌리가 땅속 깊이까지 박혀 있으
며, 그 모두의 잘못 가고 추한 그 썩은
냄새가 하늘까지 진동하는 그와 같은
형국이 되어 있음을 너희들은 알아야
될 것이니라.
13 내가 너희들에게 악한 인간도 자식에
게 선한 것을 주고 싶다는 그 한 구절
을 가지고 너희들은 하물며 창조주인
나 여호와가 너희들에게 얼마나 더 많
은 것을 줄 것인가, 또 창조주 아버지
라 하는 나에게 달라고 구하고 매달리
면 줄 것이라 그리 말하고 있으며,
14 그러하니 나 여호와가 너희들이 매달
리면 주지 않겠느냐, 좋은 것으로 너
희들에게 줄 것이다 그리하여 그저 너
희들은 재물과 금화를 너희 성전에서
받아들이며,

15 달라 구하라 하였으니 그리 매달리고
소리 지르고 울부짖는 자, 재물을 많
이 바치는 자, 그 한계에 따라서 창조
주인 아버지가 너희들에게 줄 것이라
그리 너희들은 지금 가르치고 있음이
니라.
16 그리하여 너희들은 두드리면 열릴 것
이며, 달라 소원하면 너희들에게 줄
것이라 그리 가르치며, 무조건 달라
하면 주니 그리 기도하라고 그렇게 지
금까지 가르쳐 왔음이니라.
17 그러니 너희들이 만든 성전에 와서 달
라고 하며 나의 아들의 보혈로써 구원
을 받았다 하며, 그리하여 너희들은
천국으로 향하며 천국의 문으로 안내
하는 그 모든 자격을 갖춘 자라고 하
며,
18 너희들의 말을 듣는 자는 구원을 받을
수 있다 그리 가르쳐 더욱더 금화와
은화를 많이 바치도록 유도하며, 평생
모은 그 재물을 많이 바칠수록 더 큰
은혜를 하나님께서 주신다 하여 나의
백성들을 그리 유도하며 나의 백성들
을 잘못 가르쳤으며,
19 또한 그곳에 현혹되어 나의 피조물 만
백성이 지금까지 가야 할 길을 가지
아니하고 잘못된 길을 가 지옥행 열차
를 타고 가는 그와 같은 것을 배우고
있음이니,
20 지금의 너희들이 그와 같은 형국이 되
어 있음을 알아야 될 것이니라.
21 너희들은 이제 깨우쳐 너희 스스로 알
아야 할 때가 왔음이니라.
22 너희들이 깨우쳐 너희 자신을 알지 못
한다면 너희들이 말하는 공의의 하나
님이라는 그 말을 너희들의 입에 담지
말라.
23 내가 지금까지 너희들에게 가르친 그
모든 뜻이나 나의 법전이요, 성령에
기록된 그 내용들이 나의 뜻이 아니며
내가 옳고 그름을 내리지 않았다면 너
희들은 정녕 나를 공의의 하나님이라
그리 믿지 말라.
24 나 여호와는 너희 모든 백성을 똑같이
사랑함이니, 너희들이 성전으로 지은
그곳에 와 광란의 믿음으로 재물과 금
화를 바치는 자들만을 특별히 사랑하
며, 나에게 재물을 바친다 하며 하늘
에 쌓아 놓는 것만이 큰 축복이고 영
광이라 하여 그와 같이 거둬들이는 너
희만을 내가 사랑하며 축복하며 기억
하는 백성이라 생각하지 말라.
25 내가 너희들에게 일러 말하였느니라.
26 내가 이방인이라는 것이 무엇이라 말
하였느냐?
27 너희들이 말하는 너희 성전에 와서 기
도하는 자, 그 외에는 이방인이라 생
각하는 그 틀부터 깨라 하였음이니라.
28 어떠한 믿음을 가지고 가고 안 가는
것은 관계없이, 나 여호와가 존재함을
믿으며 나의 뜻에 따라 살아가고자 하
는 백성, 그들이 곧 나에게 선택된 백
성이요, 나의 이름을 찾으며 우리 부
자의 이름을 찾으면서도 악한 짓을 하
며 사악한 짓을 하는 자, 그들이 바로
이방인이라 하였음이라.
29 그리하여 나는 모든 백성을 다 똑같이
사랑함이니, 너희들에게 차별화를 두
지 아니함을 알아야 될 것이니라.
30 너희들이 나로부터 구원을 받는 길은

나의 계명과 나의 율법에 따라 사는
것이며, 그와 같은 어렵고 힘든 길을
가는 자를 내가 사랑함이니라.
31 너희들이 말로써 소원하며 말로써 구
하며 말로써 모든 것을 다 주는 것같
이 하고 말로써 다 나의 뜻을 받아 만
백성에게 줄 수 있는 것같이 말하며,
그리고 말로써 소원하고 기도하면 다
이루어진다고 그와 같이 생각하고 있
으나, 나 여호와를 그와 같은 하나님
이라 생각하지 말라.
32 내가 너희들에게 은혜를 내리고 영광
을 내리고 축복을 주며 하늘에 오르는
그 천국의 문에 들어설 수 있도록 하
는 것은 받을 자격을 갖춘 자에게만
내려 주며, 그가 나에게 기도드리는
것을 내가 들어주며, 그 자격에 해당
하는 자에게만 내가 상을 내려 줌을
알아야 될 것이니라.
33 이제 너희가 알아야 할 때가 되었음이
니라.
34 나의 법전을 나의 아들을 통하여 세상
에 전해 만백성을 구하고자 하는 나의
뜻이 책으로써 세상에 전해짐이니, 이
책을 보고 읽고 깨우쳐 스스로 구원의
길을 가고 안 가는 것은 너희들이 선
택할 때가 왔다고 나의 법전에 수십
번 기록하였음이니, 이와 같은 이치를
너희들이 깨우쳐야 될 것이니라.
35 지금까지 나의 뜻이나 내가 원하는 것
을 아무것도 모르면서 가르치는 종교
지도자, 그 밑에 가 눈물로써 기도하
며, 광란의 짓으로써 기도하며, 재물
과 은화를 모두 바치며, 부모와 형제
의 그와 같은 관계의 인본주의를 저버
리며, 오로지 성전에 와 기도하는 자
만이 구원을 받는다 말하는 그와 같은
자는 나와는 아무런 관계도 없음을 너
희들이 알아야 될 것이니라.
36 이제는 너희들의 형태로써 흘러가면
구원이 아니요, 지옥으로 간다는 것을
깨우쳐야 될 것이니라.
37 이제 너희들에게 다시 내가 전함이니,
오로지 구약과 신약의 모두를 축소하
여 만든 나의 십계명을 지키는 것을
너희 삶의 지표로 삼고자 방향을 돌리
는 자, 그리고 내가 제3의 시대에 너
희를 구하기 위하여 내려보내는 나의
법전을 보고 그리 행하는 자만이 구원
을 받을 수 있다는 것을 다시 한 번 강
조하고 또 강조함이니,
38 이를 너희들이 알아서 행하여 각자 구
원의 길을 받도록 그리하라.

## 3,322 번째 하나님 말씀

*2002년 9월 9일 09시 56분*

1 사랑하는 나의 아들아!
2 "네, 아버님! 말씀하옵소서."
3 지금 제3의 시대에 나의 성령이 세상
에 나와 나의 법전이라 하여 글로써
만백성을 깨우쳐 감이니, 지금까지 수
많은 종파의 조직의 방대함은 이루 말
할 수 없음이니, 진리의 성령이라 하
여 하나의 겨자씨를 세상에 뿌렸을 때
그것이 성장하고 전하는 그 과정에서
얼마나 힘들고 어려운 역경을 겪어야
하는가?
4 그러나 네가 이 세상에 나가 나의 법
전을 만백성에게 전하는 그 어렵고 힘

든 길을 가는 것을 예비하여 내가 성
서에 모두를 다 기록하여 그들에게 답
하며 그들이 깨우칠 수 있도록 전하여
놓았음을 너는 알아야 할 것이니라.
5 성서는 변할 수 없고 성서는 고칠 수
없으며 성서는 참진리이며 그를 믿고
살아가는 것만이 하늘에 오르는 길이
라 너희들이 그리 말함이니, 그리하여
내가 그 성서에 오늘의 네가 어렵고
힘든 그 역경을 넘고 건너가게 하기
위하여 네가 답할 수 있으며 나의 피
조물 만백성이 깨우쳐야 할 그 대목을
다 기록하여 두었음이니라.
6 그러니 너는 성서에 기록되어 있는 내
용을 하나하나 찾아 나의 피조물 만백
성을 일깨워 주며, 지금 믿음의 길을
가고 있는 그 백성들까지도 스스로 부
끄러움을 알며, 저희들이 가야 할 길
이 무엇인지 알고 지금까지 믿어 옴이
잘못되었음을 깨우칠 수 있도록 그 부
분을 찾아 가르칠 때가 되었음을 알라.
7 내가 너에게 말하기를, 네가 성서에
기록된 그 뜻을 읽을 때 내가 원하는
것이 무엇이며 내가 가르치고자 하는
것이 무엇이며 만백성을 구원하고자
하는 것이 무엇인가를 알 때 성서를
읽으라 하였음이니,
8 이제는 네가 성서의 한 구절을 봄으로
인하여 그 뜻을 다 알 수 있는 경지에
올랐음이니, 2천 년 전에 나의 아들이
이 모두를 전하고자 했던 것과 행하여
기록했던 그 신약의 성서가 이제 네
손에 의하여 그 모든 베일이 벗겨지며,
9 내가 원하는 것이 무엇이며 이루고자
하는 것이 무엇인지 그 참뜻을 거기서
하나하나 기록하여 나의 백성들을 구
원하는 데 네가 깨우쳐 써야 될 것이
니라.
10 특히나 지금의 돌이킬 수 없는 믿음으
로써 구원을 받는다는 그 방대한 조직
들을 바로 세우는 그 가르침으로써 이
제 성서에 기록되어 있는 나의 뜻을
찾아 만백성에게 전할 때가 되었음을
알라.
11 지금 나의 피조물 만백성이 믿음의 길
을 감에 있어서, 성서에 있는 가장 위
험한 그 믿음의 발상이 무엇이더냐?
12 육의 행함은 어찌하든 간에 저희 손으
로 지은 성전에 와 우리 부자의 이름
을 찾으며 재물과 금화와 은화와 모든
시간과 삶을 다 거기에 바치며 거기에
맞추어 살아가는 자는 구원을 받을 수
있음이니,
13 많은 금화와 은화를 바치는 자, 그리
고 많은 시간을 바치는 자, 그리고 목
숨을 바치듯이 맹종하는 자, 그와 같
은 자는 육의 행함이 필요 없으며, 육
의 행함과 관계없이 성전에 가서 매달
리는 자는 구원을 받는다고 그리 가르
침이니, 이게 얼마나 무서운 죄악의
씨를 낳은 결과가 되었는지 알겠는가?
14 오늘과 같이 험악한 시대가 열린 것이
그것이 원인이며, 앞으로도 너희들이
깨우치고 가르치고 하늘에 오르는 길
로 인도한다는 백성들의 머리에 그 생
각이 젖어 있음이니, 그들을 돌이킬
수 없으며 깨우칠 수 없음이니라.
15 그러나 너희들은 알아야 될 것이니라.
16 성서에 그와 같은 내용이 잘못되었으
며 나의 뜻이 아님을 미리 내가 기록

하여 두었음이니, 너는 그를 가지고
만백성을 깨우쳐야 될 것이니라.
17 내가 성서에 기록하기를 무어라 말하
였느냐?
18 너희들의 육이 살아가면서 어떠한 행
위를 하든 어떠한 삶을 살든 그 모두
를 내가 하나도 놓치지 아니하고 보
며, 그것에 따라 너희들이 벌을 받는
다 하였으며, 그 대가를 치른다 하였
음이니라.
19 더욱이 내가 깊이 상세히 말하여 기록
하기를, 너희들의 행함보다도 더 소홀
한 말 한마디 함도, 너희들의 육의 행
함에서 잘못 가고 잘못 살아온 그것을
탓하기 전에 너희들이 말 한마디 하는
그것까지도 내가 놓치지 아니하며, 너
희들은 그것으로써 나에게 와 심판을
받는다고 성서에 엄연히 기록되어 있
음이니라.
20 너희들이 그저 한 마디 하는 그 말이
상대방에게 유익한 말을 하는가, 무익
한 말을 하는가, 상대방을 욕되게 하
는가, 그리고 상대방을 헐뜯는가,
21 아무에게라도 무익한 말을 하는 것 그
자체도, 남을 사랑하는 말을, 또 유익
한 말로써 하는 그 모두가 너희들이
나에게 왔을 때는 심판대에 올려지며,
한 마디 한 마디 한 그 말 자체도 심판
대에 올려져 나에게 심판을 받는 것이
너희들의 지금 남은 과제라 내가 성서
에 기록하여 두었음이니,
22 말 한 마디 하는 것도 심판대에 올라
오지 아니하는 것이 없이 심판을 받는
다 하였거늘,
23 너희들이 육으로써 행하는 그 행동에
따라 심판을 받지 아니하고 오로지 너
희들이 지은 성전에 와서 기도하며 구
원의 기도를 드리며 나에게 무엇을 달
라 하며 무엇을 얻고자 그와 같은 행
위를 함으로써 구원을 받는다 말함이
니, 이것이 얼마나 너희들의 죄의 온
상이며 오늘의 사악한 씨를 뿌린 원인
인가를 너희들은 알아야 될 것이니라.
24 이제는 너희들이 성전에 나와 구하는
자만이 구원을 받는 것이며 그곳에 가
서 너희들이 소원하는 것이 이루어지
며 기도하는 것이 이루어진다는 그와
같은 착각에서 깨어나야 될 것이니라.
25 너희들이 성전에 와서 울부짖고 기도
하는 것은 내가 듣지도 아니하며, 그
와 같이 하는 자는 나와는 아무런 관
계도 없다고 말하였음이니라.
26 너희들이 행하는 것, 육의 삶의 그 모
두가 나로부터 심판을 받는다는 것을
반대로 너희들이 깨우쳐,
27 행함에 있어서 질서를 파괴하지 아니
하며 나의 계명에 따라 그 깊이를 깨
달으며,
28 이제 내가 제3의 시대를 열어 너희를
구원하고자 마지막 심판의 기준인 '하
나님! 말씀하옵소서.'라는 나의 법전
이 책으로 세상에 나감이니, 이를 보
고 깨우치는 자만이 구원을 받는다는
것을 명심하고 또 명심하여야 될 것이
며, 그 길 외에는 너희들이 하늘에 오
르는 길이 없음을 알아야 할 것이니라.

## 3,323 번째 하나님 말씀

*2002년 9월 9일 11시 02분*

1 사랑하는 나의 아들아!

2 "네, 아버님! 말씀하옵소서."

3 너희들은 혁명이요, 개혁이요, 혁신이요, 그와 같은 말들을 많이 하느니라.

4 그리고 종교 그 자체도 지금 잘못 가고 있는 그 모두를 다 바로잡아야 될 것이며 바로 세워야 할 것이니라.

5 그렇다면 너희들은 어찌하는가?

6 지금까지 너희들이 해 오던 그 모든 방법과 그 습관과 그리고 너희들이 왔던 그 모든 법칙을 버리지 아니하고 그 폐습이요, 잘못되어 있는 그 습관을 그대로 가지고 계승하며, 잘못 만들어진 그 법규를 가지고 너희들이 그 대책을 세우지 아니하며, 구습을 가지고 그리 그냥 전통을 이어 가며 사람만 바꿔서 한다 하면,

7 정해져 있는 법이나 잘못된 그 악법이라든지 모든 것이 다 새로 만들어지는 것이 개혁이요, 혁신이 이루어지는 것인데, 그 악법과 모든 폐습을 그대로 답습하며 사람만 바꿔서 변한다 하면 그것은 진정한 혁신이나 개혁이 아님이니라.

8 지금 나의 구약과 신약을 가지고 너희들이 만백성을 구한다 하나 그것이 잘못되었으며, 그것을 가지고는 너희들이 도저히 깨우쳐 나의 백성들을 인도할 수 있는 능력이 없음이니라.

9 성서를 비유로 세상에 내려보냈으나 그 비유의 뜻을 모르고 그 깊이를 모르면서 이를 가지고 백성을 구한다는 너희들이 하늘에 오르는 길이 아니요, 지옥으로 가는 그 길로 인도하는 그 믿음 속에 지금까지 살아왔기에, 내가 너희들에게 지금 구약과 신약을 덮고 새로운 시대를 열며 새 역사를 창조하고자 한다 하였음이니라.

10 그러니 여기서 말로만 새로운 역사를 창조한다 하여 너희들이 가르치고 배운 구약과 신약을 가지고 그대로 답습하여 가르친다 하면 그 틀을 깰 수 없으며 그 변화를 이룰 수 없음이니라.

11 그리하여 새로운 시대를 열면서 내가 나의 성령과 나의 뜻을 법전이라 하여 160권으로 세상에 다시 내려보냄이니, 바로 이 법전에 따라서 개혁이요, 혁신이요, 변화가 이루어지는 것이며, 종교 집단들이 잘 가고 잘못 가는 것을 심판하고자 함이 여기에 있음이니라.

12 아무리 사람이 바뀐다 하여도 구약과 신약의 그 성서요, 지금까지 깨우치고 가르쳐 왔던 그 방법으로써는 너희들이 진정한 대혁명을 이루어 지금까지 잘못 가고 있는 그 믿음의 길에서 바른길을 가르칠 수 없음이니라.

13 너희들이 사람만 바꾸며 구약과 신약의 성서를 가지고, 모든 종파들이 지금 가지고 있는 모든 가르침의 책으로써는 너희들을 변화시킬 수 없는 것이니라.

14 그리하여 내가 구약과 신약을 덮고 새로운 시대를 연다고 하였음이니라.

15 새로운 나의 성령과 나의 뜻이 세상에 새로이 내려오는 것만이 개혁이요, 너희들이 변하며 새로운 시대를 여는 것

임을 알라.
16 모든 이 세상의 종교 지도자 너희들이
나로부터 받아 새로운 책을 가지고 변
화를 시도하며 변화를 이룬 것이 있는
가?
17 너희들은 그저 그 옛날의 책으로써,
남이 써 놓은 책을 가지고 계속 재탕
재탕하며 가르치고 또 가르쳐, 다람쥐
가 쳇바퀴 도는 그 역사 속에서 너희
들은 변화와 개혁을 할 수 없음이니라.
18 너희들이 지금 가는 길이 잘못되었으
며, 너희들이 깨우치는 그 방법이 잘
못되었으며,
19 구원을 받고자 몸부림치는 모든 행하
는 형태가 너희들 인간의 만족을 위하
여, 지도자들 몇몇 사람의 그 삶의 만
족을 위하여 너희들이 구상하여 그리
만든 것이니, 이는 나와는 아무런 관
계도 없는 법도를 가지고 너희들이 가
르침이니라.
20 그리하여 너희들은 잘 들어야 될 것이
니라.
21 내가 제3의 시대에 새로운 시대요, 새
역사를 이룬다 하면서 새로운 성령이
요, 가르침의 지침서를 내려보내지 아
니한다면, 새 시대의 새로운 역사를
열 수 없으며, 개혁과 혁신으로써 너
희들을 단죄하여 구할 자와 구하지 아
니할 자와, 깨달은 자와 깨닫지 못한
자를 구분하여 선별하는 작업을 할 수
없음이니라.
22 또 그것은 농부가 농사짓는 벼 이삭이
라 하면, 한창 성장기에 그 줄거리를
키우는 것이 추수의 때가 아니며 추수
하는 것이 아님이니라.
23 나 창조주가 너희들에게 말하였음이
니, 모든 폐습이 잘못되었으며 너희들
을 잘못 이해시키고 잘못 가르쳤기에,
이제 내가 새로운 시대에 새로운 변화
를 이루며 너희들을 다시 새로운 시대
로 이끌기 위해서는 새로운 나의 성령
이요, 나의 뜻이 세상에 내려와야 되
는 것이 아니던가?
24 그리하여 지금 160권이라 하여 너희
들을 새로 깨우치는 나의 성령을 나의
아들을 통하여 세상에 내려보냄이니,
이것이 바로 새 시대를 열고자 하는
너희들의 가르침이요, 지침서가 먼저
내려감이니,
25 너희들이 보고 듣고 깨우쳐 이를 행하
여 새로운 역사를 이루는 데 동참하는
것이 중요함이니라.
26 지금 모두가 다 잘못된 것을 바로잡기
위하여 나로부터 성령이요, 나의 뜻을
받아 너희들이 보고 깨우칠 지침서를
만들어 낸 자가 있으며, 그와 같이
160권이라는 대장정의 책을 세상에
내보낸 자가 있느냐?
27 이것이 바로 새로운 시대를 엶이니라.
28 그리하여 구약과 신약을 덮음이니, 그
를 대체할 수 있는 나의 성령이요, 나
의 참진리가 세상에 내려가야 되지 않
겠는가?
29 그리하여 나의 참진리요, 나의 성령이
요, 나의 모두를 태워 나의 아들을 통
하여 '하늘에 오르는 길'이요, '하나
님! 말씀하옵소서.'라는 이 책을 법전
이라 명하여 너희들에게 전하니, 이는
곧 나의 뜻이며 내가 주관하고자 하는
것이니라.

30 이를 먼저 내려보냄은 새 시대를 열기
위한 나 여호와의 의지요, 나의 뜻임
을 너희들이 알며 나의 계획에 의한
것임을 알아야 될 것이니라.
31 그리하여 이것으로써 시행하고 집행
해 나감이니, 이게 곧 그리해서 법전
이라 명하였음이니라.
32 이와 같은 이치를 깨닫는다면, 내가
너희들이 깨우치며 구약과 신약을 덮
고 새로운 시대로 도약하는, 너희들이
새로운 길로 갈 수 있는 지침서요, 안
내서를 내려 주지 아니하고 내려보내
지 아니하면서 너희들에게 변화하라
개혁하라 한다 하면,
33 너희들은 정녕 방황하고 당황하여 무
엇을 어찌 개혁하며 변화할지를 모르
니, 그저 성서를 가지고 너희 손으로
지은 성전에 가서 금화와 은화를 더
많이 바치며 더 열심히 믿는 것으로써
구원을 받는다 하여 너희들이 더욱 더
지옥행으로 가는 그 죄를 가중하게 짓
게 됨이니,
34 그리하여 너희들이 보고 깨우칠 대안
을 지금 내려보내는 것이니라.
35 구약과 신약을 덮는다 하였으니, 그를
대신할 수 있는 나의 법전을 세상에
내려보내는 것은 창조주인 나만이 할
수 있는 일이며 내가 역사함이니,
36 첫째는 너희들의 성서의 구약과 신약
을 덮는 대신 그것을 대체할 수 있는
나의 법전이 세상에 책으로 내려감이
니 이것을 믿어야 될 것이며,
37 160권의 이 법전이 십계명을 구구절
절이 설명하고 풀어 너희들이 행할 수
있도록 가장 낮은 기초적인 것으로 깨
우쳐 다시 너희들을 심판하고자 함이
니 이를 믿으라.
38 그리하여 이것이 나 여호와의 뜻이며,
나 여호와가 주관하는 것이며, 이를
받아 기록하는 자는 나의 아들이요,
나의 선지자요, 만백성의 목자로서 선
택된 자임을 알라.
39 내가 너희들에게 다시 말하노니, 나의
아들을 보기 전에 너희들이 나의 법전
에 있는 성령의 나의 뜻을 읽고 깨우
쳐 바른길을 가도록 하라.
40 나의 아들은 내가 달구고 달구어 그의
머리가 하얗게 되었을 때 너희들이 보
아도 한 점의 부끄럼이 없는 나의 아
들로 바로 세울 때가 있음이니, 그때
가서 너희들은 나의 뜻을 알게 될 것
이니라.
41 지금 변해 가는 나의 아들을 보고 그
의 살아감을 보면서 너희들이 왈가왈
부하지 말라.
42 그가 지금 살아가는 형태도, 그가 5달
란트로써 그 모든 나의 뜻을 역사하
는 것만으로도 그가 거룩하고 장한 자
임을 너희들은 알라.
43 모든 재산을 남을 위해 던져 주며, 남
의 의식주를 해결해 주기 위해서 아무
것도 제 이름으로 기록하지 아니하며,
모두를 다 종잇조각 하나 놓듯이, 너
희들이 생명보다 더 소중히 하는 재물
을 그냥 던지는 그의 삶의 그것 하나
만 봐도 너희 모든 종교 지도자가 그
를 따라갈 수 없음을 알라.
44 그는 계산이 없으며 저 자신의 이익이
없으며 저 자신이 존재치 아니한다 생
각하고 살고 있음이니라.

45 너희들 자신이 존재하며 너희들 자신을 의식하며 너희들 자신을 먼저 생각하고 있는 자는 종교 지도자로서 아무 것도 놓을 수가 없으며 이룰 수가 없는 것이니라.

46 그저 말로써, 세 치의 혓바닥으로 말장난하다가 끝나는 것이니, 그 말장난의 죄를 너희들은 면하지 못할 것이니 그리 알라.

## 3,324 번째 하나님 말씀

*2002년 9월 9일 12시 18분*

1 사랑하는 나의 아들아!

2 "네, 아버님! 말씀하옵소서."

3 구약 시대의 그 찬란한 기적과 그 역사 속에서 저희들을 구원하여 끌고 나왔던 모세가 이루었던 그 기적은 그들이 다 지워 버리며,

4 모세가 나로부터 계명을 받아, 나의 피조물 만백성이 대대손손 지키고 행하여야 될 것을 요약하여 내가 불로써 그 십계명을 써서 내려보냈음이니, 그를 가지고 가 그 백성에게 전하기 전에 그들은 광란이요, 환란의 그 세월을 지냈음이니,

5 그들이 핍박받는 민족으로서 광야를 거쳐 선택된 나라에 가는 그 세월 동안 과연 모세가 나로부터 십계명을 받는 기간이 얼마나 되었다 생각하는가?

6 그 기간도 기다리지 못하고 참지 못하여 그들이 광란의 짓을 하며 우상을 만들었음이니, 그는 사탄의 씨들이요, 사악한 씨들이 잠재하고 있었음이니, 그리하여 완벽한 나의 백성이 되지 아니하면 사악한 그 뿌리들이 선을 잠식하여 그와 같은 세상이 만들어짐이니라.

7 지금 깨끗한 세상, 하늘을 향하여 한 점의 부끄러움이 없이 사는 백성들을 만들기 위하여 내가 오늘의 이 어려운 길을 가고 있는 것을 너희들은 그 예를 들어 알아야 될 것이니라.

8 2천 년 전에 나의 아들을 통하여 너희들을 구하고자 하였으나 또한 너희들은 어찌하였는가?

9 너희들이 그와 같이 험악한 행위로써, 감히 인간으로서는 행할 수 없는 그 행위를 나의 아들에게 가했으며, 그 제자들이나 백성들이나 기적의 은혜를 입었던 자 중에 거기에 대항하는 자 없었음이니, 너희들의 마음의 형태가 그러함이니라.

10 그리하여 너희들은 나의 성령을 듣지도 못하였으며, 너희들을 깨우치고자 하는 내가 내리는 그 진리의 성령이 나의 아들을 죽임으로 인하여 너희들에게 계속 전해지지 못하였으니, 너희들이 나의 성령을 듣지도 못하였음이니라.

11 그리고 너희들이 선행을 행함을 보지도 못하여 암흑의 세월이 지금 2천 년 동안 흘러왔음이라 내가 말하였으니,

12 그 암흑의 세월이 흐르는 동안에 너희들이 존재했던 그 모두는 나와는 아무런 관계가 없다고 하였음이니라.

13 그리하여 지금에 오는 너희들의 그 종파의 흐름은 너희 스스로 만든 자작극에 의함이며, 너희들은 나와 관계가 없는 그와 같은 세월 속에 살아가는

자들이라 하였음이니라.
14 그러나 내가 더 이상 너희들을 버려둘
수 없다고 생각하며, 더 이상 지옥으
로 가면서 나를 부르짖으면서 진정한
하늘에 오르는 길을 모르고 찾는 그
불쌍한 너희 신도들이요, 백성들에게
다시 한 번 더 기회를 주고자 하여 내
가 성령을 책으로 만들어 세상에 내려
보냄이니라.
15 너희들의 지도자요, 이끄는 자들의 그
죄는 내가 용서할 수 없으며, 아무것
도 모르고 그들의 세 치의 혓바닥에
현혹되어 구원의 길인 줄 알고 밤잠
자지 아니하고 기도하고 경배하며 몸
부림치는 그 행위를 더 이상 볼 수 없
어 너희들을 구하고자 나 여호와가 나
의 성령을 태워 나의 아들을 통하여
'하늘에 오르는 길'이라 하여 책으로
만들어 세상에 내보냄이니, 이는 증거
함이요, 입증함이라.
16 그리고 새로운 시대를 연다 하였음이
니, 새로운 시대에 너희들이 보고 깨
우쳐야 될 그 나의 뜻이 다시 내려가
야 됨이니,
17 그리하여 지금 160권의 나의 뜻을 세
상에 내보내 구약과 신약을 덮는 그
대안으로써 내가 이 역사를 이루는 것
을 너희들은 알아야 될 것이니라.
18 그러니 이제는 지금까지 잘못되었던
그 관행을 다 덮어 두고, 나의 법전을
들고 깨우치며 이를 보고 읽고 깨우
쳐, 너희들이 악한 자의 밥이 되어 가
고 있는 그 길에서 벗어나야 함을 알
아야 될 것이니라.
19 지금 너희들이 나의 법전을 읽고 깨우
치지 못한다면 너희들은 지금의 믿음
의 그 형태에서 악한 자의 밥이 되어
나에게서 멀어져 가며 너희들이 악에
잠식되어 가기에, 그것을 내가 더 이
상 볼 수가 없기 때문에 너희들을 구
원하고자 함이니 그리 알라.
20 너희들이 지금의 믿음의 형태로 그리
가면 너희들이 살아가면서 스스로 마
음이 변하여 선과 악의 그 기로에서
허덕이는 그와 같은 마음이 악에 잠식
되어 악의 밥이 되어 가는 것뿐만이
아니라 내가 너희들을 세상에 내보낼
때 선하고 착한 마음으로 살도록 너희
들을 내보냈던 원초적인 그 선한 마음
까지도 송두리째 악에 빼앗겨 버리니,
21 너희를 도저히 구원할 길이 없으며,
너희들이 그리도 갈망하는 그 구원의
길에 오를 수 없고 악에 먹혀 가는 그
와 같은 형국을 내가 더 이상 볼 수 없
어 너희들을 구하고자 하는 나의 이
마음을 알아야 될 것이니라.
22 너희들은 이제 알아야 될 것이니라.
23 너희들의 그 모든 믿음의 형태에서 나
의 법전을 가슴에 안고 정독하는 것만
이 너희들이 악의 밥이 되지 아니하고
구원받을 수 있는 것이며,
24 너희들의 선한 마음을 송두리째 빼앗
겨 너희들이 지옥으로 가는 그와 같은
무서운 고통을 겪지 않을 것이니라.
25 이제 너희들이 그리 갈망하고 소원했
던 그 구원에 오를 수 있는 길을 내가
너희들에게 책으로 만들어 내려보냄
이니, 이 영광을 너희들이 너희 것으
로 만드는 선택함을 갖도록 그리하라.

## 3,325 번째 하나님 말씀

*2002년 9월 9일 12시 29분*

1 사랑하는 나의 아들아!
2 내가 너와 너의 제자들에게 너희들의
믿음의 길이 무엇인가를 깨우쳐 주었
음이니라.
3 믿음이란 너희들이 팥죽 끓듯이 변동
되는 그와 같은 변덕스런 마음으로써
는 정녕 하늘에 오를 수 없다고 하였
음이니라.
4 너희들이 은혜를 받을 때는 '여호와
여! 주여, 주여!' 그리 나를 찾고 기도
하나 너희들이 무엇인가 얻지 못하고
너희들이 고통과 시련 속에서 변할 때
는 헌신짝 같이 던지고 돌아서는 것이
너희들의 마음이라 하였음이니라.
5 그리하여 진정한 믿음의 길이요, 하늘
에 오르는 길을 와 구원받을 수 있는
것은 유유히 흐르는 물처럼 변화하지
아니하며 변동 없이 흘러가는 것이 구
원의 길이며 나에게 오르는 길이라 내
가 너희들에게 말하였느니라.
6 내가 너희들에게 어찌 말하였는가?
7 한 번 나에게 향하는 그 마음을 접어
두고 변하는 자는 죽음 앞에서 구원의
밧줄을 잡고서 더 이상 고통을 견디지
못하여 그 손을 놓은 자라 말하였음이
니,
8 그와 같이 그 고통의 시련을 견디지
못하고 잡은 손을 놓는 자는 영원히
구원을 받지 못하며 제 스스로 죽어
감이니,
9 믿음이 그와 같이 너희들이 한결같은
마음으로써 시련과 고통을 겪고 인내
했을 때 그리 구원의 손길을 내가 너
희들에게 내려 준다 하였음이니라.
10 그리하여 그 끈을 놓은 자는 다시 잡
을 수도 없다 말하여 내가 너희들에게
그 무서운 이치를 가르쳐 주었음이니
라.
11 그러나 너는 어찌하여 지금 너 스스로
나의 성전에 왔다가 등을 돌린 자, 저
희들이 욕심을 버리지 못하며 사악한
마음을 버리지 못하며, 나의 법전대로
살아갈 수 있는 용기가 없어 두려우
며, 저희들이 죄짓지 아니하고 살 수
없는 그 사악한 마음과 계산속에서 너
를 등지고 떠난 그자들에게 그리도 연
연하며 그 끈을 놓지 못하는가?
12 그들은 어떠한 명분으로써 뭐라고 하
든 너에게 침 뱉은 자들이며 너를 핍
박한 자들이니라.
13 물론 네가 사랑으로써 그를 거두어들
일 수는 있으나, 그들의 사악한 마음
의 씨가 아직도 버려지지 못하고 있음
이니, 그러한 자를 네가 구원하고자
애달파하지 말라.
14 내가 너에게 무어라 했는가?
15 너는 내가 명하는 것을 행할 것이며,
네 생각으로써 무엇을 했을 때 거기에
서 오는 그 크나큰 파장은 그 누구도
감내할 수 없다 말하였느니라.
16 그러니 너는 오늘 이 순간부터 그들에
게 연연하지 말며 그들을 구원하려 그
리 생각하지 말라.
17 그러한 자들을 구원하려 하다가는 너
자신이 망가짐은 물론이요, 열심히 믿
음의 길을 가는 너의 제자들이나 나의
법전을 읽고 깨우치는 그 백성들까지

도 그들로 하여금 상처를 입을 수 있
음이니, 너는 그를 알아야 될 것이니
라.
18 그리하여 그들마저도 너를 버릴 수 있
으며 네 곁을 떠날 수 있는 그와 같은
슬픈 일이 계속 반복되게 되어 있음을
알라.
19 한 번 떠난 자는 욕심이 있으며 생각
이 있으며 계산이 있으며, 그 사악한
마음의 뿌리를 버리지 못하니, 그 사
악한 무리의 뿌리를 내리고자 할 것이
니라.
20 저희들이 어렵고 힘들 때 너에게 와
애원하며 용서를 비나, 원천적인 그
사악한 마음의 뿌리를 정녕 버리지 못
하는 그들은 너를 따르는 그 제자들까
지도 마음에 상처를 입히며, 그들의
마음에 동요를 이룰 것이며, 그들까지
도 구원을 받지 못하게 지옥으로 인도
하는 그 역사를 언젠가는 하고 싶어
하느니라.
21 제가 존재하고 싶으며, 저희 힘을 기
르고 싶으며, 저에 대한 그 모든 영향
력을, 스스로 지배하는 능력을 갖고자
하는 그 사악한 마음을 버리지 못함이
니, 너는 그를 알아야 될 것이니라.
22 내가 그리하여 너희들에게 일찍이 성
서에 기록하여 가르쳐 주었음이니 너
는 그 뜻을 알아야 될 것이며,
23 그리고 한 번 떠난 자에게 그리 연연
하지 말라 함은, 내가 이미 너희들에
게 가르쳐 주었음이니라.
24 너희들의 모든 알곡식 속에서 가라지
를 뽑으려 할 때, 그 가라지만 뽑는 것
이 아니요, 잘못 하면 알곡식의 그 나
무의 뿌리까지 버리게 됨이니, 너희들
은 추수할 때까지 그 가라지를 거두지
말고 그대로 두라고 하였음이라.
25 농부가 추수를 하는 그때에 가면 그
모두를 다 구분할 수 있게 됨이니라.
26 그리하여 가라지를 뽑으려다 알곡식
을 상할 우려가 있음이니 그 알곡식을
상하지 않게 하기 위해서는 아직 가라
지를 뽑지 말라 하였으며, 가을에 추
수할 때까지, 그 천사들이 그를 심판
하는 그때까지 기다리도록 하는 것이
현명함이라 하였음이니라.
27 지금 너는 순수한 나의 백성들과 나의
법전을 읽고 깨우치는 그 백성들의 길
을 안내해 주면 될 것이며, 너희들을
버리고 떠난 자들을 구원하고자 하지
말라.
28 그들로 인하여 순수하게 성령을 깨우
쳐 아름답게 가고자 하는 자들까지 잃
을 수 있으며, 그들까지 병들며, 사악
한 무리로 하여금 그들까지 오염되고
있음이니, 그들은 호시탐탐 노리고 있
는 자들임을 알라.
29 선하고 착한 나의 백성들의 마음에 파
장을 일으켜 저희들이 원하는 집단으
로 또 그들은 끌어가고자 함이니,
30 저희들이 비록 힘이 없어 지금은 고개
를 숙이고 너에게 용서를 비나, 저희
들을 추종하는 자들이 생기고 저희들
에게 힘이 실렸다 생각할 때, 그들은
가차없이 사악한 마음으로 오늘과 같
이 등을 돌리고 떠나는 그 행위를 또
할 것이니라.
31 다만 그들이 힘이 약하며 뿌리를 내릴
수가 없으며 견딜 수 없기에 그들이

근거를 만들고자 하여 너에게 와 용서
를 비는 자들이니,
32 그들을 선별하여 너의 제자들이 추천
하는 자들만 받으라 함이 여기에 있음
이니라.
33 절대로 그와 같은 자 구원하려 하지
말며 그들에게 네가 더 이상 연연하지
말라.
34 그들에게 네가 사랑의 그 마음을 베풀
어 그들을 구하려 하지 말라.
35 오로지 시간이 없기 때문이니라.
36 이제 나의 법전을 읽고 깨우쳐 곱고
아름답게 가는 너의 제자들과 이를 보
고 깨우치는 만백성을 구원하는 길에
만 전념을 다하며, 나의 법전을 세상
에 전하는 데만 전력을 다하라.
37 이제 곧 추수할 때가 되지 않은가?
38 추수를 시작하고 있음이니, 그 가라지
는 내가 다 뽑아 태울 것이며, 그들을
다 이 세상에서 뿌리째 뽑아 존재하지
못하도록 하고자 하는 그 새로운 역사
를 이루기 위한 것이 지금의 작업이
아니던가?
39 이를 너는 깊이 깨우쳐, 너 자신의 아
픈 마음으로써 스스로 떠난 자들을 위
하여 눈물 흘리며 그들과 더불어 같이
가고 싶어 하는 그 애절한 마음을 거
두라, 사랑하는 나의 아들아!
40 이제 그들이 돌아올 시간이 지났으며,
그들이 정녕 회개하고 반성하지 못함
이니, 그들에게 네가 연연하는 것은
네가 나의 뜻을 거역함이니 그리 알
라, 사랑하는 나의 아들아!

## 3,326 번째 하나님 말씀

*2002년 9월 9일 12시 44분*

1 사랑하는 나의 아들아!
2 "네, 아버님! 말씀하옵소서."
3 어느 조직이요, 어느 집단도 지금 형
성되어 있는 그 종교 집단보다 굳건하
고 단단한 조직이 없으며, 물질적으로
모든 것을 갖춘 조직은 없음이니라.
4 지금 그와 같이 방대한 각종 종파의
조직을 가진 너희들이 그 방대한 힘을
가지고 세상을 지배하며 나의 만백성
을 우롱하여 너희들이 원하는 방향으
로 끌고 가며, 대가 없이 그들로부터
노동력과 재물을 수없이 거둬들여 성
전을 이루고 너희들의 뿌리를 내리는
데에만 연연하였음이니,
5 이제는 나 여호와의 진정한 진리를 너
희들이 지금 돌아다볼 때가 되지 아니
하였는가?
6 지금까지 너희들은 그 방대한 힘의 조
직을 가지고 진정한 진리를 가르치는
것이 아니라 나의 뜻을 거역하였으며,
진정한 진리를 가르쳐 나의 피조물 만
백성을 천사와 같은 마음으로 변화시
키는 역사를 이루지 못하였으며 그 모
두를 거기에다 바치지 아니하였음이
니,
7 그러하면서 너희들은 나의 뜻을 거역
하면서 나에게 오르는 길이라 하였음
이니, 이제는 더 이상 그를 방치할 수
없어 결국 내가 너희들을 구분할 때가
되었음이니라.
8 너희들이 그와 같은 방대한 조직으로
써 백성들을 천사와 같은 마음으로 변

화시키는 그 역사를 이루지 못하며 너
희들 뜻에 따라, 너희들 인간의 힘에
의하여 너희들이 사병화되고 사조직
으로써 흘러오는 그와 같은 믿음으로
전락하였음이니,
9 불쌍하고 순박한 나의 백성들만이 지
금 너희들의 그 말에 의하여 구원의
길이라 믿고 저희들의 모두를 다 바쳐
달려가면서 그 길이 지옥행으로 가고
있는 그것조차도 모르며, 천국의 문이
아니라 지옥행으로 가고 있는 그와 같
은 믿음의 속에서 저희들이 진흙탕에
서 허덕이고 있는 것을 나의 백성들이
모르고 있음이니,
10 그리하여 그 불쌍한 백성들을 내가 더
이상 볼 수 없어, 이제는 추수 때가 되
어 추수로써 더러운 쭉정이와 알곡식
을 구분하여, 그 쭉정이인 잡초의 씨
를 모두 뽑아 그 악한 짓을 한 것만큼
심판을 하고자 하는 것이 나의 뜻임을
알라.
11 이제까지 너희들이 방대하며 성대한
조직으로써 이끌어 왔으나, 이제 곧
내가 너희들의 추수를 시작할 것이니,
너희들이 아무리 힘이 크고 방대하다
해도 내가 추수를 하여 거기서 알곡식
과 잡초의 씨앗을 구분하는 그 앞에
너희들은 더 이상 견디고 버틸 수 없
음을 알아야 될 것이니라.
12 그리하여 이제 너희들의 잘못되는 그
악행의 모든 씨를 다 거두기 위하여
내가 그를 근거할 수 있는 나의 법전
을 세상에 내보내며, 제3의 시대를 열
어 지금 내가 직접 세상에 내려가 내
가 천사들을 앞세워 너희들을 심판하
고 있음을 알아야 될 것이니라.
13 곧 제3의 시대가 열리며, 나의 성령을
태워 만든 나의 법전이 세상에 글로
나가 증거하며, 너희들이 읽고 깨우쳐
판단할 수 있는 이와 같은 모든 뜻을
제시하는 나의 법전이 세상에 내려가
는 이 순간부터 내가 직접 내려가 나
의 천사들을 데리고 너희들 중에서 구
할 자와 구하지 않을 자, 버릴 자와 버
리지 아니할 자, 그리고 알곡식과 잡
초를 구분하는 그 추수의 역사가 시작
되었음을 너희들은 알아야 될 것이니
라.
14 그리하여 내가 잡초를 뽑아내고 알곡
식만을 선택하여 그 알곡식만이 나의
지상의 낙원에 존재할 수 있도록 천
년에 걸쳐 이 역사를 이루고자 하는
것이 나의 뜻임이니, 너희들은 이 무
서운 현 시국을 알아야 될 것이니라.
15 내가 다시 너희들에게 말하니, 천 년
에 걸쳐 모든 죄악의 싹을 씻어 보내
고자 함이니, 너희들이 아직도 그를
깨우치지 못하고, 육으로써 사는 동안
에 나의 피조물 만백성을 우롱하며 지
옥으로 이끌고 가 너희들이 죽어서 어
떤 벌이라도 달게 받겠다는 그 추하고
더러운 생각을 버리지 못한다면, 나에
게 와 영원히 사는 세상에서 얼마나
고통스러운 죄의 벌이 너희들을 기다
리고 있는지 너희들은 상상하지 못할
것이니라.
16 그 종교 지도자들의 간악한 수법과 그
방법을 나의 피조물, 어리석고 순박한
백성들로서는 그를 보지 못하며, 그를
분별할 수 있는 자제력까지 잃고 그저

성전에 가서 기도하고 재물을 바치며,
부모에게 효도하지 못하고 형제에게
우애를 나누지 못하며 살아가는 것이
너희들의 형국이니라.
17 이제는 너희들이 바로 깨우칠 때가 되
었으며, 너희들이 바로 보고 너희 스
스로 구원하는 길밖에 없음이니라.
18 간악한 자들이 그 세 치의 혓바닥으로
너희들을 현혹하여 너희들의 자제력
을 잃게 하였음이니, 여기서 너희들이
돌아서는 길밖에 없음이니라.
19 그들을 따라가는 자는 영원히 구원을
받을 수 없으며, 스스로 깨우쳐 바로
서는 자만이 구원을 받을 수 있는 그
길이 열림을 알라.
20 이제 너희 스스로 선택하는 길밖에 없
으니, 나의 법전을 읽고 깨우치며, 내
가 성서에 기록한 내용 중에 너희들이
알지 못하고 이해하지 못하는 그 부분
과 그 속에 내가 정답을 기록했던 부
분을 하나하나 기록하여 너희들에게
전함이니, 이를 보고 너희들이 구원의
길을 받도록 그리하라.

## 3,327 번째 하나님 말씀

*2002년 9월 9일 12시 55분*

1 사랑하는 나의 아들아!
2 "네, 아버님! 말씀하옵소서."
3 지금 이 시대에 살아가는 나의 백성들
이 가장 행복한 백성들이며 선택된 백
성이라 함을 만천하에 전하라.
4 지금 이 시대에 나의 아들이 세상에
나가 너희들을 구원할 수 있는 나의
성령을 기록하여 책으로 만들어 너희
들 앞에 전함이니,
5 이를 접하는 자는 구원받을 수 있으며
깨닫는 자는 구원을 받을 수 있음이
니, 너희들이 얼마나 행복한 시대에
살며 은혜와 영광과 은총 속에서 이
시대를 살아가는가?
6 나의 아들이 33년이라는 그 역사 속
에 160권이라는 법전을 세상에 만들
어 너희들에게 깨우칠 기회를 줌이니,
너희들이 한 권의 책을 접해도 구원의
길을 볼 수 있으며 구원을 받을 수 있
음이니,
7 더욱이 작은 동양의 나라에 태어난 너
희 민족이요, 백성들의 그 영광과 은
혜가 얼마나 위대한 것인가를 너희들
은 알아야 될 것이니라.
8 너희 문자로써 기록되어 있으니 너희
는 시간 나는 대로 나의 법전을 읽고
깨우치면 구원을 받으며,
9 또한 나의 법전이요, 나의 성령이 지
금 이 동양의 작은 나라에 나의 아들
을 통하여 세상에 전해짐이니, 이 시
대에 사는 모든 백성들의 영광이요,
축복이며,
10 또 동양의 작은 나라에 사는 너희들은
더욱 영광과 축복임을 알라.
11 너희의 노력 여하에 따라서 너희들은
그리 갈구했던 영원한 행복의 나라,
천국에 올 수 있으며,
12 또 너희들이 노력하지 아니하면 지옥
행 열차를 타고 지옥으로 갈 수 있는
이 시점에, 항상 갈등하고 서 있는 너
희들에게는 선택할 기회가 되어 있으
며, 너희들이 또 선택할 수 있는 그 기
준의 법전을 내리니,

13 지옥행인지 천국행인지 그와 같이 판
단하지 못하고 결정하지 못하며 구분
하지 못하고 방황하는 너희들에게 나
의 법전을 세상에 내려보내 한 권의
법전을 접하면 그 모두의 답이 다 있
으며,
14 너희들이 수십 년간 믿음에 의하여 구
원을 받고자 발버둥치며 노력했던 거
기서 허무함과 공허함만이 너희 가슴
을 울렸으나, 그 모든 깨달음이 나의
법전에 있음이니, 너희들이 얼마나 행
복한 사람들인가?
15 더욱이 나의 성전에 와 나의 아들의
제자로 선택되어 나의 법전을 매일 공
부하고 깨우치며, 내가 나의 아들에게
내리는 그 성령을 직접 듣고 깨우치는
너희들이 얼마나 영광되고 축복된 백
성인가 너희들은 알 것이니라.
16 너희들은 이제 지옥과 천국의 그 갈림
길에서 방황할 일이 없으며, 공허한
마음이 없으며, 불안한 마음이 없지
않은가?
17 너희들은 어떠한 길이 하늘에 오르는
길인지 알고 있으며, 오로지 너희들에
게는 행하는 것만이 남아 있음이니,
이보다 더 큰 영광을 받은 사람이 없
음이니라.
18 다만 너희들이 얼마만큼 노력하며 얼
마만큼 나의 십계명을 지키며 나의 법
전의 내용대로 살아가느냐, 오로지 그
것만이 너희들에게 남아 있지 않은가?
19 사랑하는 나의 아들의 제자 너희들부
터 먼저 깨우쳐야 될 것이니라.
20 너희들이 스스로 변해야 되며, 너희들
이 변하여 빛이 됨으로 인해 만백성이
변화되며, 나의 법전이 세상에 전해져
온 인류와 지상에 사는 모든 백성들이
구원의 길을 볼 수 있는 그 길을 이끌
고 가야 할 너희들이 얼마나 힘들고
어려운 그 길을 가야 하는가?
21 내가 너희들에게 일깨워 강조하였음
이니라.
22 연어라는 그 물고기를 한번 상상하라
하였음이니라.
23 그가 자식을 번식시키기 위해 얼마나
멀고도 길고 험악한 여행을 하는가?
24 그들은 물을 역류하여 끝없이 그들의
나약한 힘으로 그 몸을 지탱하여 끌고
나가며, 가다가 폭포에 부닥쳤을 때
수십 번, 백 번, 천 번, 제가 죽어 목숨
이 끊어질 때까지 끝없이 도전하여 그
폭포수를 넘고 그 물을 넘고자 노력하
여 결국은 그 폭포수를 넘음이니라.
25 얼마나 그들이 가련하며, 얼마나 그
용기가 갸륵하며, 그들의 생존에 대한
그 마음의 자세가 얼마나 소중하며,
저희들의 씨앗을 뿌리기 위하여 죽음
의 길을 가는 그들에게 너희들은 얼마
나 아름다움을 느끼는가?
26 과연 저희 자식을 위하여 죽음의 길을
알고도 갈 수 있는 백성이 얼마나 있
는가?
27 내가 지금의 믿음이 다 잘못된 것이니
바로잡고 구원의 길로 가라, 너희들이
지옥으로 가는 것은 너희들이 대가를
치르는 것이나, 너희 후손까지, 너희
자식까지도 지옥 불로 가는 그와 같은
험악한 그 길을 막아 달라 너희들에게
말하였으니,
28 그것은 지금의 믿음을 타파하며 그곳

에서 뛰쳐나와 나의 법전을 정독하며
이 법전을 높이 들고 이를 따르라 소
리 지를 수 있는 용기 있는 그와 같은
자들이라 하였음이니라.
29 연어라는 동물이 어렵고 힘들게 그 폭
포수를 넘고 또 넘어 알을 낳고 그 지
친 몸으로써 장렬히 죽어 가는 그 마
음의 변화를 너희들은 정녕 어찌 생각
하는가?
30 내가 뭐라고 말하였느냐?
31 두꺼비라는 그 미물은 독사에게 제가
당장 물려 죽는 길을 선택하여 감이니
라.
32 너희들은 미래에 너희 스스로 그 죽음
의 길을 가면서 너희 자식들을 구하며
후손들을 구하라 하였으나, 너희들은
그 용기도 없음이니라.
33 두꺼비라는 것은 당장 그 앞에 죽어
감이니라. 연어의 그 힘겨운 여행을
하는 것도 아니요, 당장 뱀이라는 미
물에게 그가 먹혀 죽음으로 해서 저희
자식들을 번식시키는 그와 같은 그 삶
을 살아감이니,
34 이 미물보다 더 영특하고 지혜가 있으
며 깨우침이 있는 너희들은 과연 너희
자식과 너희 후손을 위한 구원의 길을
가기 위하여, 참빛의 길을 가기 위하
여 얼마나 노력하고 깨우치는가?
35 과연 너희들은 진정한 진리를 위하여
자신의 희생과 노력을 얼마나 바치는
가?
36 너희들이 얼마만큼 노력하느냐에 따
라서 천국에 올 수 있거늘, 너희들이
그 미물들이 노력하는 것의 천 분의
일만 노력한다 해도 지옥으로 가지는
아니할 것이니라.
37 이 위대한 천국의 문을 두드려 들어올
수 있는 길과 지옥으로 가는 길의 그
기로에 서 있는 것이 지금 너희들이며,
38 또 그 기로에서 방황하며 구분하지 못
하는 너희들에게 옳고 그름을 구분해
줄 수 있는 법전을 세상에 내려보낸
이 시대에 사는 너희들이 얼마나 은혜
와 축복을 받은 백성들이며, 너희들이
얼마나 행복한 삶 속에서 영화와 영광
을 누리고 살아가는가를 한번 돌이켜
보라.
39 죽어 가는 연어나 죽어 가는 두꺼비만
큼 너희들이 하늘을 위하여 하는 그와
같은 희생이 과연 얼마나 따랐으며 노
력이 얼마나 따랐는가?
40 너희들 마음 자세는 그와 같은 희생을
갖기 전에, 욕심이라는 그 버릴 수 없
는 사악한 것이 너희 마음을 그득히
채우고 너희들을 지배하고 있을 것이
니라.
41 그 속에서 존재하는 너희들이 어찌 구
원을 받으며 천국의 문에 들어설 수
있다 감히 그리 말하는가?
42 너희들은 그 미물에게 부끄러운 줄을
알며, 너희들의 추한 모습을 돌아다보
는 그와 같은 교훈으로 삼아 구원을
얻으라.

## 3,328 번째 하나님 말씀

*2002년 9월 9일 13시 14분*

1 사랑하는 나의 아들아!
2 "네, 아버님! 말씀하옵소서."
3 나에게 선택된 사랑하는 백성이요, 너

의 제자들의 손을 잡고 네가 간곡히
그들을 깨우쳐 바로 세우도록 그리하
라.
4 내가 뭐라 하였느냐?
5 너희 부모가 자식들에게 무엇을 원하
고자 할 때, 첫 번째 그 부모가 원할
때 '네! 어머님, 아버님, 알겠사옵나이
다.' 그리 순종하고 부모가 원하는 것
을 들어 드리고 그 뜻을 이해하여 받
들었을 때, 그 첫 번째 이해하고 대답
하는 것만이 나의 사랑이요, 나의 진
리요, 나의 뜻이라 말하였으며, 그러
한 너희들만을 내가 기억한다고 하였
음이니라.
6 부모가 무엇을 원하고자 너희들에게
말하였을 때, 그를 너희들이 일단 거
부하고 불평과 불만 속에서 부모의 마
음을 받아들였다가, 나중에 회개하고
나서 깨우쳐 후회하며 부모에 대한 은
혜를 모르는 그 자신의 부끄러움을 알
고 너희 부모가 말한 것의 열 배를 해
준다 해도 그는 나와 아무런 관계가
없으며, 도리어 너희들이 죄를 짓는
형국이며, 내가 너희들에게 열 배로
벌을 내린다고 하였음이니라.
7 그러니 첫 번째 나오는 마음의 그 아
름다운 답만이 나에게 선택된 백성이
살아가는 길이며 너희들이 이루는 길
이라 내가 수차 말하였음이니라.
8 이 세상에 나의 피조물 만백성을 구하
는 160권의 법전을 만들어 내기 위해
너희들이 모두를 다 바치며, 그리고
모든 정성을 다하여 나의 아들이 지탱
할 수 있고 이끌어 갈 수 있고 견디어
갈 수 있도록 봉사와 희생을 아끼지
아니함이니 너희들의 그 공이 하늘에
닿으나,
9 그 공이 하늘에 닿기 전에 점점 너희
들이 지옥 불로 내려가고 있음이니,
너희들은 어찌하여 그와 같은 행위를
하는가?
10 너희들이 좋은 일을 하며 나의 뜻에
따라 살아가는 그 공을 쌓으면서, 어
찌하여 말로써 그 공을 다 무너트리는
가?
11 너희들은 좋은 일을 하고 나의 법전을
만들고 이를 세상에 전하는 일을 하며
만백성을 구하는 그 역사를 하면서,
어찌하여 남을 평가하고 남을 시기하
며 거기에다 견주어서 남에 대한 단점
과 약점을 그리 쉽게 말을 하는가?
12 그리하여 너희들이 부모에게 잘못하
고 나서 그다음에 두 번째에 회개하고
반성하여도 열 배의 죄를 짓는다 하였
음이니, 너희들이 좋은 일을 하는 것
은 하나요, 남을 비방하는 말을 한 마
디 했을 때는 열 배의 죄를 짓는다 함
이니, 너희들이 쌓은 공이 없이 점점
내려감이니, 이를 어찌하여야 되겠는
가?
13 너희는 남의 허물을 말하고 남의 잘못
됨을 탓하며, 너희 자신이 공을 쌓고
역사를 이루는 것을 남에게 비추어 자
랑하고자 함이니라.
14 그런 마음이 없으면 감히 너희들이 나
의 성령에 따라 모두를 행하며 아름답
게 살아가며 회개하고 깨우쳐 반성해
나가면서, 어찌 말로써 너희들이 쌓은
그 공덕을 다 무너트려, 너희들이 하
늘에 오르는 길에서 점점 멀어져 지옥

으로 떨어지는 길을 가는가?
15 내가 너를 사랑하며, 너의 제자들을
사랑하며, 너희들이 나에게 소중하기
때문에, 너희들이 그와 같은 우를 범
하지 아니하고 살아갈 수 있도록 하기
위하여 내가 오늘 나의 아들을 통하여
다시 한 번 기록하여 너희들에게 전함
이니,
16 너희들의 그 사소한 말 한 마디가 열
배 백배 쌓은 공덕을 하루아침에 무너
트림이니, 그와 같은 행위를 하지 말
라.
17 그와 같은 어리석은 행위로써 너희들
이 어찌 하늘에 오를 수 있으며 천국
의 문에 들어올 수 있으며 나에게 오
를 수 있다 하는가?
18 너희들이 아름다운 일이나 좋은 일이
나 선한 일은 하루에 한 번 하고, 남을
비방하고 욕하는 이야기는 세 번을 한
다면 스무 배 밑으로 지옥으로 떨어
지니, 그를 만회하기 위해서 너희들은
열 배, 스무 배, 이백 배를 더 해야만
됨이니, 그러한 형국으로써 너희들이
어찌 나에게 오르는 그 천국의 문에
올 수 있다 말하는가?
19 이 이치를 너의 제자들의 손을 하나하
나 잡아 주며 깨우쳐 주라.
20 쌓은 모든 공덕을 말로써 다 무너트리
며 그 은혜와 축복을 다 버리는 그와
같은 어리석은 우를 범하지 않는 백성
이 되도록 그들에게 진지하게 깨우쳐
줘, 그들이 두 번 다시 그러한 우를 범
하지 않도록 네가 인도하라.
21 네가 잘못 인도하고 잘못 깨우치고 잘
못 가르치기에 그들이 그와 같은 무서
운 우를 범하고 있음이니, 그 모든 죄
는 니에게 있음이니라.
22 사랑하는 나의 아들아!
23 그 모두는 너의 책임이니, 네 모두를
다하여 그들을 깨우치고 달래고 이끌
어, 바른 자세로써 세상에 살아 천국
의 문에 들어설 수 있는 영광된 축복
을 그들의 가슴에 안겨 줘,
24 그들이 너를 따르며 내가 존재함을 믿
으며 이 세상의 인간 세속에 살면서
저희들이 좋고 즐거운 그 향락을 억제
하고 통제하며, 모두를 나의 성전에
바치고 나의 법전이 세상에 나가는 그
역사를 위해 모두를 바친 그들이 그
축복과 영광을 받을 수 있도록, 그대
로 열배 백배 받을 수 있도록 그들의
마음을 잘 깨우쳐 다스리되, 그들의
손을 잡고 하나하나 약속을 받아 내도
록 그리하라, 사랑하는 나의 아들아!

## 3,329 번째 하나님 말씀

*2002년 9월 9일 13시 34분*

1 사랑하는 나의 아들아!
2 "네, 아버님! 말씀하옵소서."
3 너의 제자들은 깨우치라 그리 이르라.
4 제자 너희들과 그리고 나의 법전을 읽
는 백성, 너희들은 들으라.
5 나의 법전 160권이 세상에 어찌 역사
하여 이루어 나가는가를 너희들은 한
번 생각해 보았는가?
6 나의 아들은 잠시도 쉬지 아니하며 나
의 법전을 만들어 만백성 너희들을 구
하고자, 나에게 기도하는 자세와 경배
하는 마음으로써 내가 성령을 내려보

내기를 축원하고 기도함이니,
7 이는 너희들 인간사에 살아가면서 며
칠 만에 그 책을 만드는 역사함도 아
니요, 오로지 나의 법전 160권은 몇
년에 걸쳐서 하루도 거르지 아니하고
나의 아들이 나에게 경배함으로 인하
여, 내가 나의 성령을 태워 그의 가슴
에 전하여 그가 말로써 세상에 내어
기계라는 것에 녹음을 시킴이니,
8 그리 녹음시킨 것을 한 자도 빼고 더
함이 없이 그대로 법전이라는 책으로
내는 그 역사가 지금 이루어짐이니라.
9 몇 년 동안 하루도 쉬지 아니하고 6일
에 걸쳐서 288쪽의 책을 한 권을 써서
세상에 전함이니, 이리하여 나의 아들
이 160권의 법전을 세상에 내는 그 역
사가 지금 이루어지고 있음이니라.
10 너희들은 하루도 쉬지 아니하고 몇 년
동안 288쪽의 책을 6일에 한 권씩 만
들어 세상에 전하여 만백성을 구원하
고자 하는 그 길이 과연 평탄하고 편
안하며 안일한 길이라 생각하는가?
11 나의 아들이 이를 이루기 위하여 그
모두를 다 버리며, 사랑하는 것, 좋은
것, 소중한 것, 아름다운 것, 인간의
육신의 향락이요, 즐거움이요, 그 모
두를 접어 두며, 오로지 나에게 경배
하여 내가 내리는 성령을 받아쓰고자
하는 그 고통과 그 시련과 그 아픔과
그리고 그 인내함을 너희들은 과연 아
는가?
12 그는 지쳐 쓰러지더라도 나의 법전을
만들어 내기 위하여, 6일 한 권이라는
법전을 세상에 만들어 내기 위하여 그
가 지쳐 쓰러지는 그와 같은 몸으로도
나에게 경배하며 나의 성령을 받고자
기도하는 자세로 앉아 이를 받아 기록
함이니,
13 그가 몸에 병이 나서 도저히 견딜 수
없는 그와 같은 아픔에 지쳐 온다 하
여도 그는 6일에 한 권의 법전을 만들
기 위하여 그 고독하고 힘들고 어려운
역경을 마다하지 아니하고 가고 있음
이니라.
14 그는 목숨이 붙어 있는 한 어떠한 아
픔과 고통과 시련이 그를 엄습한다 해
도, 어떠한 신체 조건이 그를 견디지
못하도록 한다 해도, 6일에 한 권씩의
법전을 세상에 내놓고자 그 모두를 다
접어 두고 오로지 거기에만 매달려 살
아감이니, 나의 아들의 그 마음의 아
픔과 번뇌와 세상사의 모든 것을 접어
두는 그 마음을 알겠는가?
15 오로지 그는 나로부터 성령을 받아 법
전을 만드는 것만이 가장 행복하고 기
쁘며, 그 모두를 깰까 봐 어떠한 것도
바라보지 아니하고 듣지 아니하고 생
각하지 아니하며 고통 속에 그 번뇌를
다 버리며 가고 있음이니, 그의 아픈
마음을 너희들은 과연 아는가?
16 너희들이 직접 체험해 보도록 그리하
라.
17 너희들이 6일 만에 한 권씩 288쪽의
책을 한번 열 달에 걸쳐서 써 보도록
하라.
18 그리하면 너희들이 과연 몇 권의 책을
세상에 낼 수 있으며, 너희들이 무엇
인가를 쓸 수 있는가?
19 너희들이 낙서를 해도 좋으며, 남을
시기하고 질투하는 것을 써도 좋으며,

너희들의 자서전을 써도 좋으니라.
20 너희들이 288쪽의 책을 6일에 한 권 씩 100일 동안에 한번 써서 세상에 내 보라.
21 어떠한 것도 좋으니라.
22 일기식으로 써도 좋고 너희들이 살아 온 인생 역경을 써도 좋으며, 남의 뒤에서 그 비방함을 써도 좋고 남의 아름다움의 미담을 써도 좋으니, 너희들이 그 역사를 한번 이루어 보라.
23 과연 견딜 수 있고 해낼 수 있는가?
24 세상사에 살아가는 속에서 얽히고설킨 그 생활 속에 너희들은 잠시 멈췄다 갈 수도 있으며 쉬었다 가며 삶을 연장하는 그와 같은 생활 속에서, 그는 모두를 다 덮어두고 저버리며 보지 아니하고 듣지 아니하며 오직 법전을 만들며 기록하는 것에만 모두를 다하여 매달림이니,
25 오늘 이 시간, 성령을 받아 법전을 만들어 너희들을 깨우치고자 하는 이 순간에도 나의 아들의 몸은 지치고 쓰러져 견딜 수 없는 고통의 시련 속에 지금 있음이니라.
26 그를 너희들은 과연 그리도 모르겠는가?
27 나의 녹음기요, 녹음테이프에 기록되어 있는 이 음성을 너희들이 들어 보라.
28 그가 얼마나 고통 속에서 지금 이 길을 중단하지 아니하고 가고 있는가?
29 그와 같은 고통 속에서 법전이 만들어짐을 너희들은 알아야 될 것이니라.

## 3,330 번째 하나님 말씀

*2002년 9월 9일 13시 55분*

1 사랑하는 나의 아들아!
2 "네, 아버님! 말씀하옵소서."
3 내가 너에게 말하지 아니하였던가?
4 지금의 너희들이 사는 삶을 반대로 살라 말하였음이니, 그 예를 들어 내가 너희들에게 일깨워 말하기를, 팽이가 오른쪽으로 도는 것을 왼쪽으로 돌리는 그러한 삶을 사는 것이 너희들이 구원의 길에 들어서는 길이며 세상을 바라보는 길이라 하였음이니라.
5 그 뜻과 그 의미가 어디에 있는가?
6 이는 이 세상 모두가 다 거꾸로 돌아가고 있음이며, 거꾸로 가고 있음을 말하는 것이니라.
7 첫째로 너희들의 마음도 거꾸로 되어 있으며, 너희들의 그 마음이 지배하는 인간 세속의 그 삶도 다 거꾸로 살아가고 있음이니, 세상이 온통 거꾸로 굴러가고 있다는 것을 내가 너희들에게 알려 주고 깨우쳐 줌이 아니던가?
8 그리하여 너희들에게 바로 서라 하는 것이며, 바로 서야 된다 하였음이니라.
9 선행을 하며 선을 베풀고 살아가는 자들이 지금 대우받지 못하는 세상이며, 그들을 칭찬하고 격려하기를 꺼리는 자들의 세상이 되어 있으며,
10 악행을 하는 자, 악하게 사는 자들이 그저 세상을 지배하며 군림하고자 하는 세상이 되어, 지금 모두가 거꾸로 돌아가는 형국이니, 이를 어찌해야 되겠는가?
11 정녕 내가 오른쪽으로 도는 팽이를 왼

쪽으로 돌려야 한다 함을, 그 깨우침 만이 구원을 받는다 하는 그 말의 뜻을 너희들은 알겠는가?

12 진정 이 세상에 사는 모든 백성들이 정상적이고 진리와 순리에 따라 살아간다 말할 수 있는가?

13 너희들은 가장 소중한 생명을 재물로써 계산하며 모두를 다 이해관계 속에서 계산함이니, 자녀의 결혼식의 그 축복된 것까지도 너희들은 재물로 계산하며, 심지어는 너희들이 죽고 사는 것까지도 재물로 계산하여 따지는 그와 같은 험악한 세상이 되어 있음이니라.

14 부모가 다치며 자식이 다침을 따지기 전에, 너희들은 돌아서서 1분도 안 되어 그 모두를 재물이요, 금화와 은화로써 계산하여 그를 위로하고 보충하고자 하는 것이 너희들의 마음이니,

15 거기에 진정 죽은 자를 위로하는 마음과 달래는 마음과 서로 헤어짐을 가슴아파하는 사람의 그 마음이 과연 얼마나 지탱되는가?

16 지금 종교의 믿음의 가는 길이 그러니라.

17 나의 피조물 만백성을 진정 하늘에 오르는 길로 인도하고자 하는 그 깨우침이 과연 그들에게 얼마나 있는가?

18 그저 금화와 은화를 거둬들여 저희들의 성전을 궁궐보다도 더 위대하게 지어놓고 군림하고자 하는 그 속에 너희들이 그 모두를 다 바치고 있음이니, 너희들은 지금 세상이 거꾸로 돌아가고 있다는 그 현실을 부정할 수 있는가?

19 세상에 천사들이 살며 아름다운 지상의 낙원이어야 될 곳이, 너희들이 말하지 않는가?

20 도둑이 들끓으며 말세며 부모와 형제도 없으며 인간의 도리요, 인간미를 찾아볼 수 없는 사악한 시대며,

21 서로 만나고 기쁨을 나누며 행복해야 할 인간이 인간을 만나기를 두려워하고 인간을 의심하며 인간을 시기하며 지금 이와 같이 만연된 이 세상에서 과연 거꾸로 모두가 돌아간다는 것을 부정할 수 있는 자 있으면 말하라.

22 그 속에서 살아가며 지금 나의 피조물 만백성을 구원의 길로 인도한다는 종교 집단들이 이끌어 가고 있는 그 믿음만이 정녕 바른길이며, 너희들이 바로 서서 나의 피조물 만백성을 이끌어 간다 말할 수 있는가?

23 과연 그와 같이 말할 수 있는 종교 지도자 있으면 나와 말하라.

24 종교 지도자 너희들은 어찌 살아가는가?

25 나의 피조물 만백성이 거꾸로 살며 거꾸로 돌아가는 그 세상에서 그들과 더불어 살아가는 것이 너희들이니, 너희들 자신도 거꾸로 가고 있음을 알아야 될 것이니라.

26 지금 모두가 거꾸로 돌아가며 잘못되는 반대 반향으로 돌아가는 그 속에 뛰어들어 나의 피조물 만백성을 바로 살 수 있도록 인도하며 이끌고 가야 할 종교 집단이요, 종교 지도자 너희들이 어떠한 역할을 하는가?

27 너희들은 그를 바로 세우고 바로잡을 그 자제력까지 잃었음이니, 너희들은

그 속에 들어가서 그들에게 그와 같이
거꾸로 살도록 부추기며 그리 살도록
유도하고 있음이니라.
28 이는 무엇이더냐?
29 거꾸로 사는 세상에서 거꾸로 사는 자
가 많아야 너희들에게 금화와 은화를
바치며, 너희들에게 맹종하며 재물을
바치니,
30 바로 사는 자는 너희들의 감언이설에
속지 아니할 것이며, 너희들에게 또한
재물을 바치지 아니할 것이며, 너희들
을 심판하고자 할 것이니, 너희들은
거꾸로 돌도록 지금 나의 피조물 만백
성을 부추기고 있으며, 거꾸로 가도록
불을 지르고 있는 것이니라.
31 이 세상에서 너희들이 이와 같은 죄를
짓고 나에게 와 그 심판을 어찌 다 받
으려 하는가?
32 이제 내가 거꾸로 돌아가며 이성을 잃
고 정신을 차리지 못하고 있는 너희들
을, 거꾸로 도는 그 판국을 더 이상 바
라만 볼 수 없기에, 이를 바로잡고자
나의 아들을 통하여 진리와 진실의 나
의 법전을 세상에 뿌리를 내려 전하여
너희들을 깨우치고자 함이니, 너희들
은 여기서 나의 뜻을 알아야 될 것이
니라.
33 지금 거꾸로 돌아가고 있는 형국이요,
거꾸로 모두가 살아가는 광란의 세계
에서 그를 바로잡을 수 있는 것은 아
무것도 없느니라.
34 오로지 창조주인 나 여호와요, 나의
성령으로써만이 바로잡는 그 역사를
이룰 수 있음이니,
35 이제 그리하여 거꾸로 만연된 이 세상
을 바로잡기 위하여 제3의 시대에 내
가 직접 내려와 천사를 앞세워 지금
선별하는 역사의 작업을 하고 있음이
니,
36 이 무서운 시대의 이 무서움을 알고
바로 깨우쳐, 거꾸로 돌아가는 그 세
상에서 바로 돌아가는 그 삶을 바라볼
수 있는 자는 구원을 얻을 것이며, 그
는 불 속에서 뛰쳐나오는 그와 같은
용기를 얻는 자임을 알라.
37 불 속에서 타 죽는 그와 같은 속에서
나의 법전을 보고 읽어 깨우치는 자는
법전을 들고 불 속에서 뛰쳐나와 생명
을 구원할 수 있으니, 너희들이 영원
히 구하는 하늘에 오르는 길을 볼 수
있는 것이 이 법전뿐이니 그리 알라.

## 3,331 번째 하나님 말씀

*2002년 9월 9일 21시 56분*

1 사랑하는 나의 아들아!
2 "네, 아버님! 말씀하옵소서."
3 어찌하여 지금 너희들이 가고 있는 그
종파들이 나와는 아무런 관계도 없고
인연도 없다고 내가 그리 말하며, 그
들은 하늘에 오르는 길을 가르치는 것
이 아니라 나의 뜻을 거역하고 역행하
는 것을 가르치는 백성이라 내가 그리
말하겠는가?
4 나 여호와를 부르짖으며 나에게 경배
하며 나에게 오르겠다는 그 백성들을
내가 왜 버리겠는가?
5 그들은 정녕 나의 뜻을 거역함이니라.
6 그리고 그들이 믿음의 그 길을 위해서
사는 것이 아니라, 저희들의 육의 삶

을 위해 모든 초점을 거기에 맞추고
있으니, 그들이 그리 사악하게 전락하
였음이니라.
7 너는 잘 모를 것이니라, 그들이 온갖
이름을 붙여 헌금과 재물을 거두어들
이는 그 수법이 얼마나 악랄하고 무서
운가를.
8 세상에 가장 무서운 고리대금업자요,
사채업자라는 자보다도 더 무서운 방
법으로써 나의 피조물 백성들의 고혈
을 빨아들이니, 흡혈귀보다도 더한 자
들이 그들이니라.
9 그들은 저희들이 운영하는 성전이라
는 것을 짓기 위하여 몇 명 되지 않는
그 성도들에게 할당금을 나누어 주고,
적금이라 하여 그 할당금을 몇 년씩
보충하도록 하여 그 대금을 맞춰 거둬
들이는 그와 같은 형국이니라.
10 너희들이 부모에게 천만 원이라는 금
화를 만들어 주기 위하여 매월 월급에
서 천만 원을 만드는 적금을 들어 부
모에게 드린다 하면, 아마 그는 효자
라고 소문이 날 것이니라.
11 그러나 너희들은 그 성전을 짓는 간악
한 자들의 간악한 혓바닥의 놀림에 의
하여 너희 이름으로 얼마씩을 제출하
겠다는 예약의 통장을 만들어 몇 년씩
돈을 부어 그에게 바치고, 그 금액을
너희들이 정한 날짜에 넣지 않을 때
너희들은 빚진 자보다도 더 고통스러
운 시련을 겪을 것이니라.
12 그것이 종교 지도자들이 할 짓이더냐?
13 저희들이 성전을 짓기 위해 그 불쌍한
신도들에게, 구원을 받아 하늘에 오르
겠다는 나의 순박하고 아름다운 백성
들에게 그 금액을 분담하여 주며, 매
달 적금이라는 통장에 붓도록 하여 그
리 거둬들이니, 이런 사악하고 잔인한
인간들이 어디 있는가?
14 또한 그들은 차량이나 모든 부대 부품
을 사기 위해서 그 신도들에게 할당금
을 나누어 내도록 함이니라.
15 '너는 얼마를 내고 너는 얼마를 낼 것
을 예약하라.' 하여 그 종이에다 예약
한 금액을 한 번 쓰는 그 순간에, 그
신도는 1년이고 2년이고 3년이고, 10
년이고, 그 기간에 그 금액을 나누어
내야 됨이니, 그뿐이던가?
16 그리 거둬들이면서 또 각종 헌금을 그
신도들에게 거둬들이니, 과연 몇 명
안 되는 그 종교 집단 속의 봉급쟁이
가 저의 처자식하고 살 것까지도 다
빨아먹으려고 하는 것이 그들의 사악
한 방법이니라.
17 그들이 운영하는 자동차의 할부금이
나 성전을 짓는 데 들어가는 금액을
내기 위해 신도들은 적금을 붓거나 대
출이라는 것을 받으려고 저희들 집으
로 보증을 서니,
18 이와 같이 얽히고설켰으며 또 각종 헌
금을 다 갖다 바침이니, 작은 교회나
작은 성전이라는 곳에 모여 있는 백성
들은 저희들이 먹고 쓰는 것까지도 굶
주려 가면서 거기에다 바쳐야 되는 그
와 같은 고달프고 어려운 그 길을 살
아가도록 만드는 것이 그들이니, 얼마
나 그들이 잔인하고 가혹한가?
19 거기에 사랑이 있고 인정과 나눔이 있
는가?
20 나 여호와가 그리도 잔인하며 그리도

간악하며 그리도 사악한 자더냐?
21 어찌 그와 같은 내가 너희들의 아버이
요, 창조주라 말하는가?
22 그와 같이 간악한 방법이요, 흡혈귀보
다 더한 방법으로 나의 백성들에게 재
물을 긁어모으는 이 사악한 무리들아!
23 너희들이 정녕 그리 행하고도 나에게
와서 구원을 받을 수 있다고 생각하는
가?
24 정녕 너희들은 너희 성전을 키워 가고
자 그런 방법을 쓰지 않는가?
25 여기 작은 동양의 나라에 나의 아들이
세상에 나왔으니, 그는 재물을 거둬들
임이 아니요, 그의 제자들 중에 어려
운 자가 의식주를 해결할 수 있도록,
5달란트를 가지고 10달란트를 만들
수 있는 자들을 선택하여 그들에게 몇
천만 원이요, 많은 돈이나 재물을 지
원하여 그가 사업을 하도록 하여, 자
식들과 편안히 살며 그 가족의 의식주
를 해결해 나 여호와를 찾는 것을 영
광으로 느끼며 행복을 얻도록 그리 만
들어 주며,
26 그 사업장에 종사하는 종업원들이 주
인의 아름답고 고운 마음씨에 감복하
여 주인을 따라 나의 법전을 읽고 깨
우치는 그와 같은 역사를 이루어 가고
있으니,
27 나의 아들이 가는 길과 너희들이 가는
길에 어떠한 차이가 있는가?
28 이를 보고도 나의 백성 너희들이 깨우
치지 못하며, 어떤 길이 정녕 구원의
길이며 하늘에 오르는 길인가를 모른
다 하면 어찌하겠는가?
29 너희들은 내가 먹고살라고 준 금액을
흡혈귀 같은 자들에게 통장을 만들어
바치며, 그리고 그들이 무엇을 구입한
다고 하면 그 할부금을 너희들이 나눠
서 지불하며, 그리하여 몇 푼 안 되는
그 봉급마저도 다 갖다 쏟아 부으니,
30 그와 같은 방법으로써 너희들을 이끌
어 가고 써먹는 그들보다 더 악랄하고
간악한 자들이 어디 있느냐?
31 그런 자들이기 때문에 나와는 관계없
는 것이요,
32 우리 부자 이름을 팔아 그와 같이 흡
혈귀보다도 더한 방법으로 피를 빨아
먹으니, 그들을 내가 어찌하여 천사
요, 나의 뜻에 따라 하늘에 오르는 지
도자요, 그리고 내 뜻에 따라가는 자
라 말하겠는가?
33 그들이 곧 악마요, 사탄이니라.
34 그들은 이 세상에 존재할 가치가 없는
자들이며, 그들을 다 쓸어버리고 뽑아
내어 새로운 시대의 역사를 이루기 위
하여 내가 나의 아들을 세상에 내려보
내 나의 성령이요, 나의 법전을 기록
하여 너희들에게 전함이니, 이를 보고
깨우쳐야 될 것이니라.
35 지금 아무것도 모르며, 교회라는 곳에
가 본 적이 없으며, 법당이라는 곳에
가 본 적이 없으며, 성서를 가지고 공
부해 본 적이 없는 나의 아들이 이와
같이 너희들의 심금을 울리며 너희들
의 실체를 파헤쳐 나의 법전에 기록하
여 전하니,
36 이것이 너희들의 실태가 아니고 너희
들의 형편이 아니라면 너희들이 나의
법전을 찢어 버려도 내가 말하지 않을
것이며, 이를 불살라도 내가 말하지

않을 것이니라.
37 그러나 너희들이 이와 같은 방법으로
써 지금 지탱하고 유지하고 간다 하
면, 그것을 다 그 백성들에게 돌려주
고 배로 돌려주는 그와 같은 역사를
이루지 아니한다면 내가 용서하지 못
할 것이니라.
38 내가 너희들에게 먹고살라고 내린 돈
을 그 흡혈귀 같은 자들이 성전을 지
으며 그들이 구매한 물품이요, 차량이
요, 이와 같은 것의 할부금이라는 것
을 대납하는 그와 같은 형국으로 돈을
바친 자, 그 돈을 회수하지 아니하면
너희들은 결코 구원을 받을 수 없을
것이니라.
39 머지않아 너희들이 살다 죽어 와 내
앞에 심판을 받을 때, 내가 나의 법전
에 이 뜻을 전하였으니, 이를 읽고도
행하지 아니한 자는 정녕 용서받지 못
할 것이니, 이를 명심하고 또 명심하
여 기억하여 행하도록 하라.
40 너희들이 얼마나 간악한 자들에게 사
악한 방법으로 현혹되어 앞과 뒤를 모
르고, 이성을 잃고 있으며, 너희들의
정신 상태가 지금 제정신이 아닌 상태
에서 살아가는가?
41 그것을 바로 돌아다보는 그와 같은 기
회를 갖도록 그리하라.

## 3,332 번째 하나님 말씀

*2002년 9월 10일 0시 26분*

1 사랑하는 나의 아들아!
2 "네, 아버님! 말씀하옵소서."
3 게라는 미물도 그가 서서히 자라면서
허물을 벗음이니라.
4 그리하여 그가 성장하면서 또 제 허물
을 벗어 버리니, 그러한 과정을 거치
면서 그는 저 자신의 모습으로써 살아
가는 그와 같은 형국에 이르며, 또한
저 자신의 그 종족을 번식시키기 위한
그 역사의 한 순환기를 거침이니라.
5 그 단단한 껍질을 가진 게라는 미물도
허물을 벗을 때 그는 가장 나약함이
니, 너희들의 믿음의 깨달음도 그와
같은 역사의 변화 속에서 전진하여짐
이니라.
6 너희들이 한 단계를 오름으로 인하여
나에게 가까이 오며, 한 시점에 너희
들이 허물을 벗으며 또 경지에 오름이
니라.
7 게라는 미물이 허물을 벗으면 그때마
다 모든 다른 미물로부터 공격을 받을
수 있으니, 그때 그는 저 자신을 지킬
만한 능력이 없지 아니한가?
8 너희들의 믿음이 그러하니라.
9 너희들이 한 계단 올라오면서 하나의
허물을 벗을 때 그만큼 깨끗해지며 너
희들이 또 깨끗해짐이니, 모든 사악한
자들이 너희를 그저 그냥 놔두려 하지
아니함이니라.
10 그때 너희 스스로 넘어져서는 아니 되
며, 너희 자신을 스스로 방어할 수 있
는 지혜를 갖지 아니한다면 너희들은
항상 무너질 수 있으며, 모두를 다 버
리는 그와 같은 불행한 길을 가게 됨
이니라.
11 그리하여 내가 너희들의 믿음이란 항
상 물이 위에서 흐르듯이 유유히 흐르
는 그와 같은 형국으로 살아가라 하였

음이니라.
12 변하지 않는 믿음이요, 꾸준한 그 믿
음 속에서 가라 하였음이니라.
13 지금 네가 동양의 작은 나라에 나의
아들로서 나의 명을 받아 만백성을 구
하는 160권의 법전을 기록하기 위하
여 밤낮을 가리지 아니하고 나의 성령
을 받아 기록하는 이 역사 속에,
14 내가 너에게 말하기를 수천 년 동안
흘러오면서 그 많은 종교 지도자나 그
많은 종교의 믿음에서 살아가는 그 백
성들이 5달란트의 역사도 하나 제대
로 깨닫지 못하여 그를 시행한 백성들
이 세상에 없음이니, 그리하여 내가
너에게 그를 행하라 명하였으며 네가
지금 그를 행하고 있음이니라.
15 그리하여 지금은 네가 나의 성서의 말
대로 시작은 미약하나, 그 힘이 온 세
상을 다 덮을 것이니라.
16 많은 종교 집단들이 너를 비방하며,
손가락질하며, 사탄이요, 사악한 자
요, 이단의 무리라고 말을 하나, 내가
너와 같이 존재함을 알아야 될 것이니
라.
17 지금의 몇 개의 5달란트로써 너의 제
자들이 살아갈 수 있는 사업장을 만들
며, 한 해요, 1년이 가는 동안에 수십
개의 사업장을 만들며, 너희들이 말하
는 그 숫자의 천 개 만 개의 사업장이
너희 동양의 작은 나라를 덮어 나갈
때, 너희들을 감히 대적할 자가 없으
며, 너를 사탄이요, 이단이요, 사악한
자라 말할 수 없을 것이니,
18 너희는 그날을 위하여 오늘의 고통을
묵묵히 참고 견디며 나가야 될 것이니
라.
19 나의 아들이 인간 세속의 삶 속에서
60평생을 살아왔음이니, 그가 성령을
받아 지금 그 모든 허물을 하나하나
벗어 가면서 너희들을 이끌어 가고자
하고 있음이니라.
20 그리하여 그가 허물을 벗고 또 벗으면
서 내가 너희들에게 많은 은혜를 더
내릴 것이며, 그가 감내할 수 없는 만
큼 역사를 내릴 것이니라.
21 그리하여 지금 너희들이 남들로 인하
여 불안한 마음과 초조한 마음을 갖고
있으며, 너희들이 시작하는 것은 가장
미약하며 낮은 자의 행위이나, 너희들
은 나의 뜻을 받아 행하는 자들이며
나의 뜻에 순종하고 행하며,
22 수천 년 동안에 이루지 못하던 그 5달
란트의 역사의 개념을 나의 명을 듣고
깨달아 그대로 실행함이니, 그곳에는
내가 같이 있음을 알아야 될 것이니라.
23 이 해가 지나고 난 다음에 너희들에게
수십 개의 사업장을 내가 내릴 것이
며, 이제 수천수만 개, 세상의 모든 사
업장을 그리 직접 나의 백성들 중에
있는 자가 없는 자를 도와주어 만들며
그와 같이 사랑을 실천하게 됨이니,
24 너희들이 수천 개의 사업장이 생기는
그것으로써 너희들의 힘이나 능력이
아니고, 그와 같이 베풀어 줄 수 있는
사람들이 네 앞에 올 수 있다는 것이
중요하며, 그와 같이 많은 것을 받아
서 행할 수 있는 많은 제자들이 또한
네 앞에 모여듦이니, 이것이 큰 역사
이며 큰 영광의 기틀임을 알아야 될
것이니라.

25 너희들이 그와 같은 역사를 이루어 감
에 따라서, 그를 도울 자와 그를 받아
모두를 집행할 수 있는 자, 나 여호와
로부터 사랑을 받으며 내가 직접 성령
으로 내리는 나의 법전을 읽고 깨우친
자는 그와 같은 육의 행복과 축복을
얻음이니,
26 그 행복을 스스로 느끼며 진정으로 나
에게 기도할 때 '여호와 하나님! 진심
으로 감사하옵니다. 죄짓지 않고 살겠
사옵나이다. 그리고 죽어서도 하나님
앞에 가겠사옵나이다.' 그리 기도할
수 있는 마음을 가진 너의 제자들이
양성되고 육성되는 그것보다 더 위대
하고 소중한 것이 없으며, 나 여호와
에게 그보다 더한 기쁨이 없음이니,
너희들은 이를 알아야 될 것이니라.
27 너희들의 사업장이 생겨 너의 제자들
과 나로부터 선택된 백성들의 의식주
를 해결하며,
28 남에게 부끄러운 짓 하지 아니하며 행
복하게 사는 것만이 전부가 아닌 것이
니라.
29 거기서 너희들이 서로 돕고 돕는 그
사랑 속에서 그 힘의 방대함은 곧 모
든 백성들이 보고 깨우치며 숙연히 고
개를 숙일 것이니라.
30 지금 가장 사악한 방법으로써 평생 거
둬들이는 것에만 혈안이 된 종교 지도
자 그들이 얼마나 간악한 방법으로 거
두어들인다고 내가 말하였느냐?
31 저희들이 각종 헌금이요, 축하 헌금이
라 하여 말을 붙일 수 있을 때까지 붙
이다가 그를 붙이지 못하면 그들은 너
희들에게 성전을 지을 때 얼마씩 낼
것이며, 저희들이 타고 다니는 차량이
라는 것을 구입하며 성전을 아름답게
꾸리기 위해 얼마만큼 재물이 들어감
이니, 그를 각자 너희들에게 분배하여
부담하도록 그 종이쪽에 금액을 써 놓
도록 하여, 그 돈을 너희들이 적금으
로 또는 평생 나눠서 내도록 하는 그
와 같은 방법으로 거둬들이는 그 사악
한 수법은 하늘과 땅 사이에 그들밖에
없다 하였음이니라.
32 그와 같은 행위를 하는 자들과, 나의
성령이요, 나의 뜻에 따라 지금 너희
들이 행하고 있는 그 역사는 머지않아
보석과 잡석이 구분될 것이며,
33 내가 고르고자 하는 알곡식들이 무엇
이며 버려져야 하는 잡초들이 무엇인
가를 스스로 알 날이 머지않았음이니
라.
34 한 계단 한 계단 나의 아들이 허물을
벗듯이 변해 가며, 내가 너희에게 나
의 아들이 감내할 수 없는 만큼 상을
내릴 것이니, 오로지 이 세상에 너희
보다 더 위대하고 축복받으며 영광된
백성들이 없음을 알라.
35 나의 법전을 읽고 깨우치는 백성 너희
들 모두에게는 이와 같은 영광과 축복
이 있을 것이니, 너희들의 마음이 속
과 겉이 다르지 아니하게 하나의 마음
으로 다스리는 것이 중요함이니라.
36 너희들의 속과 겉이 다르지 않은지 그
마음을 나 여호와는 알고 있음이니,
말로써는 모두를 다 바치며 나에게 경
배하는 듯하나 너희들의 행동이 그렇
지 아니한 것을 나 여호와는 알고 있
음이니라.

37 그러한 자는 내가 나의 아들에게 명을
하지 아니하며, 오로지 속과 겉이 하
나가 된 진실된 나의 백성의 그 이름
만을 나의 아들에게 내가 내려보내니,
38 그리하여 나의 아들이 너희에게 육의
가장 행복한 역사와 너희들의 그 행복
한 삶의 문을 열어 줘 너희들에게 그
열쇠를 줄 것이니,
39 그 열쇠를 받아 그를 잘 관리하고 나
의 뜻에 따라서 또 너희들이 어려운
자에게 역사하는 그것이 바로 하늘에
오를 수 있는 황금의 열쇠임을 잊지
말라.

## 3,333 번째 하나님 말씀

*2002년 9월 10일 0시 34분*

1 사랑하는 나의 아들아!
2 "네, 아버님! 말씀하옵소서."
3 이 세상이 존재하며 나의 백성들이 세
상에 나온 그때부터 나를 경배하며 하
늘에 오르고자 하는 백성이 없으며,
지금까지 꾸준히 그와 같이 계속되어
왔음이니라.
4 내가 이 세상을 창조하며 이 세상에
나의 피조물 만백성을 내보낼 때, 그
때부터 나를 찾으며 나에게 오르고자
하는 그와 같은 믿음의 길의 역사가
흘러오지 아니할 때가 없음이니라.
5 그리하여 너희들은 구약의 그 시대를
거치고 또한 신약의 시대를 거쳐 지금
이와 같은 종교 집단이 형성되어 있음
이니,
6 지금의 이와 같은 너희들의 형국을 보
는 나 여호와의 마음이 행복하고 기쁨
으로써 그득히 차 있어야 할 것이거
늘, 너희들은 나의 뜻이요, 내가 원하
는 것을 행하지 아니하며, 그를 거역
하는 삶으로써 지금까지 모두를 다 이
끌어 왔음이니,
7 이를 내려다보는 나 여호와의 아픈 마
음을 너희들은 정녕 아는가?
8 그리고 그와 같은 것에 죄책감과 부끄
러운 생각을 해 보았는가?
9 종교 지도자 너희들은 조용한 밤에 지
금의 너희들이 행하고 있는 그 행위가
정녕 너희들의 육을 위한 삶인지 나를
위한 삶인지, 하늘에 오르는 백성을
이끌어 그들을 구원하여 나에게 기쁨
을 돌리고자 하는 그와 같은 영광된
사업을 하고 있는지 너희 자신이 손을
얹고 생각해 보고 반성해 본 자 있는
가?
10 너희들은 어찌 가고 있는가?
11 지금 그 대단한 종교 집단 너희들이
어찌 믿음을 가지고 가고 있으며 어찌
나의 피조물 만백성을 가르치고 지도
하고 있는가?
12 너희들은 배우는 자나 가르치는 자나
똑같으니라.
13 입으로써는 나 여호와를 경배하며 존
경한다 말하나, 너희들의 마음은 나와
는 전혀 관계도 없는 곳에 꽂혀 있으
며,
14 그 너희들의 마음속에는 재물을 긁어
모으는 데만 하나로 모아져 있으며,
나와는 아무런 관계도 없는 먼 곳에
너희들의 마음이 있음이니,
15 이를 내려다보는 나 여호와의 마음이
과연 어떻겠다고 너희들은 생각하는

가?
16 이와 같은 너희들의 행위요, 행동에
대해서 너희 스스로 부끄러움을 느끼
고 반성하여, 새로운 인간으로서 태어
나며 새로운 종교 지도자로서 바른길
을 갈 수 있는 그와 같은 용기 있는 자
는 과연 없는가?
17 너희들은 나의 십계명이요, 나의 율법
에 따라서 교리를 가지고 가르치는 것
이 아니니라.
18 너희들이 정녕 나의 피조물 만백성을
하늘에 오르는 길로 인도하며, 그들이
천국의 문에 들어서고 너희들이 말하
는 그 무서운 지옥으로 가지 않도록
인도한다면, 너희들은 나의 십계명을
절대적으로 지키도록 가르쳐야 될 것
이며, 나의 율법에 따라 교리를 맞추
어 가르쳐야 할 것이거늘, 너희들은
어찌 가는가?
19 너희들은 나의 뜻을 가르침이 아니요,
너희들 인간의 계명으로써, 인간의 계
명을 너희 스스로 만들어 그 계명에
따라 교훈을 삼아 나의 피조물 만백성
을 너희들이 필요한 쪽으로 이끌어 가
기 위한 그와 같은 교육을 시키고 있
음이니라.
20 너희들은 목동이 양떼를 몰고 풀밭을
찾아다니는 것처럼, 그와 같이 너희들
의 입맛에 맞도록 나의 피조물 만백성
을 이끌고 가르쳐 가고 있음이니라.
21 하늘이 무섭고 두려운 것도 모르며,
너희들 인간들의 계명을 가지고 그 계
명에 따라 너희들의 육의 삶을 위한
교리를 가르치며, 그에 따라 나의 피
조물 만백성을 세뇌시켜, 그 백성들이
저희 자신의 판단력까지도 망각하도
록 그와 같이 만들어 놓았음이니라.
22 그리하여 그들이 너희들 앞에 고개 들
어 감히 왈가왈부할 수 없도록 그들을
잡아 통제하기 위하여 너희들은 우리
부자의 이름을 거기다 붙여 팔아먹는
짓을 하고 있음이니,
23 과연 그곳에서 너희들이 어찌 구원의
진리를 알며, 그곳에 구원을 받고자
찾아가는 나의 피조물 만백성이 어찌
하늘에 오르는 참진리를 볼 수 있다
생각하는가?
24 이제 너희 스스로 꿈에서 깨어나 너희
자신을 구원하는 그 길을 보아야 될
것이니 그리 알라.

## 3,334 번째 하나님 말씀

*2002년 9월 10일 0시 47분*

1 사랑하는 나의 아들아!
2 "네, 아버님! 말씀하옵소서."
3 내가 너에게 일러 말하기를, 베푸는
자가 어떠한 마음의 자세로 베풀어야
한다고 하였는가?
4 남에게 베푸는 자도 그 마음가짐이 있
으며, 그 마음의 자세를 어찌하라고
내가 가르쳤는가?
5 너희들 가진 자나 여유 있는 자가 어
려운 자에게 은혜를 베풀 때 '내가 당
신 것을 많이 가지고 관리하고 있었음
이니, 정말 미안한 마음이요.' 그와 같
은 겸손한 자세의 마음을 가지라 하였
음이니라.
6 그것이 나의 마음이요, 나의 뜻이라
내가 너희들에게 그리 가르쳤음이니

라.
7 그러나 너희들은 여기서 살아가면서 어떤 깨달음을 얻어야 되겠는가?
8 세상사 살면서 무엇 하나라도 제가 더 많이 가지며, 더 큰 것을 제 앞에 놓고자 하며, 경쟁 속에서 이기는 자가 되어야만 직성이 풀리는 것이 인간 너희들의 마음이니, 그것이 곧 욕심이요, 사랑의 베풂을 모르는 것이니라.
9 너희들 자신이 많이 갖고 있으며 많이 소유하고 있으면, 상대적으로 그만큼 다른 사람이 갖지 못하며 그 양이 줄어드니, 너희들이 남의 몫을 가지고 있다는 그와 같은 마음의 자세로 살아갈 수 없는가?
10 너희가 많이 가짐으로 인하여 다른 사람이 너희가 가진 만큼 적게 가지니, 그가 가지고 있는 그 모두의 양이 적어지는 그와 같은 사실을 생각하는 마음을 너희들은 어찌하여 갖지 못하는가?
11 너희들은 어찌 말하느냐?
12 하물며 그와 같은 마음을 가지고 사는 것이 너희들의 본연의 마음이요, 인간 자세의 마음이니라.
13 믿음이라는 길을 가든, 나의 법전을 읽고 깨우쳤든, 믿음을 모르든, 나 여호와가 존재하는 것을 모르든 알든, 너희들이 세상에 나올 때 나로부터 받아 가지고 나오는 그 심성의 본질이 그러한 것이니라.
14 그러한 마음의 본질을 가지고 세상에 나왔으나, 그 마음이 변하고 변하여져 형용할 수 없는 욕심의 테두리에 너희들 자신을 잠식시켜 죽어 가는 그와 같은 삶을 사는 것이 너희들이니라.
15 남보다 더 많이 갖고 소유하고 있는 자, 그리고 그를 갖지 못한 자, 남들로부터 존경받지 못하며 남에게 누를 끼치고 살아가는 자, 그리고 더 훌륭하고 더 능력 있는 자, 너희들은 이와 같은 사람들을 어찌 생각하는가?
16 너희들은 남보다 더 위대하고 존경스러우며 능력 있는 자며 똑똑한 자라는 그와 같은 생각을 가져서는 안 될 것이니라.
17 너희들은 남들보다 더 많이 가진 자요, 더 많이 소유한 자, 그리고 더 높은 자, 더 부귀와 영화를 누리는 자, 그러한 외부의 능력을 보고 너희들이 그를 훌륭하며 진정한 믿음의 길이요, 나 여호와의 뜻에 살아가는 사람이라 평가해서는 안 될 것이니라.
18 너의 제자들은 그런 것을 보면서 사람을 평가하는 그와 같은 한계를, 그런 관념을 벗어나야 할 것이니라.
19 너의 제자들에게는 더 많이 갖고 있거나 높고 낮음이 아무런 상관이 없이 사람을 평가하는 그와 같은 마음으로써 생각해야 될 것이며, 권력과 재물로써 사람을 평가하는 기준으로 삼는 그와 같은 현실을 넘는 것이 너희들의 마음가짐이니라.
20 너희들은 어떤 외형적인 형태로써 사람을 평가하는 것이 아니라, 그가 내면에 가지고 있는 그 마음을 바라볼 수 있고,
21 제가 많이 가지고 있음으로써 남의 것을 더 많이 소유하였다 생각하여 죄스럽게 생각하는 그와 같은 마음의 자세

로써 다시 태어나는 삶을 사는 것이
나의 아들의 제자들이요, 나로부터 선
택된 백성들이요, 나의 법전을 읽고
깨우친 백성들이 가야 할 길이며, 너
희들이 지키고 살아가야 할 길임을 잊
어서는 아니 됨이니라.

## 3,335 번째 하나님 말씀

*2002년 9월 10일 0시 55분*

1 사랑하는 나의 아들아!
2 "네, 아버님! 말씀하옵소서."
3 지금 각종 모든 종파들이 수천 년 흘
러오는 동안에 어떠한 방법으로써 나
의 백성들을 이끌어 왔는가?
4 너희들 종교 집단은 위로부터 아래까
지, 또한 현재까지, 또 미래에 너희 후
손의 종교 지도자까지, 너희들은 나의
백성들에게 판단할 수 있는 능력과 사
고력까지도 무능하게 만들어 세뇌 교
육을 시켜 놓고 그들 스스로 방어할
능력조차도 없도록 그리 만들어 놓은
그 상태에서,
5 온갖 교활한 방법으로써 우리 부자의
이름을 팔아 금화와 은화를 거두어들
이는데도 그리 만족하지 못하며,
6 철저히 세뇌 교육되어 자신의 자제력
이 없는 나의 백성으로 만들어 놓고
온갖 방법을 다 동원하여 그들의 모두
를 다 거둬들이며 그들의 모두를 다
너희 것으로 만들어 감이니,
7 피를 빨아먹는 흡혈귀보다도 더 무섭
도록 그들이 가지고 있는 모두를 다
평생 동안 빨아들이는 그와 같은 너희
들의 작태를 너희들은 과연 어찌 생각
하는가?
8 나의 사랑하는 백성들을 하늘에 오르
는 길이요, 구원의 길이요, 천국의 문
에 들어올 수 있는 길이라 하여 그와
같은 세뇌 교육을 시켜, 그들이 자신
을 방어할 수 있는 능력이나 자신을
돌이켜 보는 자제력도 없는 그와 같은
무능한 백성으로 만들어 놓고 그들을
이리저리 너희들의 취향에 따라 요리
하며 끌고 다님이니,
9 이와 같은 너희들의 사악한 행위를 보
고 나 여호와가 너희들을 사랑하며,
너희가 하고 있는 그 사악한 행위에
박수를 보내 주며 너희들에게 격려와
응원을 보내 주기를 과연 바라며,
10 나 여호와가 그와 같이 흡혈귀처럼 사
악한 행위를 하는 너희들을 사랑하며
너희들이 하는 일에 정녕 내가 힘을
실어 줄 것이라 그리 생각하는가?
11 그리고 너희들은 정녕 그리 바라며 그
와 같은 사악한 일을 하고 있는 것인
가?
12 나는 너희들에게 그리할 수 없음이니
라.
13 그러기에 너희들이 나와는 아무런 관
계도 없는 자들이기에 내가 너희들을
생각하지 아니함을 알아야 할 것이니
라.
14 너희들은 그와 같은 행위를 하면서 생
각하기를, 나 여호와가 너희들을 응원
해 주며 너희들을 위하여 은혜를 베풀
어 준다는 그와 같은 형국으로써 나의
피조물 만백성을 우롱함이니,
15 그와 같이 흡혈귀보다도 더 잔인한 방
법으로써 평생 동안 나의 백성들에게

서 그 모두를 다 끌어모으고, 너희들
의 육의 편안함과 인락한 삶을 위하여
그리 생활하고 있음이니,
16 이와 같은 행위를 내가 더 이상 볼 수
없기에 너희들의 그 간악한 행위를 단
죄하며 심판하고자 하는 것이 나의 뜻
이니라.
17 그리하여 너희들이 죽어 와 나에게 심
판을 받기 전에, 이제는 제3의 시대를
열어 너희 육이 살아 있는 이 세상에
서 너희들을 내가 단죄하고자 함이니
라.
18 내가 너희들을 단죄하는 그 방법은 내
가 너희들에게 어떠한 재앙으로써 물
리적으로 함이 아니요,
19 나의 법전을 세상에 내려보내, 자제력
을 잃고 있으며 환각 속에 빠져 있는
나의 피조물 만백성이 꿈에서 깨어나
나의 법전을 읽고 깨우칠 때, 너희들
의 신도요, 너희들의 제자라 말하는
그들이 너희들을 단죄하게 하고자 함
이 나의 뜻이니라.
20 이제 그들이 나의 법전을 읽고 깨우쳐
그 환각 속에서 저희들 자신의 본연의
자세를 찾을 때, 지금까지 너희들에게
평생 바쳐 온 그 모두가 지옥으로 간
다는 그 뜻을 알게 될 때,
21 지금 너희들 앞에 신도요, 제자라 하
며 공부하고 배우는 그 모든 백성들이
너희들을 심판하는 그 무서운 형국이
이 지상에서 이루어질 것이니라.
22 그리하여 1차, 너희들 인간 세상에서
이루어지는 것은 너희들 인간으로서
심판하고 단죄할 것이며,
23 또 죽어 왔을 때 너희들은 나로부터
지옥으로 가 너희들이 지은 죄만큼 벌
을 받는 그 심판의 죄를 면하지 못할
것이니라.
24 그리하여 내가 인간으로서 너희들을
단죄하기 위하여 나의 법전을 세상에
내보냄이니, 이 160권을 기록하는 나
의 아들이 전하는 것과, 나의 아들의
강론을 들으며 이 법전을 만드는 데
동참하여 모두를 다 바쳐 경주해 같이
가고 있는 나의 아들의 그 제자들을
내가 매우 소중히 생각하며 귀하게 생
각하는 것이며,
25 너희들이 나의 뜻을 이루는 초석을 이
루는 자라는 것을 스스로 잊어서는 안
될 것이며, 너희들의 맡은 바 소임에
최선을 다하는 그 역사를 이루도록 하
라.
26 너희들이 오늘의 고비를 넘기는 만큼
한 계단 한 계단 깨우쳐 나에게 다가
올 때, 내가 너희들에게 무한한 능력
을 같이 임하여 심어 줄 것이니 그를
잊지 말라.

## 3,336 번째 하나님 말씀

*2002년 9월 10일 01시 28분*

1 사랑하는 나의 아들아!
2 "네, 아버님! 말씀하옵소서."
3 지금의 종교 집단들이 과연 무엇을 향
하여 지금까지 부르짖었으며, 나의 피
조물 만백성에게 무엇을 깨우쳐 일렀
던가?
4 모든 종교의 지도자요, 너희들의 그
집단은 사랑을 베풀며, 사랑을 근본으
로 하며, 사랑 속에서 나누며 사는 그

와 같은 아름다운 모습으로 살아간다
하여 가르쳤으며, 그 길을 향하는 것
만이 영혼을 구원받으며 정녕 하늘나
라에 올라올 수 있는 백성이 될 수 있
다고 그리 가르쳤음이니라.
5 그러나 너희들의 종교 집단이요, 너희
들의 종교라는 것이 이 세상에 뿌리를
내리기 전까지 나의 백성들은 정녕 지
금과 같이 험악한 심성으로 살아가지
는 아니하였음이니라.
6 사랑을 나누며 사랑을 실천하며 산다
고 가르치는 종교 집단 너희들이 지금
이와 같이 온 세상을 뒤덮는 뿌리를
내리기 전까지, 나의 순수한 백성들은
작은 콩 한 쪽을 같이 나누어 먹으며,
그 나누어 먹음 속에 즐거워했으며,
그들은 어렵고 힘든 삶 속에서 서로
인정이 있었으며 서로 도움이 있었으
며 나눔이 있었음이니라.
7 그리고 이웃의 슬픔을 같이 나누며,
어렵고 힘들 때 서로 힘을 합쳐 그 모
두를 극복하는 슬기로운 지혜를 가지
고 살아가고 있었음이니라.
8 그러나 사랑을 베풀며 사랑을 나누며
하늘에 오르는 길을 인도한다는 종교
의 집단 너희들이 이 세상에 뿌리를
내리기 시작하면서 나의 순수한 백성
들은 그와 같은 아름다운 마음을 서서
히 다 지워 갔으며,
9 오로지 경쟁심만을 가지고 이 세상을
살아가도록 너희들이 나의 백성들의
경쟁심을 부추겼으며,
10 경쟁 속에서 저 자신이 살아남아야 하
며, 살아남을 수 있는 그 길이라는 것
은 오로지 저희들이 경쟁하는 그 속에
서 이기는 자만이 살 수 있다는 그와
같은 착각에 빠지도록 그리 만들었음
이니라.
11 그리하여 그들은 어떠한 대가를 치르
더라도 저 자신이 꼭 승자가 되어야
되며, 남을 짓밟고 일어서는 그와 같
은 자가 능력 있는 자요, 똑똑한 자요,
위대한 자라는 생각을 갖게 되었음이
니,
12 자신이 원하는 것을 취하기 위해서는,
자신이 갖고자 하는 것을 이루기 위해
서는 절대적 남을 생각할 수 없는 그
와 같은 인간 심성의 현시대를 만들어
놓은 것이 지금의 종교의 너희들이 이
루어 놓은 가장 사악한 업적의 하나임
을 알아야 할 것이니라.
13 너희들이 지금같이 뿌리내려지지 않
았을 때, 나의 피조물 만백성은 그리
살지 아니하였음이니라.
14 너희들이 경쟁 속에서 승자만이 살아
남는다는 그 경쟁심을 부추기며 그와
같이 살아가는 나의 백성들로 만들었
음이니, 그것이 너희들의 가장 사악한
크나큰 업적이라 내가 너희들에게 말
할 때, 과연 너희들이 여기에 반박할
자료가 있으며 할 말이 있는가?
15 그리하여 너희들은 지금 나의 피조물
만백성을 그와 같은 경쟁심의 세대로
이끌어 왔으며, 그와 같이 너희 종교
지도자들이 지금 행하고 온 형태에서
모두가 그와 같은 형국으로 발전했음
을 알아야 될 것이니라.
16 너희들은 자기만이 믿음을 가지며, 자
기만이 믿음에 충실하면 구원을 받을
수 있으며, 광적인 방법으로써 그저

모두를 다 바치며 성전에 가 눈물의
기도를 드림으로 구원을 받는다 하였
으며, 그리하여 구원을 받기 위하여
많은 재물과 시간과 저희들의 그 모두
를 그곳에 바치며 저희들 자신을 다
그곳에만 바치는 그와 같은 삶으로 그
들의 살아가는 생활 방식을 바꿔 놓았
음이니라.
17 저 자신만이 구원을 받고자 하는 그것
외에는 아무것도 그들이 생각하지 아
니하며, 좌우를 돌아볼 수 있는 마음
까지도 송두리째 빼앗아 갔음이니,
18 그와 같은 방법의 교리로써 너희들이
나의 피조물 만백성을 이끄는 지금의
형국은, 그들이 부모를 모르며, 형제
지간의 우애를 모르며, 이웃과 단절하
며, 사랑을 나누며 살아가는 그와 같
은 것을 가르친다는 너희들이 그 모두
를 단절시키는 그와 같은 형국으로써
나의 피조물 만백성을 그리 세뇌교육
시켰으며,
19 오로지 너희들의 성전에다 모든 것을
바치는 것만이 구원을 받는다고 그리
가르쳤음이니,
20 나의 피조물 만백성을 오늘과 같이 경
쟁 속에서 경쟁심만을 부추기며, 오로
지 누구를 짓밟든 저 자신만을 위하여
남을 생각하지 아니하고 살아가는 그
와 같은 시대를 만든 것이 너희들임을
알아야 될 것이며,
21 지금의 모든 종교 지도자들이 이와 같
은 시대를 만들어 놓은 원흉임을 너희
들은 알아야 될 것이니라.

## 3,337 번째 하나님 말씀

*2002년 9월 10일 08시 14분*

1 사랑하는 나의 아들아!
2 "네, 아버님! 말씀하옵소서."
3 너희들이 종교 집단의 그 역사를 연구
하고 공부해 보라고 내가 그리 말하였
음이라.
4 모든 종파의 신파는 신파대로 구파는
구파대로 그들이 흘러온 그 역사를 들
여다보라 하였음이라.
5 그들은 저희들이 존재하기 위하여 과
연 사랑으로써 모두를 다스렸으며 사
랑으로써 인내하고 참으며 그와 같이
모든 것을 해결하고 서로 대화로써 풀
어 왔는가?
6 그렇지 않으면 종교 지도자나 종교 집
단이 무력을 행사하며 무력으로써 모
든 것을 행하고자 하는 것은 없었는가?
7 그리고 너희들이 생명을 얼마나 존중
했으며, 그 생명의 존엄성을 위하여
너희들은 무엇을 얼마나 지키고 해 왔
는가?
8 그리고 너희들은 무능하고 힘없는 백
성을 우롱하며 살아오지는 않았는가?
9 그 종교 집단의 역사를 너희들이 한번
돌이켜 보라 내가 그리 말하였음이니
라.
10 또한 지금의 너희들의 집단은 과연 나
의 뜻과 나의 성령에 의하여 살아가는
가 지금의 너희들을 진단해 보라고 내
가 말하였음이니라.
11 서로 국가와 국가 간에 이해관계에 의
하여 전쟁을 일으키며, 서로 영토를
넓히기 위한 세력 다툼으로써 젊은이

들을 죽게 만들며 그저 육신이 죽어
가도록 그리 만드는 그 전쟁의 결과가
되는 것이니라.
12 그러나 소리 없는 전쟁 속에서 나의
피조물 만백성이 하늘에 오르는 그 길
을 막으며 영원히 그들이 구원을 받지
못하도록 지금 너희들은 그와 같이 이
루고 있음이니,
13 그 보이지 않는 전쟁과 그 전쟁의 소
용돌이 속에서 그 전쟁의 방대함은 이
루 말할 수가 없음이니라.
14 너희 손으로 지은 그 성전에 와서 기
도하고 경배하며 모두를 다 바치는 것
만이 구원을 받으며, 더 많이 바치는
자, 더 많은 것을 가져오는 자, 그들만
이 구원을 받는다는 이와 같은 해괴망
측한 너희들의 해명으로 나의 백성들
을 너희들이 만든 그 성전에 와 경배
하며 기도하도록 하며,
15 그들을 천국으로 인도한다 해 놓고 지
옥으로 보내는 그와 같은 사악한 짓을
하고 또 계속하고 있음이니,
16 백 년도 안 되는 육신의 그 삶을 전쟁
터에서 죽게 하는 것보다 더 사악한
방법으로써 그들이 영원히 사는 그 영
혼을 죽이고, 영원히 사는 그 영혼을
천국에 오는 것이 아니요, 지옥 불에
가 그들이 영원히 그 험난한 고통과
시련을 겪고 견디는 그와 같은 곳으로
보내고 있음이니,
17 너희들이 얼마나 많은 살인을 저지르
며 얼마나 많은 나의 백성들을 죽여
가고 있는가를 알아야 될 것이니라.
18 너희들은 말하지 아니하였는가?
19 너희들은 말하기를, 창조주인 나 여호
와가 모든 것들에게 다 먹이를 주니
그 은혜와 영광이 위대하며 그 전지전
능함이 위대하다 하느니라.
20 그리 말하면서 어찌하여 너희들은 너
희 자신을 위하여 거둬들이는 그와 같
은 행위를 하는가?
21 모든 들짐승이나 날짐승에게도 내가
먹고살 수 있는 능력과 그들이 먹고살
것을 다 주었음이니라.
22 하물며 지혜롭고 아름답게 만든 너희
들에게 내가 먹이를 주지 아니하며 노
력하는 자에게 먹고살 수 있는 길을
열어 주지 아니하겠는가?
23 너희들은 말은 그렇게 하면서 어찌하
여 나의 착하고 순박한 백성들의 고혈
을 빨아들이는 그와 같은 짓을 평생
하고 있는가?
24 어찌하여 백성 너희들은 한 입 가지고
두 말 하는 그 지도자의 가르침에 '아
멘'이요, '할렐루야!' 하고 그저 고개
숙여 절하며 그리 구원의 길을 가고자
하는 그와 같은 형국을 중단치 못하는
가?
25 너희들이 정녕 그러한 것을 중단하지
못할 때 너희들은 영원히 구원을 받을
수 없는 그 길로 감이니, 내가 나의 아
들을 통하여 너희들에게 반복하고 또
반복하였느니라.
26 너희들의 자식이요, 너희들의 후손을
사랑하는 마음이 만 분의 일이라도 너
희 가슴속에 있다면 지금의 모든 믿음
을 단죄하며, 그곳에 대해서 너희들이
잘못 가고 잘못 인도하는 자들을 단죄
하여 바로 세우도록 그리하여야만 될
것이니라.

27 너희들은 다 세상사에 암흑 속에서 허
덕이느니라.
28 얼마나 너희들의 이성을 잃게 했으며,
자제력을 잃게 했으며, 생각을 할 수
없도록 그와 같이 무능한 너희들로 세
뇌시켰는가?
29 노예보다 더 혹독하며, 죽음의 구렁텅
이에서 힘이 다하여 죽어 갈 때까지
노동력을 바쳐 스스로 죽어 가는 운명
을 기다리는 그와 같은 꼴인 것이 지
금 종교 집단에 신도라 하여 가는 자
들이니, 너희들은 그것을 알아야 될
것이니라.
30 그들보다도 더 비참하고 더 불행한 것
이 너희들이니라.
31 노예라는 것으로 끌려가 죽을 때까지
진흙탕에서 그들이 원하는 일을 하다
쇠진하여 죽어 가는 그와 같은 것은
육신이 죽어 감이니라.
32 그러나 영원히 사는 너희들의 구원의
길을 막고 영원히 사는 나라에 갈 수
없도록 너희들이 영혼을 죽이는 그 사
악한 자들이 지금 종교 집단의 가르침
이니라.
33 그 이유는 거둬들이는 행위를 하는 그
자체가 잘못된 것이며, 그들이 또 얼
마나 무섭게 암흑 속으로 몰아넣는가?
34 그들은 저희들이 잘못하는 것은 많은
사람들이 단죄할 수 없으며, 인간 세
속에 정해진 그 법으로도 단죄할 수
없다 그리 말하느니라.
35 다만 여호와 나의 뜻에 의하여 저희들
은 행하기에, 나로부터 선택된 자이기
에, 죽어 와 나로부터 심판받으며 나
로부터만 저희들이 심판받는다 함이
니,
36 나의 이름을 그리 빙자하여 그들이 그
와 같은 사악한 짓을 하는 것은 이 세
상을 다 암흑으로 덮는 것이니라.
37 너희들을 캄캄한 우리 속에 집어넣고
꼼짝달싹하지 못하도록 그리 덮어 놓
고 있는 것이니라.
38 너희들은 그들의 세 치 혓바닥의 그
사악한 말들에 너희 자신의 이성을 잃
어 지금 암흑의 세상에서 허덕이고 있
다는 것을 내가 나의 아들을 통하여
다시 한 번 강조함이니,
39 이를 알고 깨우치는 자는 구원을 받을
것이며, 그 속에 정신을 차리지 못하
는 자는 구원을 받을 수 없을 것이니
라.
40 내가 그와 같은 자를 구원하기 위하여
지금 법전을 내려보내며, 나의 성전에
와 나에게 선택된 백성들이 지금 그
깨우침을 받고 있으니,
41 그 불씨가 서서히 전하여져 그들을 구
원하는 시대가 빠른 시간에 올 수 있
도록 너의 제자들이 변하고 또 변하며
나의 법전을 널리 전하는 데 열과 성
의를 다하여야 할 것이니, 이를 그들
에게 깨우쳐 주라.

## 3,338 번째 하나님 말씀

*2002년 9월 10일 08시 24분*

1 사랑하는 나의 아들아!
2 "네, 아버님! 말씀하옵소서."
3 지금 사랑을 베풀며 사랑을 나누며 살
아가는 것이 하늘에 오르는 길이요,
저희들은 그와 같은 것을 실천하며,

그렇기에 그리 실천하지 않는 자는 이
방인이요, 나 여호와로부터 버려진 자
식이라 그리 말함이니,
4 그것이 지금 너희 손으로 지은 성전에
서 만백성을 구한다 하여 가는 너희들
의 모습이니라.
5 과연 너희들은 그 속에 사랑이 있다고
생각하는가?
6 내가 보기에는 가장 편협하고 가장 사
랑이 없는 곳이 그곳이니라.
7 사랑을 베푸는 것이 하늘에 오르는 길
이요, 사랑을 실천하라 말하면서, 행
동함에 있어서는 가장 사랑을 베풀지
아니하는 곳이 그곳이니,
8 너희들은 너희들이 그 성전이라 하는
곳에 와 재물을 바치며 서로 하나의
역사를 이루고자, 성전이라는 곳을 짓
고 하는 그 속에서 그와 같이 동참하
는 자만 알고 있느니라.
9 그리고 그들만을 사랑하느니라.
10 또한 너희들이 그들만이라도 진정 사
랑하는 것도 아니요, 그 속에서 서로
반목하며 시기와 질투가 이루어지는
것이 너희들이니라.
11 너희들이 얼마나 잘못된 백성인지 아
는가?
12 너희들의 성전에 와 이름 석 자를 건
자들과는 서로 너희들은 그래도 외형
적으로 사랑하는 체하나, 너희들과 같
은 성전에 와서 같이 공부하지 아니하
는 자는 벌레 보듯 하며 그를 사탄이
요, 이단이라 그리 무시하고 쳐다봄이
니,
13 과연 누가 사탄이고 이단이며 이방인
인지 아는가?
14 스스로 너희 자신을 돌아다볼 때 너희
가 과연 천사가 되어 있는가 먼저 보
라.
15 천사가 되지 아니한 자는 남을 보고
사탄이요, 이단이라 말할 수 없는 것
임을 알아야 될 것이니라.
16 과연 너희가 사탄이 무엇이며 이방인
이 무엇이며 또한 천사가 되고자 하는
자요, 깨달은 자가 무엇인가를 스스로
알고 있는가?
17 너희들 자신이 무엇에 속하는지도 모
르면서, 너희들과 같이 가지 아니하는
자는 이방인이요, 사탄이라 그리 말하
며,
18 이웃의 형제요, 부모와 자식과의 그
관계에도 너희들은 같은 믿음의 세계
를 가지 아니한다 하여, 같이 가는 자
들끼리 뭉치며 같이 가지 않는 자식이
나 부모는 경원시하는 그와 같은 속에
서 살아가는 것이니,
19 가장 사랑을 모르며, 사랑을 베풀고
사는 자들까지 마음의 문을 닫게 하는
것이 너희들임을 알아야 될 것이니라.
20 진정 그와 같이 사랑을 베풀며 살아간
다는 너희들이 나의 피조물 만백성을
오늘의 이와 같이 험악한 세상이요,
험악한 심성을 갖도록 만들지 아니하
였는가?
21 이것은 모든 종교 지도자들이요, 지금
의 종교 지도자로서 흘러온 너희들의
책임임을 다시 한 번 통감해야 될 것
이니라.
22 과연 너희들은 어찌 말하는가?
23 너희들이 만들어 놓은 그 성전에 와서
많은 재물을 바치는 그와 같은 사람의

손을 들어주며, 그들을 격려하며, 그들에게 찬사의 기도를 수없이 해 주며, 그리고 그들만이 축복과 영광을 받은 것처럼 그리 말함이니,

24 나의 사랑하는 백성들 간에 서로 경쟁심리를 부추겨 그곳에서 금화와 은화를 거둬들이는 그와 같은 역사를 하고 있음이니, 그것이 바로 너희들의 오늘의 믿음의 현주소이며, 너희들이 성전이라는 곳을 이끌어 가며 그와 같은 추태를 벌이는 것이니라.

25 사랑하는 나의 아들아!

26 "네, 아버님! 말씀하옵소서."

27 너희들은 그들과 차별화되어야 될 것이니라.

28 너희들은 정녕 너희 자신을 위해서 수고하느니라.

29 그리고 너희를 위해서 무엇인가를 이루는 자에게 간단히 쉽게 그를 위해 손뼉쳐 주고 격려하느니라.

30 그러나 그와 같이 하지 못하는 자의 마음에 경쟁심을 부추기며, 그들도 그와 같은 준비를 하도록 하며, 그와 같이 박수를 받으며 격려를 받고자 하는 마음을 자라게 함이니, 그러한 행위를 너희들은 해서는 아니 되는 것이니라.

31 다만, 오른손이 한 것을 왼손이 모르도록 그와 같이 베풀며 살아가라.

32 그것만이 너희들이 행할 수 있는 것이니라.

33 만에 하나 너희들이 좋은 일을 하거나 뜻있는 일을 하고 남을 위해 일을 하고 박수를 받고자 한다면, 네가 그 박수를 유도한다면 너는 나의 아들로서의 자질이 없는 것이며, 나의 백성을 인도하는 목자로서 자격이 없는 것이니라, 나의 아들아!

34 절대적 어떠한 역사를 이룬 자를, 네 제자를 대중 앞에 누구를 위하여 박수하며 격려해 주며 그를 칭송하는 이야기를 하지 말라.

35 그리고 또한 너의 제자들에게 이르라.

36 너희들이 그와 같은 마음을 받고자 아니 한다면 나의 아들이 너희들에게 박수를 해 주도록 그리 격려하지 아니할 것이니,

37 너희들 스스로 오른손이 한 것을 왼손이 모르도록 그와 같은 마음 자세로써 행동하도록 그리하라.

38 너희들이 행동을 잘못함으로 나의 아들을 흔들리게 하며, 나의 아들이 너희들에게 오점을 남기는 그와 같은 일을 할 수 있으니, 그 모두는 너희들이 똑같이 죄를 지음이니라.

39 베풀면 베푼 그것으로써 모든 마음을 접어 두는 그와 같은 아름다운 마음을 갖는 너희들이 되어야 할 것이니 그리 알라

## 3,339 번째 하나님 말씀

*2002년 9월 10일 11시 45분*

1 사랑하는 나의 아들아!

2 "네, 아버님! 말씀하옵소서."

3 너의 제자들에게 물어보라.

4 너희들이 인간사 살아가면서 하루 동안에 얼마나 아름답고 고운 생각을 하며 얼마나 아름답고 고운 말로써 인간관계에 대화하며 답하는가,

5 그리고 구원의 길이라는 나의 성령을

들을 수 있는 이 시간이 얼마나 너희
들에게 소중하고 값진 시간인가를 생
각해 보았는가 그들에게 물어보라.
6 너희들이 나가 세상사에 살면서 아름
답고 고운 생각을 하며 너희 입으로
아름답고 고운 말만 하면서 살아도 너
희들이 구원을 받을까 말까 하거늘,
7 하루 동안 살아가는 속에서 질투와 시
기와, 승자가 되고자 하여 너희 자신
만을 생각하며 남을 생각하지 아니하
는 그와 같은 삶 속에서 오로지 승자
가 되고자 하는 그 욕심과 열망에 의
하여 살아가는 너희들이 아니던가?
8 그리하여 너희들이 1년이요, 평생을
살아갈 때 너희들에게 남는 것은 무엇
이더냐?
9 너희들이 그와 같이 남을 비방하며 승
자가 되고자 투쟁하며 승자가 되고자
노력한 것밖에는 무엇이 있더냐?
10 좋은 재산이나 좋은 차나 호화로운 삶
의 생활이 그리도 너희들에게 소중하
다 생각하는가?
11 이 세상에서 이 조용한 시간 나의 성
전에 와 내가 직접 나의 아들을 통하
여 내리는 나의 성령의 뜻을 들으며
내가 만백성을 구하고자 기록하여 책
이라 만들어 낸 이 법전을 공부하고
깨우치는 너희들의 이 순간의 마음가
짐이 얼마나 행복하고 위대한 것이던
가?
12 너희들은 이것을 무엇으로 살 수 있다
생각하는가?
13 이것은 재물로도 살 수 없으며 어떠한
것으로써도 살 수 없음이니라.
14 이와 같이 아름다운 마음이요, 나의
성령의 뜻이 너희들의 가슴에 매일매
일 쌓였을 때 너희들이 스스로 변화되
는 그것을 모름이니, 곧 그는 무엇이
더냐?
15 구원의 길에 너희들이 한 발짝 한 발
짝 다가오는 그와 같은 영광을 얻음이
니라.
16 너희들이 과연 이 시간에 무엇을 이루
며 무엇을 했을 때, 나의 성령을 듣는
것보다 더 선하고 아름다운 행동이요,
너희 마음의 변화를 이룰 수 있다 생
각하는가?
17 너희들은 이와 같이 소중하고 값짐을
알아야 될 것이니라.
18 내가 오늘 나의 아들을 통하여 말하였
느니라.
19 자신이 많이 갖게 되면 남이 적게 갖
는다는 그와 같은 마음 자세로 살아가
는 것이 너희들이 살아가는 도리라고
내가 하였음이라.
20 내가 오늘 너희들에게 하나를 더 깨우
쳐 주고자 하는 것은, 너희들은 세상
에 태어난 것을 너희 스스로 나에게
감사하는 생각으로 살라 하였으며,
21 그리고 너희들 육신이 살며 노력하면
노력하는 만큼 얻을 수 있고 거둬들일
수 있는 그와 같은 모두를 다 주었으
며 그 속에서 너희들이 살아갈 수 있
도록 영광을 내가 주었다 하였으며,
22 여기서 너희들은 두 가지를 더 얻고
살아가는 자들이니라.
23 너희들의 영혼을 맑고 깨끗하게 다스
리고 너희 영혼을 구하기 위하여 내가
항상 너희들의 머릿속에 메시지를 내
리고 있음이니라.

24 그것을 너희들이 아직 받지 못함이니,
너희들이 마음자리를 비우지 아니하
였기 때문임을 알라.
25 너희들이 좀 더 마음이 변하였을 때,
내가 너희들의 영혼을 구하기 위하여
그 영혼의 양식인 메시지를 너희들에
게 쉬지 않고 계속 내려보내는 그와
같은 축복과 영광 속에서 살아가는 것
이 너희들이니,
26 많은 나의 피조물 만백성과 너희들이
다른 영광을 받음이 거기에 있으며 상
을 받음이 거기에 있음이니라.
27 너희들이 좀 더 경지에 오르고 깨달음
이 높아지면 내가 너희들의 영혼을 구
하여 주고자 너희들에게 영혼의 메시
지를 내리는 것을 너희들이 알 날이
머지않았을 것이니라.
28 그리고 오늘 너희들이 듣지 아니하였
는가?
29 나의 모두를 태워 마지막으로 내리는
이 법전이 나 여호와의 보혈보다 더
소중하다 말하지 아니하였더냐?
30 나의 아들 예수가 너희들에게 그리 깨
우쳐 주었음이니라.
31 나의 보혈보다도 더 소중한 법전이 세
상에 나감이니, 이는 만백성, 나의 아
들딸을 구하고자 나의 마지막 모두를
다 던짐이니, 그와 같은 법전을 가지
고 너희들이 공부하며 내가 나의 아들
을 통하여 내리는 하늘의 뜻을 듣고
깨달음이니, 이것이 너희들에게 가장
큰 또 하나의 너희들이 가진 복이요,
영광임을 알아야 되거늘,
32 어찌하여 이 축복과 이 영광된 것을
너희들은 재물이요, 금화와 은화로써
계산하며 그것으로써 정리하려 하는
가?
33 너희들이 그 어떤 것과도 바꿀 수 없
는 것이요, 다른 백성들보다 두 가지
더 큰 영광 속에서 살아간다는 것을
잊어서는 아니 될 것이니 그리 알라.

## 3,340 번째 하나님 말씀

*2002년 9월 10일 21시*

1 사랑하는 나의 아들아!
2 "네, 아버님! 말씀하옵소서."
3 이 세상 많은 피조물 백성들이 나로부
터 무엇을 받았으며 성령을 받았으며
은혜를 받았으며 말씀을 받았다 하나,
내가 그들에게 내린 일이 없으며 내가
그들에게 어떠한 역사를 이루고자 내
린 것이 없음을 알라.
4 오로지 너를 통하여 지금 160권의 나
의 성령을 세상에 내보내 바로잡고자
하는 제3의 시대의 이 역사 외에는 그
어느 것도 내가 관여하지 아니하였으
며 나와 관계없는 것임을 알아야 할
것이니라.
5 나로부터 명을 받아 만백성을 구하는
나의 법전을 기록하는 너는 어떠한 상
황이든 어떠한 것이든 너 스스로 결
정하지 말며,
6 나에게 기도와 묵상으로써 모든 걸 답
을 받아 행하라 하였음이니, 너는 네
가 어떠한 것이든 고민하거나 괴로워
하지 말라.
7 미래에 이루어지는 역사를 네가 모르
며 변화하는 것을 네가 모름이니, 너
는 그저 기도와 묵상으로 내가 내리는

그 답에 충실히 행하는 것으로써 네
소임을 다하는 것임이니, 너는 그것
외에 아무것도 생각하지 말라.
8 네가 나에게 묵상과 기도로써 받은 답
으로 행할 때 이 세상에 어떠한 변화
도 있을 수 없으며 그보다 더 정확한
정답이 없으며 해답이 없음을 알라.
9 너희들은 당장 앞에서 이루어지는 것
은 아니나, 미래에 역사하는 것이니 미
래에 이루고자 하는 것은 모름이니,
10 내가 너에게 돌밭에 씨를 뿌리라면 너
는 뿌리면 되는 것이요, 내가 빙산에
씨앗을 뿌리라면 너는 뿌리면 그것으
로써 되느니라.
11 그것이 어찌 자라든 도저히 성장할 수
없는 곳이라 하여도 그대로 뿌리는 것
뿐이니라.
12 노아의 방주의 그 역사가 무엇이더냐?
13 그들은 나의 뜻을 거역하지 아니하고
순종했으며 나의 명을 받아 행하였음
이니라.
14 내가 너에게 일러 말하지 아니하였더
냐?
15 모세가 그와 같이 역사를 일으키며 그
백성을 구출하여 나오는 그것도 그가
나의 명을 따랐으며 나의 뜻에 따라
움직였음이니,
16 너 또한 어떠한 역사나 어떠한 기준에
의해 네가 판단하지 말며 네 머리로
생각하지 말며 네 머리로 결정하지 말
며,
17 다만 내가 너에게 내리는 그 뜻에 따
라 행하여야 될 것이니, 묵상을 철저
히 하며 기도로써 응답을 받아 그리
행하라.
18 그리 행하여야만 미래에 이루어질 것
과 또 오늘에 이루어질 그 모두를 다
네가 이루어 나갈 수 있음을 잊어서는
아니 될 것이니라.

## 3,341 번째 하나님 말씀

*2002년 9월 10일 21시 09분*

1 사랑하는 나의 아들아!
2 "네, 아버님! 말씀하옵소서."
3 수천 가지 마음의 형태로 살아가는 나
의 피조물 만백성 너희들이 나로부터
생명을 받아 세상에 나가 세속에서 살
아감이니, 너희들은 과연 그 세속의
삶을 어떠한 기준에 의하여, 너희들이
육의 삶의 인생의 다 정리하고 마친
뒤에 누가 정녕 인생의 승자라 말할
수 있는가?
4 너희들이 인생의 승자라 말하는 것은
남보다 더 많은 재물을 모은 자, 남보
다 더 많은 금화와 은화를 가지고 있
는 자, 그리고 남보다 더 호화로운 집
을 가지고 있는 자, 화려한 외형적인
삶을 살아가는 자를 말하니,
5 과연 그와 같은 자를 너희들은 성공한
자며 남부럽지 않은 인생을 살았으며
남에게 뒤지지 않는 승자의 삶을 살았
다 말할 수 있는가?
6 또한 자신의 명예와 인기를 좇아서
나 외에는 다른 사람의 가치를 모르
고, 많이 가지려는 욕심으로 앞만 보
고 달려가는 자, 그와 같은 자들이 과
연 인간의 승자라고 너희들이 죽어 내
앞에 왔을 때 말할 수 있는가?
7 과연 너희들은 어떠한 것이 진정한 인

간의 승자라 말하는가?
8 너희들은 육의 세상의 삶의 그 한계를
넘어 영원히 사는 영혼의 삶이 있다는
것을 생각하지 아니하며, 오로지 육의
향락과 육의 화려한 삶을 위하여 모두
를 다 바치고 삶이니,
9 그와 같은 삶을 살아온 자는 정녕 인
생의 승자라 말할 수 없음을 알아야
될 것이니라.
10 다음 시대의 영혼의 세상의 삶을 위하
여 준비하며 그와 같은 삶을 살아가는
자, 그러한 자가 인생의 승자라 말할
수 있는 자이니라.
11 지금 나의 피조물 만백성 너희들은 어
찌 살아가는가?
12 수천 년 전으로부터 종교 지도자의 그
뿌리가 지금 뻗치지 아니한 곳이 없으
며, 그와 같이 인간 너희들을 구원하
여 하늘에 오른다는 그 종교 지도자들
이 어찌 살아가는가?
13 내가 하늘에서 내린 십계명이요, 나의
율법에 따라 너희들을 지키고 다스려
길을 인도하는 것이 아니라, 저희 스
스로 인간으로서 만든 계명을 갖고 하
늘에 오르는 길이라고 사기극을 평생
벌이고 있는 자들,
14 나의 피조물 만백성에게 재물이요, 금
화와 은화를 많이 바치는 자, 그리고
저희들의 성전에 와 모두를 바치는
지, 저희들이 잔자고 사는 의식주를
해결하기보다 성전에다 모두를 다 바
치는 자는 구원을 받으며 그와 같은
자가 나로부터 축복을 받는 자라 그리
말하며 너희들에게 평생 거짓과 사기
로써 너희들의 재물을 모두 거둬들이
고, 지금의 저희들이 성전이라는 것을
지어 그 호화롭기가 궁궐보다 더함이
니,
15 앞으로 세월의 흐름 속에 그들이 그
궁궐의 지배자가 아니라 노예로 전락
하는 그와 같은 자들이 정녕 인간의
승자라 생각하는가?
16 그들 또한 인간의 승자가 아님을 알아
야 될 것이니라.
17 나의 피조물 만백성 너희들은 정녕 영
혼의 삶과 다음 세상의 삶을 생각하지
아니하고 육의 세상에서 모두 끝나는
것으로 생각하며 육으로써 호화롭고
찬란한 그 삶이 인생의 승자라 생각하
는 자가 얼마나 어리석고 우매한 자인
가를 머지않아 나에게 와서 알게 될
것이니라.
18 지금 너희들은 영원히 사는 나의 나라
에 와 영혼이 구원을 받는 그 축복된
삶을 위해 사는 것이 아니라, 인간사
100년도 안 되는 육의 삶을 위해서 모
든 것을 바치고 살아감이니,
19 내가 너희들에게 무어라 말하였느냐?
20 너희들이 하루살이라는 벌레를 보고
불쌍히 여긴다 하듯이, 내가 너희들의
생명을 볼 때 그와 같이 짧은 생명인
것을,
21 그 속에서 아름답게 살며 나의 계명을
지키며 너희들이 나에게 돌아오는 그
와 같은 영광을 얻도록 했으며, 너희
들의 지은 죄를 다 용서를 빌며 용서
를 받고 해결한 그와 같은 삶을 살아
나에게 너희들의 영혼을 구원받는 그
영광된 삶을 살라고 내가 너희들에게
생명을 주었으며, 그리 가르쳐 주었으

며, 육의 세상에서 그 모두를 지키고
살아갈 수 있도록 너희들에게 모두를
다 주었건만,
22 너희들은 영혼을 구하는 그 삶이 아니
라 육의 삶에 얽매여, 다 부질없는 너
희들의 삶에 스스로 얽매여, 이 아름
답고 순수한 인간의 본질을 버려둔 채
그저 사악한 마음이요, 욕심이요, 그
와 같은 마음에 얽매여 스스로를 죽여
가는 그와 같은 삶을 사는 것이 너희
들의 지금의 모든 삶의 근본이니라.
23 정녕 하늘에 나 여호와 창조주가 있음
을 모르며 그를 인식하려 하지 아니하
며, 살다 와서 나 창조주로부터 심판
을 받는다는 것을 생각하지 아니하며,
심판을 받는다는 두려움을 모르고 사
는 것이 너희들이 아니던가?
24 그와 같이 너희들이 살다 나에게 올라
와 심판을 받는 그 두려움이라는 것을
너희들이 모르고, 육의 삶을 위해 사
는 그와 같은 자가 정녕 승자라 너희
들은 말하는가?
25 그는 영원히 돌이킬 수 없는 패자임을
알아야 될 것이니라.
26 너희들이 정녕 말하는 인생의 삶의 승
자는 너희들이 영원히 사는 나의 나라
에 구원받는 것, 그것만이 진정한 승
자의 삶임을 알아야 될 것이니라.
27 너희들이 그와 같이 영혼의 승자가 되
는 삶을 위해서는 내가 너희들에게 불
로 써 내린 나의 십계명을 지키며 나
의 율법을 지키며 제3의 시대에 내가
내려보내는 나의 법전을 읽고 깨우쳐,
28 너희들이 말로써 구원을 바라며 육의
삶의 호화로움이나 부귀영화에 얽매
이는 그와 같은 삶이 아니라, 나누며
살며 자신보다 이웃을 사랑하는 마음,
그리고 부귀와 영화 그 모두를 나로부
터 받은 잠깐 관리하는 관리자의 입장
에서 겸손한 마음을 가지고 남에게 나
누어 주며 베푸는 그와 같은 삶을 사
는 길을 선택하여 사는 자, 그러한 자
만이 인생의 승자라고 말할 수 있음을
알아야 될 것이니라.
29 정녕 나의 법전을 읽고 깨우쳐 하늘에
오르는 그 길이 무엇이며 내가 원하는
것이 무엇이며 나 여호와가 이루고자
하는 것이 무엇인가를 깨달아 여기에
동참하는 자, 그와 같은 변화의 역사
를 가져오는 자만이 인간의 참된 승자
이며,
30 화려한 집이나 많은 재물과 더 좋은
집, 외형적으로 남부럽지 않은 삶을
사는 것, 그와 같이 사는 것이 정녕 승
자가 아님을 너희들은 알아야 될 것이
니라.
31 영혼의 삶을 위해 살아가며 그 모두를
바쳐 노력하는 자가 진정한 인간의 승
자임을 알 날이 머지않았음이니, 이를
깊이 깨우쳐야 할 것이니라.

## 3,342 번째 하나님 말씀

*2002년 9월 10일 21시 56분*

1 사랑하는 나의 아들아!
2 "네, 아버님! 말씀하옵소서."
3 지금 너희들이 구원의 길이라며 평생
달려가고 있는 각종 믿음의 형태를 너
희들은 과연 어찌 생각하는가?
4 너희들 조상 대대로 구원의 길이라고

달려왔던 그 길은 정녕 저 자신도 진
리가 무엇이며 하늘에 오르는 길이 무
엇인지도 모르는 잘못 가르치는 지도
자들에게 너희들이 가르침을 받고 있
음이니,
5 가르치는 자나 배우는 자가 참진리의
빛을 보지 못하고 종교 지도자들이 저
희들의 입에 맞도록 가르치는 손으로
만든 성전이란 곳에 발을 들여놓고
'아멘! 할렐루야!' 하며 그들과 같이
손뼉치며 광란의 믿음을 시작하는 그
순간부터 너희들은 구원의 광명의 빛
을 보는 것이 아니라 암울한 운명을
떠안기 시작하는 것이며,
6 바로 너희들이 손으로 지은 그 성전이
요, 잘못 가르치는 종교 지도자들이
큰 궁궐보다도 더 아름답게 지으며,
그리고 많은 신도들이 모여들며 많은
헌금을 거둬들일 수 있는 자가 성공한
자요, 진정한 종교 지도자요, 위대한
종교 지도자라 그리 평가하고 그리 생
각하는 그 소굴에서 너희들이 그들의
점수 매김의 하나의 희생물로 전락하
게 됨이니,
7 이것이 바로 너희들이 잘못 믿어 온
그 형국이며 지금의 너희들이 가고 있
는 믿음의 형태임을 알아야 할 것이니
라.
8 그리하여 저희들 자신도 모르고 잘못
가르치는 종교 지도자 밑에서 너희들
은 말로써 구원을 외치며 구원을 받았
다 그리 말하며,
9 그리하여 너희들은 구원을 받기 위하
여 각종 헌금과 재물을 다 바쳐야 하
는 것은 물론이요, 너희들의 인생의
삶의 모두를 다 그들의 성전을 짓는
데 바쳐야 되며 그 성전을 운영하는
데 바쳐야 되며, 그곳에 너희 모두를
다 바쳐야 하는 불행한 멍에를 지게
되며, 그 멍에 속에서 너희들이 살아
가게 되는 것이니라.
10 한평생 너희들은 재물을 바치며 시간
을 바치며 모두를 다 바치는 그와 같
은 멍에를 짊어지고 고달프고 어렵고
힘든 그 길이 구원의 길이라 하여, 그
것이 지옥 가는 불행한 열차인 줄도
모르고 그리 가고 있는 것이며,
11 지금 믿음이라는 세계에 가서 금화와
은화로 하늘에 오르는 티켓을 사며 하
늘에 많은 재물을 쌓아 놓는 것만이
구원을 받으며 많이 바치는 것이 구원
을 받는다는 그러한 허황되고 나 여호
와와는 아무런 관계도 없는 그곳에 가
서 평생을 허우적거리며 너희들의 고
고하고 소중한 그 생명의 삶을 다 허
비하는 것이 지금 잘못 가르치는 종교
집단에 가서 신도라 하여 구원받았다
울부짖는 너희들의 형태임을 알아야
될 것이니라.
12 저희들은 진정한 믿음의 길이 아니요,
금화와 은화를 거둬들이는 것이며, 저
희들의 손으로 지은 큰 성전에서 저희
들의 머리로 짠 그 모든 교리로 수단
과 방법을 가리지 않고 너희들의 고혈
을 짜는 그 생활이 계속 지속되면 지
속될수록 절망감과 허탈함과 공허함
의 그 한복판으로 떨어져 가는 것이
지금의 믿음을 가고 있는 자들이니라.
13 너희들이 스스로 절망과 허탈함과 공
허한 그 한복판으로 떨어져 갈 때 이

미 너희들은 구원의 길을 볼 수도 없
으며 그곳에서 헤어날 수 있는 자제력
까지 상실하였음이니,
14 그동안 너희들이 바친 시간과 노동력
과 재물 그 모두가 너무나도 아깝고
아까워 너희들은 그를 버리지 못하며,
잘못 가는 것을 알면서도 너희들이
'설마, 설마' 하고 그저 '아멘! 할렐루
야!' 하며 종교 지도자의 세 치의 혓바
닥에 놀아나 죽을 때까지 모두를 다
바치며 속아 살아가는 그와 같은 삶을
살아가는 것이니라.
15 나 여호와는 너희들을 알고 있음이니
라.
16 그와 같이 너희들은 잘못 가고 있으며
공허와 허탈감만 남으며, 너희들이 손
으로 지은 성전에 가서 교리를 듣고
설교를 듣고 나왔을 때 너희 머릿속에
는 남는 것이 하나도 없으며, 누가 얼
마의 감사 헌금을 냈으며 누가 얼마의
축하 헌금을 냈음이니 내지 못하는 너
희들의 마음에 울화통만 터지는 그와
같은 생각이 들며,
17 '어찌하여 종교 지도자가 하늘에 오르
고 구원의 길을 이룬다는 성전이라는
곳에서 금화와 은화요, 재물을 가지고
논하는 것인가?' 하여 너희들은 침 뱉
고 돌아서서 나오고 싶어도 그 문을
박차고 나오지 못하는 것은
18 그래도 성서는 하나님 말씀이요, 또
한 자도 더하고 뺄 수도 없는 그 성서
의 말에 의하여 너희들이 그를 가르치
는 것만이 그래도 그것이 구원의 길이
라 하는 그 기대 심리에서 그들을 단
죄하지 못하고 오늘을 참으며 내일을
참으며,
19 또 주일이라 하여 안식일이 되면 금화
몇 닢을 가지고 그곳에 가 머리 숙여
그 말도 되지 않는 소리를 들으며 찬
송과 광란의 마음으로 '나를 구원해
주십사' 하며 소리를 치고 나오면 또
허전한 그것밖에 없음이니라.
20 이는 그 성서를 대신하여 너희들을 인
도해 줄 책과 성서를 대신하여 너희들
을 하늘에 오르는 길로 인도할 수 있
는 말씀의 책이 없었기 때문이니라.
21 그리하여 너희들은 너희 자신이 잘못
된 것을 알면서도 초조와 불안과 정신
적 고통에서 전진할 수도 없으며 물러
서지도 못하며, 그리하여 너희들은 세
치의 혓바닥으로 너희들의 모두를 다
흡혈귀와 같이 빨아 가는 그들의 농간
에 내가 만들어 준 세상의 자연의 아
름다움이 무엇인지 선함의 행함이 무
엇인지 그것도 볼 줄 모르는 인간으로
세뇌되어 그와 같이 살다가 지옥으로
오는 것이 너희들의 지금의 믿음의 형
국임을 알아야 될 것이니라.
22 그리하여 너희들은 어찌 되었는가?
23 공포와 불안과 초조에 젖어 있는 너희
들은 그곳에서 나와서 그 마음의 안정
을 찾을 길이 없으며 너희들이 그 마
음을 폭발시킬 수 없음이니,
24 너희들이 잘못 가고 있으며 너희들이
공허한 마음이요, 고통스러운 그 믿음
에서 전진할 수도 없으며 물러설 수도
없는 그와 같은 형국에 너희들의 그
착잡한 마음과 고통스런 마음을 감추
지 못하여,
25 너희들과 같은 그 믿음이라는 성전에

가서 기도하며 경배하지 않는 이웃의
모든 형제나 백성들, 심지어는 부모와
형제까지도 너희들이 믿는 그 종파에
같이 몸담아 너희들과 같이 동조하지
않고 믿지 않는 자들에게 그 울화와
그 모든 심정을 표출시키며,
26 증오와 멸시의 그와 같은 마음으로 그
들을 사탄이요, 이단이라는 그와 같은
말로써 공격하여 너희 자신을 스스로
달래며 하루하루를 살아가는 것이 지
금의 믿음에 젖어 있는 너희들의 생활
임을 나 여호와는 알고 있음이니라.
27 나의 아들을 통하여 너희들의 마음을
나의 법전에 기록함이니, 이것이 정녕
잘못된 것이라면 너희들은 나의 법전
을 보지 아니하면 될 것이며,
28 너희들의 마음에 아프고 찔린 부분이
나의 아들을 통하여 이 책에 기록되었
다면 너희들은 지금이라도 바른 깨우
침을 행하여 나의 법전을 보고 깨우쳐
하늘에 오르는 길을 봐야 될 것이며,
29 너희들을 그와 같이 사악한 방법으로
이끄는 종교 지도자들을 너희 스스로
단죄하여 단상에서 끌어내는 그와 같
은 역사를 이루어야 할 것임을 너희들
은 잊지 말라.
30 너희들이 지금 잘못 가고 있는 믿음이
라는 것을 알기에, 너희들의 불안과
초조와 그 공포 심리가 심하게 되면
남을 증오하며,
31 증오하는 마음이 더 복받치며 심하게
되는 자는 믿음을 같이 가지지 않는 자
에게 복수심마저 마음속에 기르게 되
며, 너희들과 같이 믿음을 가지지 않는
형제와 부모에게까지도 증오심이 지
나쳐 복수하고 싶은 생각이 너희들 마
음속에 커 가며 자리를 잡음이니,
32 그와 같은 생각을 가지고 사는 너희들
이 바로 갈 곳이 어디이던가?
33 너희들은 지옥으로 가는 것이니라.
34 그리고 잘못 가르치는 종교 지도자들
에게 싸여 너희들은 구원을 받았다,
또 구원을 받은 자들이라, 그리고 나
의 아들 예수의 피로써 구원받았다 그
리 말하느니라.
35 그리하여 허탈함과 절망과 공허함과
그 모두의 한복판으로 떨어져 가는 너
희들의 마음에 거기서 뛰쳐나와 새로
운 길을 가고자 하여도 너희들을 이끌
어 줄 책과 나 여호와의 말씀이라는
가르침이 없기에, 너희들은 지금 그
속에서 그들을 증오하며 그 증오함을
거기다 폭발시키지 못하고 믿지 않는
너희 부모나 형제에게 너희들을 따라
오지 아니한다 하여 모두를 다 증오의
마음으로 폭발시키며 심지어는 복수
심마저 가지니,
36 그 마음을 달래 주며 너희들의 마음을
바로잡으며, 그러한 너희들을 고통 속
에서 헤어나게 하고 구원의 길로 이끌
어 주기 위하여 내가 160권이라는 법
전에 나 여호와의 성령을 태워 나의
뜻을 기록하여 전하는 것이니,
37 너희들은 나의 법전을 읽고 깨우쳐 지
금의 그 고통 속에서 헤어나는 그와
같은 영광을 얻도록 그리해야 할 것이
니라.

## 3,343 번째 하나님 말씀

*2002년 9월 10일 23시 58분*

1 사랑하는 나의 아들아!
2 "네, 아버님! 말씀하옵소서."
3 내가 세상에 160권이라는 이 대장정
의 법전을 내려보냄이니, 이는 바로
무엇이더냐?
4 너희들이 지금 살고 있는 이 지상이
내가 만든 성전이요, 이 성전에서 너
희들이 스스로 나에게 기도하고 경배
하면 구원을 받을 수 있으며, 내가 내
린 계명이요, 나의 법전의 뜻대로 살
아가는 그와 같은 삶을 사는 자는 누
구에게 설법이나 교리나 설교라는 것
을 듣지 아니하고도 구원을 받을 수
있다는 것을 나의 피조물 만백성 너희
들에게 일깨워 주고자 함이니, 이를
어찌 전해야 되겠는가?
5 너희들은 내가 만든 성전에서 내가 너
희들에게 지키라고 내린 계명을 지키
며 율법에 따라 살아가면 구원을 받는
것이거늘,
6 어찌하여 너희들은 인간의 교리대로
저희들이 만들어 놓은 그 성전에 가서
인간의 교리에 맞도록 저희들이 설교
하고 가르치는 그 소리를 듣고 천국으
로 간다며 그와 같은 착각 속에 사는
가?
7 모든 피조물 만백성에게 그 일을 일깨
워 주어야 될 것이니라.
8 만백성 너희들은 나로부터 선택된 나
의 아들이요, 딸들이니, 너희들은 누
구나 나로부터 똑같이 사랑을 받으며,
내가 너희들을 기억하지 아니하는 자
가 없음이니라.
9 그리하여 너희들이 육의 삶을 살다 나
에게 돌아오는 것은 당연한 것이요,
너희들이 그 선택된 백성이며, 누구든
지 그와 같은 권리와 의무가 있음이니
라.
10 그러나 너희들은 그저 내가 만든 성전
에서 나에게 기도하고 경배하며 내가
내린 계명을 지키고 살면 구원의 길에
오르는 것이거늘,
11 어찌하여 너희들은 편안하고 간단한
그 길을 저버려 두고, 평생 동안 너희
들이 모은 재산을 불안하고 기쁘지 않
고 즐겁지 않은 마음으로 바치면서 그
리 믿음의 길이라는 곳에 가 구원을
받고자 그리 애쓰는가?
12 그들이 과연 어떠한 방법으로 재물을
거둬들이며 너희들의 시간과 그 모두
를 착취하는가, 너희들이 한번 손가락
을 하나하나 접어 가면서 생각해 보라.
13 세상에 그와 같은 악랄한 방법으로써
나의 피조물 만백성 너희들의 재산을
거둬들이는 집단은 없을 것이니라.
14 그 사악한 방법으로써 거둬들이는 그
것이 나 여호와의 뜻이 아니며, 너희
들이 그 성전이라는 곳을 지키려 힘들
고 어렵게 재산을 다 바치며 그곳에서
기도하고 경배하는 것만이 구원을 받
는 것이 아님을 너희들은 깨우쳐야 될
것이니, 이를 타파하기가 그리도 힘들
고 어려움이니라.
15 내가 지금 160권의 법전을 세상에 내
려보내는 것은 그와 같이 잘못된 종교
지도자나 저희들이 인간 세속에서 인
간의 생각대로 만든 그 교리에 너희들

이 모두를 매달리는 것이 아님을 깨우
치고자 함이니,
16 너희들은 내가 만든 이 자연의 성전에
서 기도하고 경배하며 남에게 구속받
지 아니하고 재물을 바치지 아니하며,
아무런 뜻도 이유도 없이 그저 너희들
이 나의 계명대로 살아가고자 하는 그
마음 하나면 천국에 올 수 있는 것이
니라.
17 그와 같이 편안하고 간단한 것으로써
너희들이 구원을 받는 것이거늘, 어찌
하여 너희들은 그렇게 너희 자신을 구
속하며 재물을 바치며 온갖 고통과 시
련과 어려움을 다 겪는 그 속에서 구
원의 길을 갈 수 있다 생각하는가?
18 어찌 그리도 너희들이 우매하고 둔하
던가?
19 이제 내가 나의 법전을 세상에 내려보
내 너희들을 깨우치고자 하는 그 뜻을
너희는 알았는가?
20 너희들은 그저 나의 성전에서 경배하
고 기도하면 그것으로써 구원을 받는
다는 것을 잊지 말라.
21 너희들이 지금 믿음의 길을 가는 것처
럼 너희 손으로 지은 그 성전에 발 한
번 잘못 디뎌 놓은 그 죄로 인하여 평
생 동안 온갖 재물과 그 모두를 다 바
치며 시련과 고통 속에서 그와 같은
깨달음을 얻어 하늘에 오르는 것이 아
니며, 너희들처럼 종교 집단에 가서
기도하고 경배한다면서 그 광란의 짓
을 함으로써 하늘에 오르는 것이 아니
니라.
22 너희들의 자제력을 잃게 하며 너희들
의 판단력을 잃게 하며, 너희들을 그
리 혼돈케 하여 그들이 수많은 재물을
평생 동안 거둬들이는 그와 같은 사악
한 집단 속에서 너희들이 구원을 받는
것이 아니라는 것을, 나의 법전이 세
상에 나가는 이 이치를 깨달아야 될
것이니라.
23 너희들은 편안하고 간단한 방법으로
써 그리고 너희들이 생활하는 그 즐거
움 속에서 너희들이 시간이 날 때 나
에게 경배하며, 너희들이 잘못 살아온
것을 스스로 나 여호와에게 회개하며,
24 그리고 너희에게 내린 십계명이요, 지
금 제3의 시대에 내린 나의 법전을 정
독하고 깨우쳐 너희 스스로 변하는 그
삶을 사는 것이, 내가 만든 이 자연의
성전에서 나에게 기도하고 경배하며
구원의 길에 오를 수 있는 간단하고
편안한 그 방법이 내가 너희들에게 바
라는 것이며 너희들이 나에게 올 수
있는 그 길의 터전임을 알아야 될 것
이니라.
25 이와 같은 기초의 터전을 버리고 너희
들 인간의 교리요, 인간의 계명으로
만든 그 틀에 얽매여 너희들이 고통과
시련 속에서 구원을 얻을 수 없음이니
라.
26 나에게 오르는 길은 가장 편안하고 즐
거운 마음으로 너희들이 나에게 오도
록 내가 만들어 놓았다고 하였음이니
라.
27 자식이 부모를 찾아가는 그와 같은 편
안하고 즐거운 마음으로 너희들이 나
에게 돌아올 수 있는 것이니라.
28 이 이치를 너희들이 만백성에게 깨우
쳐야 될 것이며, 나의 법전을 읽고 깨

우친 백성 너희들은 이제 잘못 가르치
는 종교 지도자들을 단죄해야 될 것이
며, 너희들이 그들에게 의문 나는 점
을 물어 명확한 답을 들어야 될 것이
니라.
29 그 물음에 대답하지 못하는 자는 정녕
나로부터 선택된 백성이 아님을 알아
야 할 것이니라.

## 3,344 번째 하나님 말씀

*2002년 9월 11일 0시 21분*

1 사랑하는 나의 아들아!
2 "네, 아버님! 말씀하옵소서."
3 너희들 인간이 살아가는 육의 세상에
서 세월이 가고 흐름에 따라서 너희
인성이 곱고 아름다운 심성으로 변해
살아가는 것이 나의 뜻에 사는 백성들
의 기본이며 자세이니라.
4 그러나 나의 피조물 만백성을 지금의
종교 집단에서 과연 어찌 가르쳐 지금
과 같은 이 시국이 되었는가?
5 너희들의 종교 집단의 뿌리가 많이 내
리고 종교 집단의 성전이라는 곳이 세
상에 많이 생김으로 인하여 지금의 나
의 피조물 만백성이 살아가는 그 심성
의 자세는 어떠하던가?
6 너희들의 종교 집단의 성전이요, 종교
지도자가 늘어 가면 갈수록 지금의 세
대는 어찌 변하였던가?
7 너희들의 종교 지도자요, 성전이라는
것이 그리 많지 않았던 그 시대보다
지금의 나의 피조물 만백성이 살아가
는 형태가 과연 어떠하던가?
8 너희들의 숫자가 늘면 늘수록 이 세상
에는 강간이요, 살인이요, 증오요, 인
간의 삶에 비극을 더해 가는 온갖 말
할 수 없는 범죄가 자꾸만 늘어 가고
있음이니, 과연 너희들은 이를 어찌
해명할 수 있단 말이던가?
9 너희 종교 지도자와 성전이라는 것이
이 세상에 수없이 늘어남에 따라서 범
죄의 행위가 줄어드는 것이 아니고,
역으로 그 모든 범죄 행위가 늘어가고
있음이니,
10 그 늘어 가는 추세를 감히 상상할 수
없도록 이와 같이 험악한 시대로 지금
변화되었으며,
11 지금의 모든 나의 피조물 만백성이 살
아가는 형태와 그들이 가진 마음에
증오의 불길이 폭발 직전까지 와 있는
이와 같은 사회 분위기를 너희 종교
집단의 지도자들은 과연 어찌 생각하
는가?
12 가장 위대하고 방대한 조직이며 모든
인력과 물자와 자원을 가지고 세상을
지배하는 너희 종교 집단의 지도자와
너희들이 말하는 성전이라는 곳, 나의
아들 예수의 보혈로써 모두 구원을 받
는 곳이라 하며 나의 피조물 만백성을
사랑으로써 인도한다는 그 성전의 숫
자가 늘어나면 늘어날수록 이 지상의
나의 피조물 만백성은 험악한 비극의
파국이 극대화되어 가고 있는 이와 같
은 현실이니,
13 너희들은 과연 이를 무어라 설명할 수
있겠는가?
14 사랑으로 베풀며, 하늘에 오르는 길을
인도하며, 나 여호와와 같은 심성으로
써 하늘에 오르는 만백성을 인도한다

는 너희 종교 집단이요, 지도자들이 우후죽순처럼 늘어남에 따라서 세상은 지금과 같이 더 말할 수 없는 험악한 형태로 돌변하고 있음이니, 과연 너희들에게 책임이 없다고 말할 수 있는가?
15 너희들은 정녕 그리 말할 것이니라.
16 세상의 만백성이 너희 성전에 와서 배우지 아니하고 너희 성전에 와서 재물이요, 금화와 은화를 바치지 아니하며 너희들의 교리와 설교를 듣지 아니하였기 때문에 그 백성들이 그와 같이 험악하고 사악하게 변하였다고 그리 말할 것이니라.
17 그러나 가장 큰 집단의 우선순위를 따질 때 이 세상을 지배하는 그 어떤 집단보다도 너희 종교 집단이 가장 방대하며, 이 세상 인구 중에 너희를 믿고 따르는 그 인구가 세상을 다 지배하다시피 하고 있음을 너희들은 변명할 여지가 없을 것이니라.
18 그와 같은 너희들이 종교 집단에서 제대로 배웠으며 옳은 참빛의 진리를 배웠다면 그 배운 자는 천사와 같이 변하여졌을 것이며, 그 천사와 같은 자들이 세상을 지배함이니 만백성은 지금 이와 같이 험악한 형태로 돌변하지는 아니하였을 것이니라.
19 순박하고 사랑을 아는 나의 피조물 만백성이 너희 종교 지도자와 너희 손으로 지은 그 성전이라는 곳이 늘어나면 늘어나는 그 숫자만큼 이와 같이 험악한 시국의 형태를 이루었다 함은 너희들은 변명할 여지가 없을 것이니라.
20 너희들의 그 종교 집단이 대집단부터 소집단까지 나라의 곳곳에 뿌리를 내리기 시작했으니, 그 뿌리를 내리기 전까지 나의 피조물 만백성은 사랑이라는 것이 무엇인가를 알았고 고통을 같이 나눌 줄 알았으며 아이가 어른을 섬길 줄 아는 그와 같은 세상이었음이니라.
21 그러나 지금은 얼마만큼 험악하고 사악한 세상이 되었는가?
22 이제는 나이 먹은 자라 하여도 이웃의 어린아이에게 나무라고 탓하고 훈계할 수 없는 세상이 되었으며,
23 너희들 종교 집단이요, 지도자가 수없이 늘어나기 전까지는 인간사에 살아가며 나이 먹은 어른이 어린아이에게 훈계하며 가르침을 주었을 때, 모르는 사람이라 할지라도 '예.'라고 대답하였으며 그들이 어른의 뜻에 따라 시정하고 고치고 자신을 반성하는 그와 같은 꿈같은 시절의 삶을 다 너희들이 무너트렸음이니라.
24 그리하여 너희들의 숫자가 늘어나고 늘어난 만큼 지금의 형국은 어떠하던가?
25 이제는 어른들이 어린이를 훈계할 수가 없음이니라.
26 나이 먹은 자가 젊은이를 훈계하면 어른의 멱살을 잡고 발길질을 하는 험악한 이 시대로 발전되어 온 것이 바로 무엇이더냐?
27 너희 종교 집단과 지도자의 숫자가 늘어나고 늘어난 만큼 그와 같이 험악한 세상이 이루어지고 있음이니,
28 나의 피조물 만백성이 그와 같이 살얼음판을 지나가는 것처럼 살벌하고 무

서운 독소와 같은 마음을 폭발시킬 데
가 없어 항상 찾아 헤매는 그와 같은
무서운 형국으로 살아가는 것이 이 지
상의 나의 백성들이 살아가는 모습이
니, 내가 어찌 하늘과 같은 천국을 이
지상에 이룰 수 있다 생각하는가?
29 이제는 너희들이 깨달을 때가 왔음을
알아야 될 것이니라.
30 너희들이 이와 같은 험악한 마음으로
계속 돌변해 간다 하면 너희들은 결국
너희들 자신을 지옥으로 이끌어 가는
그와 같은 행렬의 열차에 편승하여 달
려가는 것이라 함을 내가 나의 법전에
수차 기록하여 말하였듯이,
31 이제는 너희들이 그와 같은 길에서 자
신의 위치를 파악하며, 자신이 무엇이
고 자신이 누구이며 어떠한 열차를 타
고 지금 달려가고 있는가를 깨달아야
될 것이니라.
32 그리하여 지옥으로 달려가는 그 열차
에서 뛰어내리는 자, 그리고 나의 법
전을 접하여 정독하는 자, 그와 같은
자만이 세상에 살아갈 수 있으며 나로
부터 구원을 받을 수 있는 시대가 옴
을 알아야 될 것이니라.
33 나의 법전을 읽고 정독하여 내가 너희
들을 세상에 내보냈던 그 원초적인 본
성으로 너희들 마음을 돌릴 때, 너희
들은 세상의 선을 보게 되며 세상의
아름다움을 보게 됨이니라.
34 지금 많은 종교 지도자들에게 현혹되
어 너희들이 이성을 잃었으며, 자신의
본연의 뜻을 찾지 못하며, 본질의 뜻
까지 모두가 다 파괴되었으며, 자제력
까지 잃게 된 이와 같은 너희들의 삶
의 세상에서는 정녕 구원의 빛조차도
볼 수 없다는 것을 너희들은 알아야
할 것이니라.
35 지금의 종교 집단이요, 종교 지도자들
이 그와 같은 수법으로 계속 너희들을
이끌어 나간다면, 너희 종교 집단의
수가 늘어나면 늘어날수록 나의 피조
물 만백성은 고통과 시련 속에서 그들
의 악순환은 계속 될 것이며, 그들이
고통에서 헤어날 길은 점점 멀어질 것
이니,
36 내가 그 사악한 행위를 하는 너희들을
더 이상 바라볼 수 없으며, 고통과 시
련을 겪으며 너희들이 이끌어 가는 그
악순환의 굴레 속에서 계속 그를 벗어
나지 못하는 나의 백성들을 구원하고
자 하여 지금의 잘못된 종교 지도자와
너희들의 성전의 뿌리를 다 뽑아 버리
고자 하는 것이 나의 뜻이며, 새로운
역사를 이루기 위하여 내가 제3의 시
대를 지금 열어 가고 있음을 알아야
될 것이니라.
37 새로운 시대를 열어 가는 이 제3의 시
대에, 나의 법전을 읽고 깨우치는 자
만이 이에 동참할 수 있는 영광을 얻
게 됨을 잊지 말라.

## 3,345 번째 하나님 말씀

*2002년 9월 11일 0시 50분*

1 사랑하는 나의 아들아!
2 "네, 아버님! 말씀하옵소서."
3 너희 인간들은 세상에 살아가면서 재
물이나 너희들에게 속한 모든 것들에
대한 안전을 지키며 안전에 대해 보장

을 받고자 하는 것이 너희들 마음의
욕구이니라.
4 재산이나 명예나 너희들에게 딸린 가
족까지, 그리고 너희들에게 속한 그
모든 것들에 대해 안전을 추구하며 안
전을 보장받고자 하는 것이 너희들의
마음속에 갖고 있는 욕구이니라.
5 너희들은 이와 같은 안전을 요구하며,
그 안전이 너희들로부터 무너질 때 너
희들의 마음 자세가 무서운 공격수로
변하게 되며,
6 그 모두를 어떠한 상황에서든지 지키
려는 그 본능은 생명을 가진 모든 동
물이나 미물까지도 그를 지키지 못하
고 견디지 못할 때 상상할 수 없을 만
큼 공격적인 마음으로 변하는 것이니
라.
7 이러한 나의 백성들이요, 모든 종교의
집단이 지금까지 저희들이 최상의 향
락적 삶을 영위하며 제왕적인 그와 같
은 위치에서 나의 피조물 만백성을 우
롱하며 그들로부터 수많은 재물과 금
화와 은화를 세 치의 혓바닥으로 거둬
들이며, 대가 없이 거둬들인 그 수많
은 재물을 저희들이 마음껏 쓰며 저희
삶에 육의 행복의 극치를 누리고 살아
왔느니라.
8 그러한 그들이 지금까지 믿고 그와 같
이 나의 피조물 만백성을 우롱하며 끌
고 온 그 자체가 잘못되었기에, 그를
다 버리고 새로 태어나는 마음으로써
다시 태어나야 되며,
9 그들이 지금까지 믿어 온 믿음의 관례
와 그 모든 폐습을 버리고 다시 변화
되는 그와 같은 역사를 이루지 아니하
면 종교 집단의 지도자는 물론 그곳에
서 구원을 받고자 매달리는 신도라는
백성들까지도 구원을 받지 못하며,
10 또 새로운 삶을 살아가고 변화되는 그
와 같은 역사를 이루어야만 구원을 받
는다 하여 나로부터 명을 받은 나의
선지자요, 나의 아들이 세상에 나가
나의 법전을 들고 이를 전함이니, 저
희들이 지금까지 이루어 왔던 모두의
그 제왕적인 삶을 중단해야 되니,
11 나의 성령이요, 나의 책으로써 엮어진
이 법전이 그들을 강타함으로 인하여
그들이 그리도 갈구하는 그 안전의 형
태가 무너지며,
12 그들이 그리도 지키고자 원했던, 그리
고 영원히 계속될 것 같으며 저희 후
손 대대손손이 지금 같은 제왕적인 종
교 집단을 형성하여 이끌어 가고자 했
던 그 모두가 하루아침에 무너지며 안
전을 보장받지 못하는 그와 같은 형국
으로 전락됨이니,
13 저희들 자신의 안전을 위하여 얼마나
무서운 힘과 험악한 자세로써 나의 아
들과 나의 아들을 따르는 나로부터 선
택된 백성들을 공격할 것인가를 나 여
호와는 알고 있음이니라.
14 그리고 지금까지 분산되고 갈라졌던
모든 종파들이 하나로 뭉쳐, 제왕적인
그 향락의 삶을 영원히 영위하기 위하
여, 그를 중단해야 된다는 나의 법전
을 세상에 존재치 못하게 하며, 나의
뜻을 전하는 나의 아들을 세상에 존재
하지 못하도록 수천수만 가지 방법으
로써 공격할 것이며 무너트리고자 할
것이니,

15 그 방대한 힘과 수만 가지의 그 방법
을 견디고 이기는 것은 너희들로서는
그리 쉬운 일이 아님을 알아야 될 것
이니라.
16 이와 같이 방대한 조직이 수천수만 가
지 방법을 가지고 나의 아들을 공격하
며 나의 법전을 세상에 존재하지 못하
도록 그리 공격할 때,
17 이를 지키고 견딜 수 있는 것은 너를
따르는 너의 제자들의 변함없는 마음
의 자세로 너희들이 해야 할 그 책무
를 충실히 이행하며 그 자리를 굳건히
지키고 나갈 때 그 모두는 이룰 수 있
음을 알아야 될 것이니라.
18 너희들 마음이 하나가 되지 아니하며
너희들이 변화되지 아니했을 때는 사
악한 무리들이 너희들을 잠식할 수 있
는 그와 같은 공격적인 행위가 생길
수 있으나,
19 너희들의 마음이 하나가 되어 굳건히
뭉쳐 있을 때는 어떠한 사악한 것도
너희들을 잠식할 수 없음이니라.
20 그리하여 지금 모든 종파들이 하나가
되어 그 분노한 힘으로 저희들의 안전
을 위하여 너희들을 공격하며 나의 아
들을 공격할 때, 지금 나의 아들을 따
르는 제자 너희들이 한마음이 되어서
나의 아들을 지키며 나의 이 법전을
지키고자 할 때 거기서 너희들이 무한
한 능력과 지킬 수 있는 그 힘이 있음
을 알아야 될 것이니,
21 너희들이 각자의 자리에서 자기의 임
무를 충실히 수행하며 너희 마음이 하
나로 되는 것이 너희들이 지켜야 할
가장 큰 대명임을 알아야 할 것이니라.
22 너희들이 마음이 하나가 되지 아니하
였을 때에는 그 무서운 그들의 힘의
공격과 사탄으로부터 너희들이 하나
하나 잠식되어 곧 무너짐이니, 너희들
이 무너진 다음에 그는 무엇이더냐?
23 나의 법전과 나의 아들이 그들에게 팔
리게 됨이니, 이를 명심하여 너의 제
자들이 하나의 마음으로 뭉치는 데 모
든 역점을 두어야 될 것을 잊어서는
아니 될 것이니라.

## 3,346 번째 하나님 말씀

*2002년 9월 11일 01시 01분*

1 사랑하는 나의 아들아!
2 "네, 아버님! 말씀하옵소서."
3 네가 나의 성령을 받아 기록하여 160
권의 법전으로 만들어 이 책이 세상에
나오게 됨이니,
4 이 책이 세상을 덮어 나갈 때 지금까
지 수천 년 동안 전해 왔던 모든 종파
의 집단들이 다 스스로 저희들이 존재
하지 못하며 무너지는 그와 같은 결과
의 역사가 이루어질 것이니라.
5 그들은 지탱할 길을 찾아야 될 것이
며, 그들이 저희들의 지금의 종교 집
단을 지킬 수 있는 것은 저희들 자신
이 스스로 변하는 것밖에 없으며, 지
금까지 저희들이 믿어 왔던 잘못된 그
모든 종교 집단의 잘못 가르침을 스스
로 인정하는 길밖에 없음이니라.
6 지금의 종교 집단의 형태를 탈피하지
아니하며, 새로운 길을 찾으며 새로운
진리의 참빛과 참진리의 길을 찾아 나
여호와가 직접 불로 써 내린 십계명과

제3의 시대에 새로운 역사를 이루기
위하여 세상에 내려보낸 나의 이 법전
을 정독하여 깨우치는 그와 같은 방법
으로 변화되지 아니하면 그들은 정녕
스스로 지탱할 능력을 상실하게 됨을
알아야 될 것이니라.
7 그리하여 저희들은 그와 같은 길을 정
녕 갈 수 없기 때문에 저희들이 수천
년 동안 지켜 온 그 길을 지키기 위하
여, 지금까지 느끼지도 못했고 보지도
못하였으며 듣지도 못하였던 진정한
나 여호와의 참진리의 교리를 갖고 세
상에 나가 너희들을 깨우치고 구원하
고자 하는 그와 같은 역사가 이루어질
때, 그를 가지고 나가는 나의 아들을
존재치 못하게 할 것이며 나의 법전
또한 세상에 존재하지 못하도록 모든
계략과 모든 방법을 다 동원하여 너희
들을 무너트리려 할 것이니라.
8 그러나 그들은 세월이 지나면 지날수
록 저희들 자신이 잘못되었으며 잘못
깨닫고 가고 있다는 것을 알게 되나,
그들은 그것으로써 반성하고 회개하
며 바른길로 가는 그와 같은 종교 집
단의 지금의 형태가 아니니라.
9 저희들이 잘못되었고 잘못 가고 있는
그것을 안다고 해도 그들은 나의 피조
물 만백성에게 저희들을 따르는 길이
요, 저희들이 가는 그 길만이 하늘에
오르는 길이요, 구원을 받는 길이라
그리할 것이며,
10 저희들이 쌓아 온 모든 것을 잃는 것
이 두려워 그를 잃지 않고 지키기 위
해 어떠한 수단과 방법을 가리지 않을
것이니,
11 그리하여 그들은 전쟁도 불사하는 그
와 같은 무서운 힘으로써 이 모두를
다 무너트리려 할 것이니라.
12 아무리 진정한 진리의 빛이요, 진정한
나 여호와가 직접 내려가 너희들을 구
원한다 해도, 지금의 종교 집단이 회
개하고 반성하며 저희들이 잘못 가고
있는 것을 깨우치며 저희들을 따라 구
원을 받고자 하는 나의 피조물 만백성
을 바로 세워 바른길을 갈 수 있도록
인도하는 그와 같은 길을 가지 아니하
고,
13 저희들이 지금까지 쌓아 올린 것을 지
키기 위하여 그들은 갖은 수단과 방법
을 가리지 아니하고 모두를 다 무너트
리고자 할 것이니라.
14 그러나 그들은 한계가 있음이니라.
15 인간의 능력으로써 저희들이 이 세상
을 다 지배하며 이 세상을 다 관장하
며 저희들이 신과 같은 힘을 가지고
있다 생각하며, 스스로 신이라 착각하
는 그와 같은 방대한 조직과 물자와
힘을 가지고 있으나,
16 그 또한 나 여호와의 주관하에 아무런
것도 아니니, 하나의 떨어지는 낙엽만
도 못하도록 내가 그들을 다 뽑을 것
이며 버릴 것이니, 그를 너의 제자들
에게 전하여 주도록 그리하라.

## 3,347 번째 하나님 말씀

*2002년 9월 11일 08시 56분*

1 사랑하는 나의 아들아!
2 "네, 아버님! 말씀하옵소서."
3 만백성 나의 피조물 그들에게 물어보

라.
4 너희들이 인간사에 가정이라는 것을
이루고 나면 그 가정 속에 너희들은
세상에서 바꿀 수도 없는 소중한 보물
이라 말하는 자식들을 두게 됨이니라.
5 너희들은 그 자식들의 성장을 위하여
온갖 정성을 다 바치나, 그들이 서서
히 자라면서 부모에게 순종하지 아니
하고 부모의 뜻을 거역하며, 그와 같
이 거역하는 자식으로 성장해 나간다
면 너희들의 마음은 어떠하겠는가?
6 지금의 세태가 어찌 되었는가?
7 세상의 많은 종파들이요, 종교 지도자
들이 선행을 베풀고 사랑하며 아름답
게 살아가는 그 역사 위에 구원을 받
는다 그리 수없이 가르치고 떠들고들
있으나, 지금의 나의 피조물 만백성의
인성은 바라볼 수 없을 만큼 무섭고
험악하게 변하여져 있음이니,
8 오로지 저 자신만을 위하는 이기주의
가 세상에 팽배되어 있으며, 상대방에
게 상처를 입을 때 너희들은 먹이를
쫓는 맹수보다 더 무섭게 남녀노소 연
령을 초월하며 아래위가 없는 그와 같
은 무섭고 공격적인 형태로 변하게 되
는 것이 지금의 너희들의 삶이니,
9 이를 내려다보는 나 여호와의 마음이
어떠할지 너희들은 생각해 보았는가?
10 너희 자식이 부모에게 순종치 아니함
을 보며 너희들은 그 마음이 얼마나
아프겠는가?
11 너희들은 이 세상에 살아가면서 혼자
서는 살아가지 못한다고 말하느니라.
12 더불어 살아가며, 이웃과 더불어 살아
가는 것이 너희들 인간이요, 나의 피
조물 너희들이 살아가는 형태이니라.
13 그리하여 너희 자식들은 가정에서 교
육을 받으며, 나와서는 또 학문의 계
통에서 교육을 받으며, 선배나 사회
사람과 윗사람으로부터 너희들은 모
든 것을 듣고 배우면서 아름답고 고운
마음으로 성장하여 가는 것이니라.
14 그러나 그와 같은 교육을 받으면서 그
무리와 단체 속에서 살아가게 되는 것
이 너희들이거늘,
15 너희들은 일단 부모의 마음을 거역하
며, 너희를 길러 주고 먹여 준 부모의
뜻을 거역하며, 그 말을 무서워하지
아니하며 그 가르침을 소중히 생각하
지 아니하는 그와 같은 마음의 자세들
이 되어 있음이니,
16 이웃에 있는 아저씨나 이웃에 있는 선
생이나 이웃에 있는 스승이 너희를 가
르칠 때 너희는 과연 순종하는가?
17 이웃의 모든 사람들의 가르침을 보고
그들의 행함을 보고 배워야 하는 너희
들이,
18 그들이 너희들의 잘못 가는 것을 다스
리고자 할 때 맹수보다도 더 무섭게
그를 공격하며, 너희 자존심을 상하게
했고 너희를 인격적으로 무시했다 하
여 연령과 직위를 따지지 아니하고 공
격적으로 무섭게 변하는 것이 지금의
나의 피조물 만백성 너희들이 살아가
는 형국이니, 이를 어찌해야 되겠는가?
19 이를 바로잡을 수 있는 것이 무엇이
있다 하는가?
20 자라나는 아이들의 인성이 바로 서지
아니하면 천년만년, 이 지구가 존재하
는 한 너희들은 바로 설 수가 없음을

알아야 될 것이니라.
21 하물며 너희들 인간사의 살아가는 형태가 그러하거늘, 지금의 나의 피조물 만백성 너희들이 창조주인 나 여호와에게 거역하면 어찌하는가?
22 내가 너희들에게 깨우쳐 가르치기를, 무어라 말하였느냐?
23 이 자연의 모두는 나의 성전이요, 모든 사람은 다 내가 똑같이 내린 나의 자식들이니, 너희들은 형제라 말하였느니라.
24 어떠한 종파나 어떠한 믿음이나 어떠한 짓을 하든지 너희들이 형제임은 틀림없다 내가 말하였느니라.
25 그리하여 너희들이 오늘과 같은 수많은 종파 속에서 서로 물고 뜯고 싸우는 형국이기에, 형제지간에 화목하지 못한 자는 지옥으로 간다고 내가 성서에 기록하여 너희들에게 일찍이 깨우쳐 주었거늘, 너희들은 지금 어떠한 형국으로 가던가?
26 너희들은 너희 형제의 소중함을 떠나, 너희들이 믿고 따르는 종파가 다르고 기도하는 방법이 다르고 가는 길이 다른 자를 전쟁터의 적과 같이 그리 경시하며, 그들을 사탄이요, 이단이라 하며, 오로지 너희들만이 천사가 되는 길이요, 하늘에 오르는 길이라 그리 가고 있으며,
27 또한 종교 집단 너희들의 가르침은 어떠하던가?
28 너희 주관과 너희 뜻대로 만든 그 교리를 가지고 너희들이 그 계명이요, 율법에 따라 나의 피조물 만백성을 평생 괴롭히며 고통 속에 살아가도록 만들고 그리함이니,
29 그래도 허전하고 공허한 마음을 채울 길이 없어 그들이 그 모든 공허하고 허전한 마음을 사회에 표출하며 삶에 표출하는 그와 같은 형국으로 너희들이 나의 피조물 만백성을 이끌어 왔음이니,
30 오늘날 가정의 질서가 파괴되고 사회의 질서가 파괴되며 가정의 위계질서가 서지 아니하며 사회의 위계질서가 서지 아니하며, 어린아이가 어린아이답지 못하게 자라며, 어린아이가 어른을 능가하는 그와 같은 사악한 생각으로써 지금 살아가고자 하는 그들의 변하는 모습을 보면서 너희들은 누가 책임져야 된다 할 것인가?
31 어린아이는 어린아이대로 순박하고 아름다운 마음을 가지고 살 수 있도록 그들의 본질의 마음을 돌려주는 것이 너희들 인간의 선배요, 지금의 종교 지도자 너희들이 해야 할 일이니라.
32 아이들이 아이답지 못하며, 아이 같은 아름다운 마음이 아니고 성인보다도 더 무서운 마음으로 돌변하며, 그들이 그와 같이 무서우리만큼 생각이 앞에 가는 것은 너희 종교 지도자들이 지금까지 사랑을 베푼다고 하면서 역행하였으며, 나 여호와를 거역하였으며, 나의 뜻대로 이 세상의 집단을 이끌지 아니한 모든 그 죄가 거기에 있음을 알아야 될 것이니라.
33 그러나 지금 모든 종교 지도자의 집단에서 이 세상이 험악하고 말세라 말하는 지금의 형국이 너희들의 책임이요, 너희들이 스스로 이와 같이 죄를 지은

것이라 하여 부끄러워하며 그 죄를 의
식하는 자 누가 있는가?
34 너희들은 그저 지껄이느니라.
35 말로써 저희들이 지은 성전에 와 모든
재물과 금화를 바치지 아니하였기 때
문에 이리 되었다 말하느니,
36 내가 일찍이 너희들에게 말하여 깨우
쳤듯이, 이 세상의 모든 집단을 덮고
통제하는 것이 너희들이며, 너희들이
썩어 있고 사악한 무리가 되었기 때문
에 그 영향을 받는 것이 밖에 있는 백
성들이니, 너희들은 그 죄를 면치 못
할 것이니라.
37 이제 내가 어린아이는 어린아이대로
순박한 마음으로 돌아가며 순종하는
마음으로 돌아가며, 너희들에게 진정
한 하늘에 오르는 길을 깨우쳐 주며,
38 너희 손으로 지은 그 사악한 무리의
성전이라는 곳에 가서 기도하고 경배
하는 자는 지옥으로 가게 되어 있으
며, 내가 만든 자연의 이 성전에서 자
연의 아름다움을 느끼며 율법에 따라
살아가며 나의 계명에 따라 살아가며
나의 법전을 깨닫고 살아가는 그와 같
은 모습으로 살아가면 구원을 받는다
는 것을 너희들에게 깨우쳐 주고 전하
고자 함이니,
39 이 아픈 마음을 다 달래 가며 기록한
나의 법전을 보고도 깨우치지 못하는
자들은 영원히 구원의 길을 볼 수 없
음을 알아야 될 것이니라.

## 3,348 번째 하나님 말씀

*2002년 9월 11일 09시 03분*

1 사랑하는 나의 아들아!
2 나의 사랑하는 피조물 만백성에게 다
음과 같은 말을 전하여 그들을 깨우쳐
주며 인도하도록 그리하라.
3 너는 나의 피조물 만백성에게 전하라.
4 너희들이 지금 쓰고 있는 '한국어'라
는 동양의 작은 나라의 이 언어가 세
계 공통어가 된다고 그리 전하며,
5 동양의 작은 나라에서 나 여호와의 기
적과 역사가 행하여지고 있다 그리 기
록할 것이며,
6 '하나님의 말씀'을 직접 받아 권당
288쪽의 책 160권을 펴내도록 나 여
호와로부터 명을 받은 나의 아들이 지
금 그 책을 쓰고 있다고 전하며,
7 그는 6일에 한 권의 책을 완성하여 펴
내고 있음을 전할 것이며, 현재 50권
에 가까운 책이 완결되었으며,
8 열여섯 권은 이미 이 세상에 나와 만
백성이 이를 보고 깨우칠 수 있도록
시판 중이라 하는 것을 네가 만백성에
게 전해야 될 것이며,
9 2004년까지 160권의 하나님 말씀을
책으로 펴내어 세상의 만백성을 구하
는 대역사가 이루어지며 개혁이요, 변
화가 이루어질 것이라 그리 전하라.
10 160권 중, 단 한 권의 책을 읽는 사람
도 하늘에 오르는 길을 알게 되며, 하
늘에 오르는 진리를 알게 되며, 나 여
호와가 추구하는 것이 무엇이며 새로
운 역사를 이루고자 하는 것이 무엇인
가를 그들이 알 수 있도록 그리 말해

야 될 것이니라.
11 그리고 너는 발하라.
12 모든 것에 의문이 가며 의혹이 가며
사탄이요, 이단이라 그리 말하고자 하
는 자는 와서 네가 직접 강론하는 것
을 들어 보도록 하라 그리 전하라.
13 그리고 이 책은 1부가 16권으로써 구
성되어 있으며, 총 10부로 나뉘어 160
권이 출간되어 만백성을 구하는 역사
를 이룬다 말하며,
14 1부에서 3부까지는 세계 각국의 언어
로 번역되어 그곳에서 책으로 판매되
며 만백성을 깨우쳐 인도하는 그와 같
은 역사가 이루어질 것이며,
15 4부로부터 10부까지는 모든 나의 성
령을 한국어로, 너희들의 글로써만 출
간하며, 한글이 그리하여 세상의 공통
어로서 서서히 천 년의 역사 속에 변
화된다 그리 전하라.
16 '하나님! 말씀하옵소서.' 나의 성령의
책 한 권을 접하는 사람은 폭우처럼
쏟아지는 소낙비 속에 나 여호와가 황
금의 빗방울 하나를 빗물 속에 섞어서
내려보낼 때, 그를 자기 손으로 받는
영광보다 더 위대한 축복을 알게 됨을
그들에게 전하라.
17 이는 곧, 바로 너희들이 축복을 받는
것이요, 영광의 길로 오는 길을 알게
됨이니라.
18 그리고 너희들이 구원의 길에 발을 들
여놓는 그와 같은 영광을 얻게 됨이라
그들에게 전하라.
19 그리하여 나 여호와의 뜻이요, 나 여
호와의 계획은, 전 세계로 나의 법전
이 판매되며, 이 책이 세상으로 나가
만백성이 읽을 때 그 책의 대금으로써
너희들이 살고 있는 이 나라의 부채를
다 갚아 주도록 할 것이며, 그리하여
국민이 잘사는 동양의 작은 나라가 될
것이며,
20 그로 하여금 너희들이 하나님, 나의
존재함을 알게 될 것이며, 나 여호와
를 향하여 오는 진실한 그 믿음이 무
엇인가를 깨우쳐 너희들이 변하는 역
사를 이루게 될 것이니라.
21 그리하여 이와 같은 역사가 이루어짐
으로써 나 여호와가 함을 너희들이 증
명하게 될 것이며,
22 또한 5달란트의 그 역사를 이루어, 너
에게 와서 공부하여 진실로 깨달은
자, 속과 겉이 다르지 아니한 자, 그와
같은 자에게 사업장을 만들어 주어 그
가 의식주를 해결하며 아름답게 살아
가도록 그와 같은 역사를 내가 너에게
계속 내려 줄 것이니, 그와 같은 것으
로써 내가 존재하며, 살아 있는 나 여
호와 하나님이며,
23 지금 평생 동안 재물과 금화를 거두어
들인 그 집단은 죽어 있는 집단이요,
사악한 무리들의 집단이요, 흡혈귀같
이 나의 피조물 만백성의 고혈을 빨아
먹는 그와 같이 잘못된 그들을 이제
너희들이 정리할 때가 되었음을 나의
피조물 만백성이 깨닫도록 그리하도
록 하라.
24 그리고 내가 너에게 몸이 뚱뚱하고 몸
을 가누기에 고통스러운 자들을 고쳐
주는 능력을 부여할 것이니, 네가 그
들을 모아 고쳐 주며 그들의 건강을
돌려주도록 하며,

25 작고 큰 병을 앓는 자, 너를 스스로 찾
아와 구원받고자 하는 자에게 너는
서슴없이 바로잡아 주고 그들의 건강
을 보살펴 주는 역사를 시작하도록 그
리하며,
26 이것을 만백성에게 전하여 그들이 이
뜻을 보고 너를 찾아 나의 성전에 와
나의 법전을 보고 정녕 나 여호와에게
감사하며, 내가 존재함을 알며, 이곳
이 나 여호와가 살아 존재하는 곳이라
는 걸 그들이 깨달아, 감사함을 알며
축복을 받고 깨우치도록 그와 같은 역
사를 이루도록 그리하라, 사랑하는 나
의 아들아!

## 3,349 번째 하나님 말씀

*2002년 9월 11일 09시 18분*

1 사랑하는 나의 아들아!
2 "네, 아버님! 말씀하옵소서."
3 지금의 세상이 너무나 험악하며, 너희
들의 마음자리가 그리 산란하며 험악
하여졌음이니, 내가 너희들을 세상에
내려보낼 때의 그 아름답고 고왔던 마
음으로 너희들의 마음자리를 잡을 수
없는 것이 지금의 형국이니, 이를 어
찌해야 되겠는가?
4 나의 피조물 만백성이 세상에 나갈
때, 아름답고 깨끗하고 고운 마음을
가지고 나갔느니라.
5 그런 마음으로 세상에 나간 너희들이
삶에 쪼들리고 어려운 역경 속에서 너
희 스스로 마음이 변화되고 또 찌들며,
6 그리고 너희들이 억울한 일을 당하고,
가진 자의 폭행과 힘 있는 자의 폭행
과 간교한 자의 폭행 같은 것에 부딪
히고 시달리다 보니, 너희 자신을 지
키며 자신을 보호하기 위하여 너희 스
스로 그와 같은 무리 속에 젖어 들어
가게 됨이니,
7 너희들의 아름다운 마음이 하나하나
무너져 이와 같은 지금의 세상이 되었
음이니라.
8 이제 내가 많은 나의 피조물 만백성을
너희들의 원초적인 마음으로 돌려놓
는 그와 같은 역사를 이루어, 유하고
부드럽고 사랑하는 백성만이 이 세상
에 존재하도록 하는 것이 나의 뜻임이
니라.
9 그리하여 내가 너희들을 지금 일깨워
깨우치고자 나의 성령을 태워 나의 아
들을 통하여 밤과 낮을 가리지 아니하
고 나의 법전이라 하여 이 책을 세상
에 내려보내나,
10 과연 이와 같은 형국에 살아가는 나의
백성들에게 이를 너희가 어찌 전해야
하겠는가?
11 너희들은 잠시도 쉬어서는 아니 되며
게을리해서는 아니 됨을 알아야 될 것
이니라.
12 유한 백성의 마음으로는 어찌해야 되
겠는가, 너희들은 깨우쳐 보라.
13 나의 사랑하는 아들아, 그리고 너의
제자들과 나의 법전을 읽고 깨우치는
만백성 너희들은 알아야 될 것이니라.
14 너희들이 살아가는 가정의 형편이라
는 것이 있으며 가족 단위의 집단으로
너희들은 살아감이니라.
15 그 속에서 너희들의 의식주가 해결되
지 아니하고 편안한 마음이 아니 될

때, 과연 너희들이 온유하고 평온한
마음으로 자리를 잡을 수 있겠는가?
16 절대 그리할 수 없음이니라.
17 너희들은 떡 하나를 놓고 서로 먼저
먹기 위해 싸움을 하며, 너희들이 없
는 가난한 속에서는 무엇인가를 더 갖
고자 하며, 살아야 된다는 생존경쟁의
그 심리와 자기가 먼저 챙겨야 된다는
그와 같은 마음으로 인해, 아무리 너
희들에게 유하고 부드러운 마음을 가
지라고 가르쳐도 그와 같이 부드럽고
유한 마음으로 갈 수 없음이니라.
18 그러니 내가 지금의 종교 집단들이 모
두가 다 잘못 가르치고, 그들이 나의
피조물 만백성을 이와 같이 사악한 심
성으로 만든 원흉이라 말하며, 나와는
관계없는 자들이라 그리 말하느니라.
19 내가 너희들에게 반드시 말하지만, 의
식주가 해결되며 편안히 살아갈 수 있
는 가정 형편이 이루어졌을 때, 나의
피조물 만백성은 험악한 자 없으며,
오늘과 같이 사악한 자들이 없을 것이
니라.
20 그리하여 나의 피조물 만백성을 온유
하고 착한 마음으로 만들기 위하여 성
전에 와서 기도하고 경배하며 너희들
앞에 눈물을 흘리며 모든 재물을 바치
는 그 백성들에게 의식주를 해결해 주
며 안전한 생활 속에서 편안히 살아갈
수 있도록 그들에게 사업장을 만들어
주는 것이 종교 지도자 너희들이 해야
할 길이니라.
21 그걸 일찍이 내가 성서에 5달란트를
가지고 10달란트를 만드는 그 종을
주인이 칭찬하듯이, 5달란트를 가지
고 10달란트를 만들 수 있는 실력 있
는 신도들에게 그 기회를 주어 그들이
편안하게 살아갈 수 있도록 그들의 의
식주를 해결해 주는 것이 너희들의 근
본이니라.
22 너희들이 지금까지 궁궐보다도 더 아
름답게 지어 놓고 호의호식하며 누리
는 그 성전의 기금을 가지고, 너희 성
전에 와서 공부하며 하늘에 오르는 길
을 깨우치고자 했던 그 백성들에게 의
식주를 해결할 수 있는 사업장을 하나
씩 만들어 주었더라면,
23 그 백성은 나 여호와로부터 은혜를 받
음을 감사하며, 너희들이 베푸는 사랑
에 감사하며, 하나님의 사랑이요, 하
나님의 뜻이 이렇다 하여 그 백성은
지금 온유한 백성으로 변하여 세상을
덮었을 것이니라.
24 그러나 너희들은 어렵고 힘들고 가난
에 찌들어 살기 힘들며 먹기 힘들어
저희들 형제와 부부지간에도 갈등이
생기는 그와 같은 가난하고 어렵고 불
쌍한 나의 피조물에게도 그저 갖다 바
치라 함이니라.
25 형제를 보살피며 화목하기 위하여 저
희들의 식단에 고기 한 조각을 올리는
것은 죄악이며, 그것을 돈으로 만들어
너희들이 운영하는 성전에 바치라고
하며, 이를 하나님께 바치면 열배 백
배 복을 준다고 그리 사기극을 벌이며
교활한 방법으로써 그들을 우롱하기
에, 나의 피조물 만백성의 의식주는
더 복잡해지며,
26 적은 것을 더 적게 만드는 너희들의
사악한 방법에 의하여 그들의 마음은

점점 사악해지며, 사랑이 없으며 나눔
이 없는 그와 같은 무서운 형국으로
변해진 것이며, 지금 너희들 종교 집
단이 나의 피조물 만백성을 그리 만들
었음이니라.
27 너희들이 그와 같이 웅장하게 궁궐보
다도 더 아름답게 성전을 짓고 호화로
운 생활을 한 그 모든 재물을 털어, 너
희 성전에 와서 하늘에 오르고자 하는
어려운 백성들에게 집을 마련해 주고
그들의 사업장을 만들어 주고 그들이
살아갈 수 있는 역사를 만들어 주며,
그 가정이 의식주를 해결하여 화목하
게 살아갈 수 있도록 그리 만들었다면,
28 그 후손과 후손이 그 감사함을 길이
역사에 남기도록 그리 전하였을 것이
며, 그 백성은 지금 온유한 백성으로
서 정녕 나에게 오르는 그 길에서 진
실한 믿음으로 갔을 것이니라.
29 그러나 너희들은 그와 같이 보살피는
것은 고사하고, 그들의 고혈을 다 빨
아들이는 사악하고 악독한 행위로써
나의 백성들을 그리 인도하고 끌고 왔
음이니, 그들이 거기에서 무엇을 배우
며 무엇을 얻으며 무엇이 그들의 머릿
속에 남겠는가?
30 서로 분쟁하며 교활한 방법으로써 재
산을 긁어모으며, 자기만 살기 위한
방법에 그들은 지쳐 있으니, 그들의
그와 같은 마음속에서 무슨 믿음을 갖
겠는가?
31 당장 가정에 들어가 자식들을 보살필
수 있는 잠자리가 없는 자요, 끼니가
없는 자요, 내일의 희망이 없는 자, 그
들이 과연 거기서 진정한 믿음이 나오
며 나 여호와에게 감사하는 기도를 드
리겠는가?
32 그들은 어쩔 수 없어 영혼이라도 구원
을 받겠다는 그 불쌍하고 애절한 마음
에, 어렵고 힘들게 모은 동전 몇 닢을
가지고 너희들의 성전이라는 곳에 가
서 너희들이 그를 보도록 바치며, 거
기서 안식을 얻으며 너희들에게서 저
희들의 부끄러운 마음을 달래는 그와
같은 믿음의 형국으로 가도록 만들어
놓은 것이 너희들이니,
33 나의 피조물 만백성이 저희들의 어려
운 가정이요, 저희들의 어려운 삶 속
에서 당장 저희들의 의식주를 해결하
지 못하여 잠자리를 걱정하고 생활을
걱정해야 하는 그들의 그 마음속에서
어찌하여 진정한 믿음이 나올 수 있으
며 거기서 진정한 믿음으로 나를 경배
하는 그와 같은 깨달음이 얻어지겠는
가?
34 그들은 지금의 육의 삶의 허덕이고 힘
든 그 속에서 영혼이라도 구원을 받아
편안한 여생을 살아 보겠다 하여 저희
들의 없는 재물을 너희들 앞에 갖다
바치며 너희들에게 구원을 눈물로 호
소함이니,
35 그 돈을 받아 챙기고 그 금화와 은화
를 거두어들이는 자들은 그들의 고통
을 바라보지 아니하고 저희들이 호의
호식하며 그와 같이 무섭게 궁전보다
도 더 호화로운 성전이라는 것을 지어
놓고 계속 천년만년, 이 지구가 존재
할 때까지 거두어들이려 함이니,
36 내가 이제 그를 단죄하며, 용서하지
아니할 것을 너희들은 알아야 할 것이

니라.
37 너희들이 가지고 있는 성전과 재물을
다 팔아 너희 성전에 오는 자 중에 남
에게 부채가 있어 고생하는 자, 남에
게 갚을 것이 있어서 고생하는 자, 의
식주가 준비 안 되어 고생하는 자, 그
들에게 돌려주어 그들이 편안한 삶을
살 수 있도록 그 길을 열어 주는 것만
이 나의 뜻이며, 그리했을 때 나의 백
성을 하늘로 인도하는 너희들이라 그
리 말할 수 있으니,
38 그와 같이 행하지 않는 지금의 모든
종교의 집단 너희들은 나와는 관계없
는 사악한 무리의 집단임을 알라.
39 그 속에 가서 구원을 받는다 하는 자
도 지옥으로 갈 것이며, 그를 가르치
는 자가 얼마나 무서운 죄를 받을 것
인가를 너희들이 머지않은 인생에 죽
어 내 앞에 와서 알 것이니라.
40 그렇다면 너희들은 여기서 듣고 깨우
치라.
41 지금 동양의 작은 나라의 한구석에서
나의 성전이라 하여 나의 음성이요,
나의 뜻을 가지고 만백성을 구하는 나
의 아들은 어찌 가는가?
42 그는 5달란트의 역사를 행하고 있음
이니라.
43 그는 금화 은화를 제 것을 다 털며 또
한 그와 같이 능력 있는 자와 더불어
나의 성전에 와서 기도하는 자 중에
생활이 어렵고 힘들고 가정의 의식주
를 해결하지 못하는 그들에게 사업장
을 만들어 주며,
44 악성 부채요, 남에게 갚을 돈에 허덕
이는 자 있으면 그 고통으로부터 벗어
나도록 보호해 주며 그를 대신 갚아
줌이니,
45 그 속에서 그와 같은 은혜와 영광을
받는 백성들이 무어라 말하겠는가?
46 나에게 기도하며 '하나님 감사합니다.
제가 이제야 진정한 하나님을 선택하
였기 때문에 제가 남으로부터 고통을
받던 그 부채를 갚고 있으며, 자식들
과 살아가면서 미래가 없으며 불안했
던 저의 삶이 이제는 평온한 삶을 살
고 있사옵나이다.' 그리 그들은 나에
게 감사하다는 기도를 하며,
47 저희들이 그 사업장을 꼭 성공시키고
자 노력을 하며, 저희 종업원과 저를
따르는 자에게 모범을 보여 그들을 나
의 성전으로 인도하고 안내함이니,
48 이것을 너희들이 오늘에 보기에는 아
이들이 장난하는 것 같으며, 잠깐 누
군가가 이 역사의 재미로써 이와 같은
일을 하는 것이며, 잠깐 불이 붙다 소
낙비에 의하여 꺼지는 것과 같을 것이
며, 이는 역사하지 아니할 것이라 그
리 말하나,
49 이와 같은 5달란트의 역사는 나의 성
전에서 계속 번져야 될 것이며, 2년
안에 얼마나 위대한 위력을 발휘하는
가를 너희들은 알게 될 것이니라.
50 한 푼도 갖지 아니한 나의 아들이 어
려운 저의 제자들의 빚을 갚아 주고자
노력하며, 그들의 의식주를 해결하며
사업장을 만들어 주어 편안한 마음으
로써 살아 있는 나 여호와를 느끼며
51 '정녕 하나님은 살아 계시며, 하나님
을 믿는 자에게는 육의 영광과 축복을
주며 영혼도 또한 같이 구원할 수 있

도록, 그 마음을 유한 사람으로 가도
록 만든다.'는 것을 그들은 깨닫고 있
음이니라.
52 그러한 것이 그들을 유하게 만드는 것
이 아닌가?
53 너희 성전에 와서 공부하는 나의 백
성들에게 저희들이 살아갈 수 있는 터
전을 만들어 주는 은혜를 받은 백성이
유한 백성으로 살아가겠는가, 형제지
간에 잠자리가 없고 먹을 것이 없는
형편에 조금 있는 그것까지도 빼앗아
너희 성전에 바치는 자는 열배 백배
말로써만 축복을 받는다 하는 그와 같
은 속에서 허덕이며 사는 백성들이 유
한 마음으로 살 수 있겠는가?
54 이 어리석은 백성들아!
55 나의 법전에 기록되는 이 내용을 듣고
도 깨우치지 못한다면 너희들은 지옥
으로 가는 것을 면치 못할 것이니라.
56 너희들이 어떤 것이 진정한 하나님의
길이요, 나 여호와의 뜻인가를 이제는
분별할 때가 되었음을 알아야 할 것이
니라.
57 그리하여 내가 나의 법전을 세상에 내
보내 유하고 부드러운 백성을 만들고
자 하며, 유하고 부드러운 백성이요,
나의 성전에서 공부하고 깨우치는 자,
내가 그들에게 재물을 역사하여 나를
진정 믿는 자는 산 나 여호와로부터
은혜를 받는다는 것을 깨닫게 하며,
58 그 속에서 은혜를 받은 백성들이 선하
고 착하고 아름답게 변화되니, 그 유
하고 부드러운 백성으로써만 이 세상
을 이루어 갈 것이며, 그 후손이 또 아
름다워지며 그 자손이 더 아름다워짐
이니,
59 그와 같은 역사 속에서 영원히 나의
나라에 살 수 있는, 하늘에서 이루어
진 것같이 지상에서 이루어지는 이 낙
원에서, 곧 나로부터 육의 은혜요, 영
광의 은혜를 받은 그 후손들만이 존재
한다는 것을 너희들은 알게 될 것이니
라.

## 3,350 번째 하나님 말씀

*2002년 9월 11일 11시 41분*

1 사랑하는 나의 아들아!
2 "네, 아버님! 말씀하옵소서."
3 내 사랑하는 나의 아들딸들에게 너는
나의 뜻을 이리 전하라.
4 너희들이 영혼의 존재함을 알며, 영혼
의 깨우침을 알며, 영혼의 깨우침을
깨달으며,
5 위로 하늘에는 창조주 나 여호와가 존
재하며, 내가 너희들과 항상 같이하고
있으며, 너희들이 아름다운 삶을 살다
가 나의 품으로 돌아와 하늘의 천국에
서, 영원히 사는 이 나라에서 너희들
이 같이하는 것을 내가 가장 바라며
소원하는 것이라는 것을, 이와 같은
이치를 깨닫는 너희들은 그와 같은 마
음의 자세로써 하루하루 세상을 살아
갈 때 깨달음을 얻게 됨이니라.
6 캄캄한 곳에 태양의 밝은 빛이 비치면
그 어둠은 어찌되는가?
7 그 어둠은 걷어지게 되어 있느니라.
8 그리고 캄캄한 어둠은 그 밝은 태양의
빛에 의하여 스스로 없어지며 지워지
는 것이 아니던가?

9 그와 같이 너희들이 내가 존재함을 알
며, 나 여호와가 있으며 너희들이 죽
어 와 나로부터 심판을 받으며, 너희
들의 살아온 대가를 치르는 그 벗어날
수 없는 길이 너희들에게 놓여 있다는
것을 깨닫고 아는 자,
10 그와 같은 자로서 나의 계명을 지키고
나의 뜻에 살고자 노력하는 자는 어둠
에 빛이 비쳐 그 어둠을 거두어들이듯
이, 너희들의 마음의 그 어둠을 걷어
주며, 너희들은 태양의 빛이 비춰 주
는 밝음을 얻게 되며 그를 보게 되어
있음이니라.
11 이리 마음이 변하고 깨달은 자, 나의
법전을 읽고 공부하며, 내가 나의 법
전에 기록하여 너희들에게 깨우치고
자 하는 것이 무엇이고 너희들에게 전
하고자 하는 것이 무엇인가를 깨달았
을 때,
12 너희들 스스로는 이 세상에 살아가는
그 모두가 다 아무것도 아닌 것이며,
그저 너희들과는 아무런 관계가 없는
것으로 그와 같이 보이는 것을 너희들
은 느끼고 깨달을 때가 있을 것이니라.
13 너희들이 그리 원하는 재물이나 권력
이나 이 세상의 부귀영화요, 너희들이
취하기 위하여 노력했던 그 모든 것이
다 맹목적인 너희들의 삶이며 아무런
의미가 없으며,
14 그 의미 없는 삶을 위하여 너희들이
살아왔던 것이 얼마나 부질없는 것이
며, 그리 소중하였던 것이 아무것도
아니며, 그저 주운 낙엽 하나를 놓는
것과 같은 그와 같은 간단하고 편안한
마음으로써 그것들을 대하고 접할 수
있는 그와 같은 너희들의 마음의 눈이
열리게 됨이니라.
15 그때 너희들은 정녕 나를 보게 될 것
이며, 나의 음성을 듣는 그 영광을 얻
을 것이며, 너희들 스스로 하늘에 오
르는 그 길에 들어서 있음을 알게 될
것이니라.
16 지금 너희들이 살아가는 인생의 삶에
서 가장 추구하는 것이요, 너희들의
명예나 재산이나 재물이나 그 모두를
위하여 노력했던 그것이 얼마나 맹목
적인 삶을 위하여 살아왔는가를 알게
됨이니,
17 이는 곧 나 여호와가 존재하며, 창조
주가 모두를 지배하며, 너희들이 살다
가 나에게 와서 나로부터 심판을 받는
다는 그 역사 하나만을 깨달음으로 인
하여 너희들은 지금의 삶을 다시 돌아
다보며, 그 삶이 아무것도 아니었으며
그를 위하여 너희들이 지금까지 추구
하고 달렸던 그 삶의 허무함을 알 것
이니라.
18 그리하여 너희들이 나의 뜻을 알게 될
것이니, 그때에 너희들이 진정한 깨달
음의 길에 들어서 있는 것을 알게 될
것이니라.

## 3,351 번째 하나님 말씀

*2002년 9월 11일 11시 55분*

1 사랑하는 나의 아들아!
2 "네, 아버님! 말씀하옵소서."
3 네가 나의 성전을 운영하고 이끌어 오
는 그동안에 너의 노력함을 나 여호와
가 가상히 여김이니라.

4 그리고 네가 노력한 만큼 모든 천사들
도 또한 너의 노력함에 경탄해 마지아
니하며, 그들 또한 네가 나의 아들로
서 대명을 수행할 수 있을 것이라는
마음자리까지 변해 있음을 너는 알고
있어야 될 것이니라.
5 네가 그동안 많은 역경과 어려움과 고
통과 시련 속에서도 나의 법전을 세상
에 내어 만백성을 구하고자 나의 성령
을 받아 기록함에 게을리하지 않았으
며, 아무리 어렵고 고통스럽다 해도
나의 성전이요, 내가 존재해 있는 이
성전의 문을 닫지 않으려고 네가 그
모든 고통을 참고 노력함을 나 여호와
는 알고 있음이니라.
6 그 어렵고 힘든 고통 속에서 네가 나
의 성령을 받아 하루에 90분짜리 녹
음테이프 한 개 이상씩 기록함이니,
7 이제 내가 세상을 창조했던 6일에 걸
쳐 네가 책 한 권이라는 나의 법전을
세상에 만들어 내는 이 기적 같은 역
사를 계속 시행하며 잠시도 중단하지
아니하고 나감이니, 그 상을 내가 내
리고자 함이니라.
8 그리하여 네가 6일에 한 권씩이라는
나의 법전의 성령의 이 책을 받아 만
백성을 구하고자 만들어 냄이니, 그
공 또한 대단함을 내가 알고 있으며,
9 모든 사탄이나 천사들도 다 네가 천
년에 걸쳐 새로운 역사를 이루는 그
기틀을 반드시 세울 것이며 바로 세울
것이라는 그것에 그 누구도 이의가 없
으며 감탄의 뜻을 감추지 못하고 있는
이 시점이며, 네가 그와 같이 노력하
고 있음을 알라.
10 네가 6일에 한 권씩의 법전을 세상에
내보내기에 내가 그 상을 너에게 내리
고자 함이니,
11 앞으로 성전을 운영하며 움직이는 모
든 것은 너의 제자들이 스스로 모두
해결할 것이며 그를 이끌어 나갈 것이
니, 너는 오로지 160권의 법전만 쓰도
록 그리할 것이니라.
12 그와 같으니 네가 성전의 운영이나 모
든 것에 관여할 것이 없으며, 나의 법
전을 펴내어 세상에 전하는 그와 같은
것에 너는 일절 신경을 쓰지 말며 관
여하지 말라.
13 다만 내가 다 그를 역사하도록 이룰
것이며, 너의 제자 중에서 그 임무를
대행할 자를 명하여, 네 마음과 같이
행할 수 있는 자를 내가 선정하여 그
에게 임무를 이미 주었음이니,
14 너는 오로지 법전을 받아쓰는 이 역사
만을 행할 것이며, 만백성을 구하는
그 자세로 네가 바로 서는 데 모든 역
점을 두라.
15 네가 정녕 바로 서며, 천사요, 나의 심
성과 같이 변했을 때, 네가 많은 기적
을 이룰 수 있음을 알라.
16 이것이 오늘 내가 너에게 내리는 상이
니, 앞으로 어떤 금전이요, 경제적인
그와 같은 문제에 네가 신경 쓰지 말
라.
17 너는 관여하지 말라.
18 모든 굴레에서 내가 너를 벗겨 줄 것
이니, 이제 6일에 한 권씩 쓰는 법전
의 그 역사를 이루는 것에만 모든 전
심전력을 다 바쳐 지금과 같이 행하도
록 그리하여, 2년이라는 그 세월 안에

160권의 법전이 세상에 나와 세상의
만백성, 온 인류가 그를 보고 경단하
는 그 역사의 기적을 이루도록 하라,
사랑하는 나의 아들아!
19 그리하여 내가 선택된 자로 그 명을
수행하도록 할 것이며, 너를 보좌하여
갈 수 있는 너의 제자들의 팀을 이루
어 줄 것이니 그리 알도록 하라.
20 이것이 내가 너에게 내리는 당당한 상
임을 알라.
21 네가 이루지 못하며 행하지 못할 때
내가 너에게 기적을 이루며 역사를 이
루어 주었다 하면, 이는 공의의 하나
님이 아니며, 사탄도 할 수 있으며 누
구라도 할 수 있음이니라.
22 사전에 내가 베풀어 주고 능력과 기적
을 주고 역사를 이루라 하면 누군들
못하겠는가?
23 그러면 사탄이나 천사나 모든 하늘과
땅에 있는 그 영혼들과 백성들이 나
여호와를 공의의 하나님이라 하지 아
니할 것이니라.
24 그리하여 네가 깨닫고 이루고 역사하
는 그 속에서 내가 너에게 상을 내림
을 알라.
25 그 상을 받고 못 받는 것은 너에게 달
렸으며 너의 소관이며, 이제는 네가
그 경지의 길에 들어서 있으니, 내가
내릴 수 있는 모든 가르침과 상을 받
도록 그리하여 만백성을 구하는 데 많
은 기적을 이룰 수 있도록 그리 행하
도록 하라.

## 3,352 번째 하나님 말씀

*2002년 9월 11일 22시 05분*

1 사랑하는 나의 아들아!
2 "네, 아버님! 말씀하옵소서."
3 지금 나의 피조물 만백성이 다 같이
저희들의 종파요, 저희들의 그 조직에
서 저희들만이 구원을 받으며, 나의
피조물 만백성의 어렵고 힘든 것을 그
들이 다 풀어 주고 답을 주는 양 그와
같이 종교 집단이 지금까지 형성되어
왔으며, 저희들 나름대로 뿌리를 내려
가고 있음이니라.
4 그중에서도 하늘에 오르는 천국의 문
으로 나의 피조물 만백성을 인도한다
는 그 종교 집단이 가장 방대한 세력
을 가지고 있음이니,
5 그 모두가 지금까지 유유자적 흘러오
던 그들의 가르침과 교리와 그들이 행
하던 전통에 나의 법전이라 하여 새로
운 시대를 열며 새로운 시대에 새로운
역사를 이루는 책이 세상에 내려가,
하늘에 오르는 길이요, 하늘에 오르는
길의 법도요, 나 여호와가 원하는 것
이 무엇이며 내가 이루고자 하는 것이
무엇인가를 상세히 기록하여,
6 너희들이 지금까지 믿어 왔던 모든 종
파의 그 관행과 습성을 다 접어 두고
새로운 믿음의 길로 가는 것을 가르치
며,
7 그리하여 어떠한 형태든지 너희들의
종교 집단에 재물이요, 금화와 은화를
절대 바쳐서는 아니 된다고 가르치며,
8 나 여호와의 성전이 이 지상이며, 곧
이 지상에 만든 그 모두가 나의 성전

이니,
9 너희들은 너희 손으로 지은 그 성전에
서 나에게 구원을 원하거나 구원의 기
도를 드리는 것이 아니라, 자연 속에
서 나의 뜻과 율법에 따라 살아가면서
나에게 기도하면 구원을 받는다고 그
리 가르치는 대변혁의 역사를 이루고
자 함이니, 그들은 무어라 생각하는가?
10 그들이 하루아침에 저희들의 모든 안
전이요, 그들의 욕구와 그리고 수천
년에 걸쳐서 그들이 쌓아 왔으며 현재
도 쌓고 있으며 미래도 그와 같은 역
사와 전통으로써 지속하려 하는 그 모
두가 다 문을 내리는 그와 같은 위협
을 받게 됨이니,
11 그들은 모든 힘을 다하여 나의 법전을
공격할 것이며, 나의 법전이 세상에
존재하지 못하도록 그리할 것이니라.
12 그러나 너는 여기서 알아야 될 것이니
라.
13 진정한 나의 진리요, 나의 뜻이라 하
면, 그와 같이 너희들을 적대하시는
적 속에 뛰어들어 그들을 감화시키고
그들로부터 동조를 받으며, 그들로부
터 이 법전이 진정한 나 여호와의 성
령이요, 나의 가르침이요, 진정으로
내가 만백성을 깨우치고자 제3의 시
대에 나의 성령을 내려보내는 책이라
고 인정을 받으며, 너희들이 적으로부
터 환호와 박수를 받는 그와 같은 역
사를 이루어야만 될 것이니라.
14 너희들이 너희를 경멸하며 이단이요,
사탄이라 말하는 그와 같은 집단 속에
들어가, 진정한 나 여호와의 성령으로
써 만백성을 구하는 이 법전이 내가
직접 써 내리는 것이라는 것을 그들에
게 인증시켜, 적진에서 그들로부터 환
호와 박수와 영광을 받는 그와 같은
기적의 변화를 이루는 것만이 너희들
이 만백성을 구하는 그 역사에 한 획
을 긋는다는 것을 잊어서는 아니 될
것이니라.
15 너희들을 적대시하며 이단이요, 사탄
이라 말하는 그 집단에서 너희들이 등
돌려 돌아서서 그곳에 속해 있지 않은
나의 피조물 만백성을 구하고자 하는
그와 같은 역사를 이룬다면, 너희들은
멀고도 힘든 길을 가게 되어 있음이니
라.
16 그러니 너희들이 종교 집단에서 저희
들이 구원을 받았다 말하며 구원의 세
계에 들어와 있다 말하는 자들 한 사
람 한 사람을 깨우치려 하지 말고,
17 그들의 대집단 속에 뛰어들어 너희들
의 진정한 그 아름다운 빛으로써, 그
리고 너희들만의 변한 그 모습으로써
그들이 감히 따라올 수 없는 높은 경
지의 그 생활의 삶으로써 그들이 너희
들에게 스스로 고개를 숙여 격려의 박
수와 환호를 보낼 수 있는 그와 같은
변혁의 역사를 이루어야만 함을 너희
들은 이제 잊어서는 아니 될 것이니라.
18 그들은 하늘에 오르는 길을 위하여 재
물과 저희들의 시간과 모두를 다 광적
으로 바치니,
19 그들이야말로 바로 나의 법전이요, 나
의 이 책이 성령으로 기록된 것이며
나 여호와가 직접 내린 것이라는 것을
깨달으며, 제3의 시대에 내가 법전에
기록하여 내리는 그 내용에 따라 저희

들이 변하고 고쳐야 될 것이며 이를
따르는 것만이 구원을 받을 것이라 깨
달았을 때,
20 그들은 무서운 힘으로써 나의 성전을
찾을 것이며 나의 법전을 들고 뛸 것
이니, 너희들이 그들 속에 들어가서
구원의 빛의 깃발을 높이 들어야 할
것이니라.
21 적진에 들어가 적을 교란시키며 적을
아군으로 회유시키는, 적으로부터 칭
송을 받으며 적으로부터 박수를 받으
며 적에게 너희들의 위대함을 느끼게
할 수 있는 그와 같은 역사의 변화를
이루는 것이 진정 나의 뜻을 전파하는
것이며 만백성을 구하는 역사를 이루
는 길이니, 너희들은 이것을 소홀히
해서는 아니 될 것이니 그리 알라.

## 3,353 번째 하나님 말씀

*2002년 9월 11일 22시 12분*

1 사랑하는 나의 아들아!
2 "네, 아버님! 말씀하옵소서."
3 지금의 너희들의 마음 자세요, 너희들
의 믿음의 방법으로써는 내가 이 지상
에 이루고자 하는 새로운 시대를 이룰
수 없으며, 새로운 믿음의 길을 창조
할 수 없음이니라.
4 지금의 너희들의 그 굳어진 믿음의 자
세와 너희 스스로 만든 그 계명에 따
라 거기에 젖어 있고 그 길만이 구원
의 길이라 하는 그와 같은 믿음의 집
단으로써는 나 여호와가 이루고자 하
는 새 시대를 이룰 수 없으며, 너희들
을 변화시켜 다 같이 동참할 수 없는
것이 지금의 너희들의 잘못 가고 있는
믿음의 형태이니라.
5 사랑을 베풀며 진정한 믿음으로 나 여
호와에게 오르는 백성을 가르쳐 인도
한다는 너희들의 지금의 현주소가 과
연 어떠한지 너희 삶의 형태를 한번
돌아다봐야 될 것이니라.
6 너희가 사랑을 베풀고 나눔이 아니라
서로 경쟁하며, 그 경쟁 속에서 사랑
이라는 것은 찾아볼 수도 없으며, 오
로지 서로를 믿지 못하고 그 불신이
팽배되어 있는 이 형국에서는 너희들
이 정녕 마음을 비울 수 없으며 천사
와 같은 마음으로 변화될 수가 없음이
니라.
7 너희들은 악은 보나 선은 보지 못함이
니, 이와 같은 형태로써는 너희들이
지금 하나로 될 수 없으며,
8 더욱이 지금 너희들의 종교 집단이 가
르치고 있는 그 교리와 너희들이 지금
이끌어 가는 그와 같은 형국으로써는
하나가 될 수 없음이니라.
9 정녕 내가 원하는 나의 뜻의 기본이
요, 나에게 오르는 기초는 사랑이라고
내가 수없이 너희들에게 깨우치고 가
르쳤으나,
10 너희들은 사랑을 하기도 전에 서로 이
해도 하지 못하며, 서로의 삶의 이해
관계로 인하여 서로 화합하는 아름다
운 마음의 자세로써 이루어지지 못하
고 있음이니,
11 아름다운 마음이요, 화합하는 마음이
요, 이와 같은 마음을 너희들에게서
찾아볼 수 없으며, 너희들에게는 불신
과 의혹과 서로를 믿지 못하는 그와

같은 마음이 팽배되어 있음이니,
12 그와 같은 너희들의 지금의 생각과 너
희들의 살아가는 그 형태요, 지금의
시대를 이끌어 가는 종교 지도자들이
가르치는 그 방법으로써는 내가 이루
고자 하는 천국을 이 세상에 건설할
수 없음이니라.
13 너희들의 마음의 자세나 믿음이나 삶
의 형태가 정녕 변할 수 없으며 하나
로 이루어질 수 없는 것이 지금의 너
희들이며, 정녕 하늘의 천국과 같이
이 지상에 천국을 이루고자 하는 것이
나의 뜻이니,
14 너희들의 지금의 정신 자세로써는 아
무것도 이룰 수가 없으며, 너희들의
믿음으로써는 그와 같은 시대를 건설
할 수 없음이니라.
15 이제 내 뜻에 의하여 이루고자 하는
것이 무엇인가를 너희들은 알았음이
니, 하늘의 낙원을, 천국의 모양을 지
상에서 이루고자 하는 나의 뜻을 너희
들이 이루기 위해서는 너희들의 육의
삶이요, 육의 정신의 그 형태로써는
정녕 너희들은 변화될 수 없음이니라.
16 그리하여 나의 백성들에게 영적인 혁
명과 영적인 혁신이 필요로 함이니,
이를 내가 너희들에게 이끌어 내며 이
를 가르치며, 이와 같은 영적인 혁명
을 너희들로부터 이루게 하기 위하여
내가 너희들에게 새로운 처방이요, 합
당한 처방을 지금 내리고자 함이니,
17 이것이 곧 제3의 시대에 내가 내려보
내는 성령의 뜻인 나의 법전임을 너희
들은 알아야 될 것이니라.
18 지금의 너희들의 인간의 형태의 그 자
세요, 너희들의 종교 집단으로써는 정
녕 혁명과 혁신을 이룰 수 없으며 하
늘에서 이루어진 것같이 이 땅에 지상
의 낙원을 이루는 그 뜻을 이룰 수 없
음이니,
19 지금부터 내가 그와 같은 뜻을 이루기
위하여 너희들은 필수적으로 꼭 겪어
야 할 것이 있으니, 너희들의 영적인
혁명이 필요함이니라.
20 영적인 혁신을 이루지 아니하고는 너
희들은 구원받을 수 없음이니라.
21 그리하여 너희들에게 영적인 혁명과
혁신을 이루기 위하여 내가 지금 나의
아들을 통하여 밤낮을 가리지 아니하
고 세상에 나의 법전이라 하여 책을
내려보내니,
22 이 책을 읽는 자만이 너희들의 영적인
변화요, 혁신을 이룰 수 있어 내가 이
루고자 하는 새로운 시대의 역사에 동
참할 수 있는 자격을 얻게 됨이니, 이
를 명심하여 행하도록 그리하라.

## 3,354 번째 하나님 말씀

*2002년 9월 11일 22시 19분*

1 사랑하는 나의 아들아!
2 "네, 아버님! 말씀하옵소서."
3 너희들이 지금 믿음의 길을 가고 있는
그와 같은 형태로써는 수천 년 동안
흘러온 그 관행의 폐습을 버리지 못하
며, 그를 답습하여 나의 피조물 만백
성을 구원한다는 그 믿음의 길은 정녕
구원을 받을 수 없는 길이라고 내가
너희들에게 수차 깨우치고 전하였음
이니라.

4 그러니 나의 법전을 읽고 나의 이와
같은 뜻을 깨달아 너희 스스로 깨달음
을 얻어 너희 자신이 대혁명을 이루는
변화 없이는 지금의 이와 같은 형국에
서 한 사람도 구원을 받을 수 없으며,
5 나와는 전혀 관계도 없는 믿음의 세계
에서 너희들이 지옥으로 달려가는 그
와 같은 역사를 지금 이루어 가고 있
다는 것을, 너희들은 너희 자신을 돌
이켜 보며 내가 법전에 기록한 이 내
용들을 다시 한 번 깊이 음미하고 깨
우쳐야 될 것이니라.
6 지금 하늘에 오르는 믿음을 가르쳐 만
백성을 구원하며 천국의 문을 열어 나
의 나라에 올려보낸다 하며 그들을 인
도한다는 자들이 너희들이 사는 인간
세속의 세상을 어찌 만들었는가?
7 지금의 종교 지도자 너희들은 너희들
이 만든 계명에 의하여 나의 사랑하는
피조물 만백성의 믿음이라는 것을 가
지고 황금만능주의요, 상업적이요, 상
술적으로 온갖 수법을 다 부려 그들을
상대로 장사하는 장사꾼으로 변질되
어 있으니,
8 이와 같은 수단으로 변질된 너희들의
상태로써는 정녕 하늘에 오를 수 없음
이니라.
9 너희들은 대변화의 변혁이 없이는 하
늘에 너희 자신이 오를 수도 없으며,
10 나의 사랑하는 피조물 만백성을 너희
들이 구원한다고 우롱하며 너희들의
육의 삶의 즐거움과 향락과 편안한 삶
을 위하여 그 모두를 악용하고 있음을
알아야 할 것이니라.
11 정녕 지금 너희들이 가고 있는 그 믿
음이 진정한 믿음이 아니며 진정한 길
이 아니라 나 여호와가 너희들에게 수
없이 말하였음이니,
12 너희들이 지금까지 살아왔던 악습과
그 고질병을 대수술을 하지 아니한다
면 너희들은 정녕 그리도 인생의 목표
로 평생을 소원하며 기원하며 살아왔
던 구원의 길을 받을 수 없음이니라.
13 너희들의 지금의 믿음의 형태는 나를
향하여 오는 것이 아니라, 나를 거역
하며, 나에게 순종하지 아니하며, 나
여호와가 존재하는 것까지 부정하려
하는 그와 같은 무서운 행위로써 이끌
어 가고 있음이니,
14 너희들은 나를 인정하며 내가 존재한
다 하나, 너희들이 가르치는 교리의
방법은 나 여호와가 존재하는 것을 믿
지 않고 인정하지 못하며 공허와 불안
한 마음으로써 그들이 믿음을 가지고
가도록 그리 지금 이끌어 가고 있음이
니,
15 이는 진정 지도자가 자신이 없으며 저
자신이 확고한 신념이 없는 그와 같은
형태에서 나의 피조물 만백성을 이끌
어 가기 때문에 이와 같은 형국이 도
래했음을 알아야 될 것이니라.
16 너희들이 지금의 형태로써 그 고질병
을 고치지 아니하며 악습을 고치지 아
니하고 이대로 계속 전진해 간다면 너
희들은 지옥으로 가는 그 열차를 타고
가는 것이며, 그곳에 가서 너희들이
지은 죄의 대가를 반드시 받게 되어
있음을 알아야 될 것이니라.
17 너희들이 지은 죄는 절대 면죄 받지
못할 것이니 이를 너희들은 알아야 될

것이니라.
18 지금의 너희들의 믿음의 틀을 깨는
자, 지금의 믿음의 관행에서 대담히
이를 깨고 뛰쳐나오는 자, 스스로 대
변화를 이루고자 하며 스스로 변화하
는 자, 그와 같은 자만이 영원히 불변
하는 나의 나라에 오를 수 있음을 알
아야 될 것이니라.
19 너희들이 지금까지 믿어 왔던 성서의
구약과 신약의 그 깊이를 모르고 겉만
가지고 깨우치고 가르친다 하였음이
니,
20 너희들이 그 참뜻을 모르며 스스로 행
함을 모르기에, 내가 성령을 태워 나
의 아들을 통하여 나의 법전이라 하여
책을 만들어 세상에 내려보냄이니,
21 나의 피조물 만백성 너희들은 이를 읽
고 또 읽고 깨우쳐 이 모두를 너희 것
으로 만들어야 될 것이니라.
22 만일 너희들이 나의 법전을 읽지 아니
하거나 나의 법전을 읽고 나서도 변화
되지 아니하고 너희들의 의식과 구습
을 버리지 못하고 그대로 너희들의 그
삶에 만족하여 살아간다면, 너희들은
정녕 구원의 시대를 맞이할 수 없음을
알아야 될 것이니라.
23 이제 내가 너희들처럼 잘못된 믿음으
로 가는 그와 같은 백성들로 하여금
새로운 시대를 열고자 하는 것이 아님
이니라.
24 나의 법전을 읽고 깨우치며 그대로 살
고자 행하는 자, 그리고 나의 십계명
에 따라 행하는 자, 그와 같이 스스로
개혁의 변화를 이루어 유한 성격으로
자기 자신을 다스려 나갈 줄 아는 나
의 백성들을 가지고 새로운 역사를 이
루고자 함이니,
25 여기에 동참하는 자, 나의 법전을 읽
고 깨우쳐 스스로 개인의 변화를 이루
는 자만이 구원을 받을 수 있음을 알
라.

## 3,355 번째 하나님 말씀

*2002년 9월 12일 08시 38분*

1 사랑하는 나의 아들아!
2 "네, 아버님! 말씀하옵소서."
3 이 세상의 미물에서부터 모든 동식물
이 나의 주관하에 세상에 나오지 아니
한 것이 하나도 없음이니,
4 너희들보다 지혜가 부족하고 능력이
없는 모든 동식물은 다 저희들의 자리
를 지키고 자기의 분수를 알며 제가
지킬 것을 다 알며 살아가느니라.
5 그리고 저희들이 먹이를 취하되 취할
수 있는 것인지 없는 것인지 또한 그
와 같이 나름대로 계산해서 저희들이
취할 수 있는 그 한계 내에서 일을 하
고 먹이를 취하며 저 자신을 보호하고
지켜 가는 것이 철저하니라.
6 그러나 가장 지혜를 높이 주었으며 모
든 사리를 판단할 수 있으며 노력과
생각에 따라서 무한히 발전하고 전진
할 수 있는 인간 너희들은 너희 자신
을 모르느니라.
7 그리고 욕심이요, 과욕을 부려 스스로
화를 자초하는 그와 같은 삶을 사는
것이 너희들이니라.
8 너희들 자신이 자초하여 사는 그 삶
때문에, 나 여호와를 원망하고 나 여

호와의 존재 자체를 의심하며 세상사
에 다 원망과 불신과 분노로써 그와
같은 삶을 살아가는 나의 백성들이 수
없이 있음이니라.
9 나의 피조물 만백성 너희들은 알아야
될 것이니라.
10 우선 나로부터 세상에 나간 것을 감사
하는 마음을 가짐으로 너희들의 마음
을 하나하나 다스릴 수 있을 것이며,
그리고 이 세상에 오묘하고 너희들이
상상할 수 없는 자연의 돌아가는 그
위대함이 내가 다 창조한 것이며 내가
세상에 내려보냈으니,
11 그 모두는 너희들이 취하고 얻고 너희
육의 삶을 위하여 내가 내려 준 것이
라는 것에 감사할 줄 아는 마음을 가
졌을 때 또 2단계의 너희들의 깨달음
이 있을 것이며,
12 그리하여 세상사의 모두는 다 나 여호
와의 뜻에 의하여 주관되며 존재한다
는 것을 생각할 때, 너희들 자신이 얼
마나 존귀한 자들인가를 알게 될 것이
니라.
13 그리하여 너희들이 존귀한 자요, 소중
하고 귀한 자라는 것을 깨달았을 때,
너희들은 또한 한 단계 더 올라서는
삶을 살 수 있는 것이니라.
14 너희들이 나로부터 세상에 나간 그 자
체가 얼마나 소중하고 위대한 것인가
를 너희들은 깊이 깨우치는 시간을 가
져야 될 것이며,
15 또한 지금 제3의 시대에 잘못 가고 있
는 나의 백성들을 바로잡기 위하여 내
가 성령을 태워 세상에 내려보내니,
16 이것을 접하며 이것을 배우는 너의 제
자들이 얼마나 큰 역사를 이루는 것인
가를, 너희 자신이 그 한 부분을 맡고
있다는 것에 너의 제자들은 자긍심과
긍지를 가져야 될 것이니라.
17 내가 창조주로서 새 시대를 열며 새로
운 역사를 이루는 그 장에, 그 방대한
계획 속의 한 부분을 차지하는 자가
너희들이니, 너희들이 얼마나 존귀한
자들인가를 너의 제자들은 알아야 할
것이니라.
18 그리고 나아가 나의 법전을 접하는 모
든 백성들도 또한 그와 같은 자긍심을
가져야 될 것이니라.
19 이 세상에서 새로 창조하고 새 시대를
여는 나의 성령의 법전이요, 나 여호
와의 뜻을 보고 듣고 읽을 수 있는 너
희들이 얼마나 존귀하고 영광되며 축
복된 백성인가를 너희들은 알아야 될
것이니라.
20 그리하여 내가 너희들에게 말하였느
니라, 작은 동양의 나라에 태어난 것
과 나의 아들이 존재해 살아가는 그
시간에 같이 호흡을 하며 같이 세상을
살아갈 수 있는 그 시대에 태어난 자
들이 얼마나 영광된 자들인지.
21 그리고 그 속에서 강론을 들으며 나의
법전의 내용을 읽는 너희들은 정녕 구
원의 길을 볼 수 있으며 무엇과도 바
꿀 수 없는 소중히 선택된 백성이며
귀중한 자들이라는 자긍심을 갖도록
그리하여야 할 것이니라.
22 그리하여 너희들이 하나가 되며 하나
로 위대함이 되며 하늘의 존재함을 알
게 됨이니라.
23 그리고 나의 아들이 살아가는 그 모습

을 하나하나 헤쳐 보아, 그가 과연 공
의의 나 여호와의 뜻에 따라 행하는
자인가 아니면 자기 자신의 욕심과 부
귀영화를 위하여 살아가는 자인가를
너희들은 알게 될 것이니라.
24 거기에서 너희들이 답을 얻도록 그리
하라.
25 어떠한 것이 진리이고 어떤 것이 하나
님을 위하여 가는 길인가를 깨우치지
못하는 백성은 영원히 지옥 불에서 헤
어나지 못함을 알아야 할 것이니라.

## 3,356 번째 하나님 말씀

*2002년 9월 12일 09시 45분*

1 사랑하는 나의 아들아!
2 "네, 아버님! 말씀하옵소서."
3 내가 너에게 가르쳐 이르기를, 내가
너에게 명하는 것은 작든 크든 그것을
수행함에 있어서 소홀히 해서는 안 된
다고 말하였느니라.
4 네가 듣는 것으로써는 어떤 것이 큰
역사를 이루는 것 같으며 또는 작은
것을 명하는 것 같으나, 그 결과가 어
떠한 것이 크고 작으며 소중한 것인지
너는 알 수 없다고 내가 말하였음이니
라.
5 그와 같으니라.
6 지금 네가 만백성을 사랑하며 네 제자
를 사랑하며 너를 따르는 모든 제자들
을 사랑함에 있어서 사랑하는 마음이
다 같아야 할 것이니라.
7 큰 역사를 이루는 제자나 작은 역사를
이루는 제자 또한 어느 것이 더 큰 것
이며 그것이 또 어떠한 역사를 이루기
위해 세월이 흐른 다음에 그와 같이
이루어지는지 그 내용 모두를 너는 알
수 없음이니라.
8 나의 법전이라는 책 만 권을 전하는
자와 한 권을 전하는 자의 능력과 그
모두를 똑같이 평가해야 되는 것이 너
임을 알아야 될 것이니라.
9 네가 나의 법전 만 권을 전한 자를 한
권의 법전을 전한 자보다 더 위대하다
며 칭찬을 한다면 이것은 네가 미래에
이루어지는 그 역사를 모름이니라.
10 한 권의 책을 전한 그 책으로 인하여
더 많은 나의 법전을 전할 능력이 있
는 자가 올 수도 있으며, 그로 하여금
대역사를 이루는 변화를 이룰 수 있기
때문이니라.
11 네가 크고 작은 지금의 보이는 능력으
로써 너의 제자들을 평하고 격려한다
면, 이는 분쟁을 일으키게 하는 것이
며, 질투심을 유발하게 하는 것이며,
그리하여 결국은 그들이 분노하며 서
로 불신하는 그와 같은 결과가 이루어
짐이니라.
12 지금의 모든 종교 집단이 그리 가지
않는가?
13 누가 얼마의 헌금을 냈으며, 누가 얼
마의 축하 헌금을 냈으며, 누가 건축
헌금을 냈으며, 누가 자기의 사는 집
을 담보 잡혀 하나님의 성전을 아름답
게 짓기 위하여 이리 헌금을 했다며
이와 같이 말하는 것은 경쟁심을 유발
함으로 인해서 그들 스스로 분쟁하게
되며, 하나의 마음으로 화합될 수 없
음이니라.
14 오로지 진정한 믿음의 길을 차분히 가

도록 가르치는 것이 아니고 그들이 재물과 금화를 많이 바치고 안 바치는 것으로써 평가되는 양 비치는 종교의 작태와 같이 나의 성전에서 나의 피조물 만백성을 이끌어 가는 너 자신이 그래서는 아니 되는 것이며,

15 너의 제자들 또한 그와 같이 마음을 가지라 이르라.

16 아무리 큰 일의 역사를 해도 나 여호와가 보는 그것은 나의 것을 가지고 너희들이 역사함이니, 그 역사가 지금 크다 하여 큰 결과를 가져오는 것이 아니며 작다 해서 작은 결과를 가져오는 것이 아니니라.

17 미래에 이루어지는 역사를 너희들은 모름이니, 크고 작은 것을 다 똑같이 사랑하며 똑같은 마음으로 대하고 다 소중하게 생각하는 그와 같은 마음을 너희들은 가져야 할 것이니라.

18 지금의 종교 집단의 가장 큰 병폐가 무엇이더냐?

19 많이 바치는 자의 손을 들어 주고 격려해 가며 그 이름을 높이 부르나, 능력껏 지폐 한 장을 갖다 바치는 정성스러운 사람의 그 마음은 모름이니,

20 나에게 바치는 것이 금화와 은화를 거두어들이기 위한 방법이면 너희들은 장사꾼으로서 전락한 것이 아니더냐?

21 그 정성이 중요한 것이 아니던가?

22 그 정성과 그 능력을 바라볼 수 있는 마음의 자세가 사랑이니라.

23 내가 너희들에게 일찍이 금화와 은화로써 모두를 평가하지 말라 하였음이니라.

24 너희들의 마음이면 된다 하였음이니라.

25 이 세상에 너희들이 나로부터 생명을 받아 사는 것도, 내가 내린 모든 동식물을 가지고 사는 것도, 노력한 만큼 부귀영화를 얻는 것도 다 너희들이 무엇이라 말하였느냐?

26 그것은 너희들의 복이며 너희들이 노력하는 것이며, 그와 같은 역사 속에서 모든 것이 다 취하고 이루어지는 것이라 내가 너희들에게 말하였음이니라.

27 (녹음이 잘못되어, 5분 50초 분량의 말씀이 지워졌습니다.)

28 하나하나 너희들이 지워버리며 영혼의 세상이요, 다음 세상을 위해 준비하는 그와 같은 마음을 가지고 깨달았을 때, 너희들이 육의 삶에 맹종했던 것이 너무나 허무하고 의미가 없으며 그 뜻이 없으며 깊이가 없는 삶을 위하여 너희들이 오늘까지 몸부림쳤던 것을 스스로 알게 될 것이니, 그때부터 너희들이 영의 세상에 영혼의 삶을 위하여 변화되는 것이니라.

29 그와 같은 마음으로써 너희들이 살아가야 됨을 알라.

30 이제 내가 나의 법전을 세상에 내려보내며 새로운 시대에 새 나라를 열기 위해서 잘못된 나의 백성들을 다 버리고자 하며 그들을 던지고자 하는 나 여호와의 아픈 마음을 너희들은 알겠는가?

31 내가 너희 피조물 만백성 하나하나를 세상에 내보냈고, 너희들은 세상에 나가 나의 계명을 지키며 나의 뜻에 살다가 나의 품으로 오라 하였거늘,

32 너희들이 사악한 잘못 가르치는 종교
지도자들이요, 너희들의 욕심에 눈이
어두워 너희 스스로 죄를 짓고 지옥으
로 가고 있으며,
33 또한 재물로써 모든 것을 다 이룰 수
있다는 너희들의 잘못된 생각에, 너희
들이 재물을 바치면 지금까지 살아온
그 죄에 대한 모든 면죄부를 받을 수
있는 양 가르치며, 그리고 너희들 스
스로 면죄부를 받았다 하며, 너희들
스스로 마음의 위안을 얻기 위하여,
지금 잘못 가고 있는 그 믿음의 관행
으로 가르치는 지도자나 그곳에 가서
구원을 받겠다고 몸부림치며 광란의
찬송을 부르며, 형제와 부모도 모르고
오로지 저희들만이 구원을 받는 티켓
을 사겠다는 과욕에 의하여 가고 있는
너희들은 나와는 아무런 관계가 없는
나의 뜻을 거역하는 자들이니,
34 그들을 이제는 내가 버리고자 하며 그
들을 다 던지고자 함이니라.
35 심혈을 기울여 만들었던 공예사가 잘
못된 작품을 아낌없이 던져 깨듯이,
여호와요, 창조주인 내가 새로운 시대
에 새로운 역사를 열어 하늘의 낙원을
지상에 낙원으로 이루는 그 뜻을 이루
기 위해서는 너희들의 잘못된 관행 속
에 가는 자들을 이제 버려야 될 것이
며,
36 오로지 나의 법전을 읽고 깨우쳐 하늘
에 오르는 길을 알며, 하늘의 법도를
알며, 내가 원하는 길을 아는 백성들
만을 이 세상에 존재하게 하는 심판의
역사가 시작되었음이니, 너희들은 이
무서운 소용돌이의 변화를 알아야 될
것이니라.
37 너희들은 보지 못하고 있으나 너희들
이 죽기 전에 이와 같은 역사의 변화
를 알게 될 것이니,
38 너희들이 그 소용돌이 속에 새로운 역
사를 창조하는 주역으로서 나의 백성
으로 다시 태어나는 그와 같은 변화를
갖고자 하거든, 나의 법전을 읽고 또
읽고 정독해서 그 속에서 내가 원하는
그 뜻을 느끼고 볼 때 너희들은 그와
같이 변할 수 있음을 알라.
39 이제는 오로지 나의 법전만이 너희들
을 구하는 길이요, 하늘에 오르는 길
이며, 새로운 시대를 여는 데 너희들
이 동참한다는 것을 알아야 될 것이니
라.
40 내가 지금까지 내려왔던 너희들의 구
습이요, 지나간 잘못된 풍습을 다 덮
어 버리고 지우려 함이니,
41 그리하여 거기에 대한 대안으로써 반
드시 내가 너희들에게 깨우침을 내려
보내야 될 것이니,
42 그리하여 내가 지금 법전이라 하여 나
의 책으로써 너희들을 깨우치는 책을
내려보내는 이와 같은 무서운 이치를
너희들이 깨달아, 이 법전에 너희들의
모두를 다 걸어 구원의 길에 오를 수
있도록 그리해야 될 것을 잊지 말라.

## 3,357 번째 하나님 말씀

*2002년 9월 12일 09시 57분*

1 사랑하는 나의 아들아!
2 "네, 아버님! 말씀하옵소서."
3 너희들의 짧은 인생의 육의 삶에 있어

서는 너희들이 잘못되었음을 고치고
수정하며, 또 인생이 쓰러졌을 때 다
시 일어설 수 있는 연습을 할 수도 있
으며 재기할 수도 있음이니라.
4 그리하여 너희들은 죽을 때까지 많은
사람들과 엎치락뒤치락하며 그와 같
이 얽히고설킨 삶을 살며, 또한 육의
잘못됨을 너희들이 보상을 받으며 기
쁨을 얻으며 그와 같이 살아가는 것이
너희들이니,
5 그러나 너희들이 나에게 와서 구원을
받는 그 길은 그와 같은 형태로써 이
루어질 수 없음을 알아야 될 것이니라.
6 너희들이 육의 삶의 생활에서 실패했
을 때는 돌이켜 재기할 수도 있으며,
너희들이 말하는 성공이라는 그 말을
들을 수 있도록 노력 여하에 따라 다
시 일어설 수도 있음이니라.
7 그리하여 육의 삶이요, 인생의 삶에
연습이 없다는 말이 있지만, 그래도
육의 삶에는 여유가 있으며 생각할 수
있는 기간이 있으며 돌이킬 수 있는
그와 같은 것이 있음이니라.
8 그러나 너희들의 영혼을 구하는 영혼
의 싸움에는 한 치의 오차도 있어서는
아니 되며, 너희들이 한 치의 오차를
잘못 감으로 해서 영원히 구원을 못
받는 것이니라.
9 육의 삶의 길을 잘못 들어섰을 때는
바로 돌릴 수 있으나, 영혼을 구하며
영적인 세계에서는 너희들이 발을 한
번 잘못 들여놓으면 그를 돌이키기가
너무나도 어렵기에, 너희들이 한 번밖
에 기회가 없는 그 구원의 길을 영원
히 버리게 됨이니, 그보다 더 무섭고
무서운 일이 없음을 알아야 될 것이니
라.
10 너희들이 한 번 잘못 가는 그 믿음 속
에 빠지면 헤어날 수 없으니 그 길을
영원히 가게 됨이니, 그게 바로 지옥
불로 가는 것이니라.
11 그리하여 너희들이 인간의 사업에서
선택할 때는 너희들이 실수가 있으면
다시 수정하여 다른 사업을 할 수가
있으며 다른 길을 갈 수 있으나, 영혼
의 삶의 선택은 그럴 수가 없음이니라.
12 한 번의 선택이 잘못되어 너희들이 잘
못되었을 때, 그는 영원히 사는 너희
들의 영혼이 지옥 불에 가서 대가를
받는 그 무서운 삶이 변함없이 영원히
계속되는 그 고통을 견딜 수 없음이니,
13 영혼을 구하고 못 구하는 것이 너희들
의 육의 삶에서 어떤 것보다 위대한
것이며, 명예와 명성을 얻는 것이 얼
마나 위대한지는 몰라도 영혼을 구하
는 것에 만 분의 일, 억 분의 일만도
못하다는 것을 알아야 될 것이니라.
14 육의 삶을 위하여 너희들이 잘못 가는
길을 가며 잘못 살며 흘러가는 삶을
산다 하면, 너희들이 영의 세계에 와
서 그를 내려다볼 때 너희들이 어찌하
여 그 맹목적인 삶에 그리도 연연했으
며 너희 모두를 그리 탕진하고 소비했
는가를 후회하게 될 것이니라.
15 영혼의 세상을 보기 위해서 너희들은
바른길을 선택해야 되며, 구원을 받기
위해서는 바른 믿음의 길을 가지 아니
하면 너희들은 영원히 돌이킬 수 없는
무서운 결과를 초래함이니,
16 인간의 삶에 있어서 실패하고 실패하

지 아니하고 하는 그것과 비교할 수
없음이니, 너희들은 신중에 신중을 기
하여 믿음의 그 길을 선택해야 됨을
명심하며, 너희들이 나의 뜻을 들어야
할 것이니라.
17 한 번의 실패는 영원히 구원할 수 없
음이니라.
18 영혼의 구원을 위한 싸움이며 영혼을
구원하는 선택이니라.
19 영혼을 구원하는 선택이 얼마나 위대
하고 소중한 것인가를 너희들은 알아
야 될 것이니,
20 여기에는 사사로운 감정이 있어서도
안 되며, 사사로운 정이 있어도 아니
되는 것이니라.
21 영혼을 구함이 얼마나 위대한 것인가
를 깨우쳐야 할 것이니라.

## 3,358 번째 하나님 말씀

*2002년 9월 12일 11시 32분*

1 사랑하는 나의 아들아!
2 "네, 아버님! 말씀하옵소서."
3 내가 너의 제자들에게 일렀느니라.
4 심혈을 기울여 하나의 작품을 만들어
내기 위해 모든 정성을 다 바친 공예
사가 제가 원하는 완벽한 제품이 나오
지 않았을 때, 자식보다 더 소중히 여
기던 것을 일순간에 산산조각을 내며
그가 세상에 나온 것이 너무나도 분하
고 속이 상하다 그리 말하였음이니,
그가 슬피 우는 그 마음과 그 고통을
아느냐 내가 물었느니라.
5 믿음을 가지고 나의 뜻에 따라 하늘에
오르고자 하는 너의 제자들은 그와 같
이 너희 마음속에 잘못 도사리고 있는
생각 그 모두를 하나하나 지워 버리라
하였음이니라.
6 너희들은 오늘 하나를 깨우쳐야 될 것
이니라.
7 너희들이 누구던가?
8 내가 지금까지 수천 년 동안 흘러오는
지금의 백성들의 잘못 가고 잘못 가르
치는 그 종교요, 그 믿음을 다시 개혁
하며 그 모두를 저버리고 새로운 시대
를 열려 함이니,
9 나 여호와가 시도하며 나 여호와가 이
루고자 하는 그 방대하고 웅대한 역사
속에서 너희들이 한 부분을 담당한 자
라는 것을 너희들은 깊이 인식하고 깨
우쳐야 될 것이며,
10 그렇다면 너희들이 얼마나 소중한 자
들인가를 알 것이니라.
11 창조주 내가 새 시대를 열기 위하여
계획하는 그 프로그램 속에 너희들이
한 부분을 맡고 있으며 그 책임을 지
고 있는 자들이니, 너희들 마음속에
어떠한 오점이 있어서야 되겠는가?
12 나도 알고 있음이니라.
13 내가 지금 너희들에게 명하노니, 너희
들이 지금에 부귀와 영화를 얻어 너희
들 자신이 무너지는 그와 같은 인생의
삶을 살 것인가, 아니면 내가 원하는
그 길을 따라와 노력과 인내로써 너희
들이 다스려졌을 때 내가 내리는 영원
히 사는 영광의 은혜를 받겠는가, 그
것은 너희들이 선택하기에 달렸음이
니라.
14 내가 너희들에게 다시 말하노니, 너희
들의 구원의 길은 연습이 없으며, 한

번 너희들이 발을 들여놓았을 때, 그
를 다시 잡을 수 없다 말하였으며, 한
번 발을 잘못 디뎠을 때 너희들은 그
를 돌이킬 수가 없음이니라.
15 인생에 사는 것은 실패도 있고 재기도
있으며 또 수정하여 갈 수도 있고 계
획을 바꿀 수 있으나, 너희들의 영혼
이 구원받아 천국에 오르는 것을 놓고
는 어떠한 것도 조건이 성립되어서도
안 되며, 너희들이 다른 생각을 해서
도 아니 되며, 한 치의 오차도 있어서
는 아니 되는 것이 너희들이 구원의
믿음의 길을 가는 자세이니라.
16 영혼이 구원을 받느냐 못 받느냐 하는
그 기로에 서 있는 인간 너희들이 과
연 그것을 놓고 흥정하고 생각하며 다
른 각도로써 바라볼 수 있겠는가?
17 전혀 그리할 수 없음이니라.
18 너희들이 한 길을 선택하는 것이 얼마
나 소중한 것인가를 알아야 될 것이니
라.
19 지금 내가 제3의 시대에 만백성을 구
하기 위해 법전을 내림이니, 이 법전
을 읽고 깨우치는 자, 그 모두는 내가
원하는 길이 아님을 알라.
20 그리고 너희들은 천국의 문을 들어설
수 없으며 천국의 문의 길을 찾는 방
법도 모름이니,
21 '나의 법전을 읽고 깨우치는 자, 반석
위에 서서 하늘에 오르는 그 빛을 볼
수 있다.' 말한 것은 너희들이 나의 법
전을 읽고 깨우쳐야만 하늘에 오르는
그 길을 알고 그 길을 볼 수 있다는 것
이니라.
22 그다음에 너희들이 하늘에 오르고 못
오르는 것은 너희들의 노력에 달렸음
이니 이것이 나의 뜻이니라.
23 이제 내가 직접, 모세의 시대를 지났
으며 나의 아들 예수의 그 시대가 지
나, 너희들이 만백성 중에 나 여호와
가 존재하며 하늘이 있다는 것을 모르
는 자는 없을 것이니라.
24 다만 너희들이 의혹하고 의심하며 '설
마 그러할 것인가?' 하는 의구심에 차
있는 것뿐이지, 나 여호와가 존재하며
하늘이 있다는 것을 의심하는 자는 없
을 것이며 모르는 자는 없을 것이니라.
25 다만 너희들 마음속에 의구심이 아직
풀리지 아니하였으며, 너희들이 아직
보지 못하고 듣지 못하였기 때문에
'설마, 설마' 하는 그런 생각에서 진정
한 믿음의 길을 가지 못하고 있음이니
라.
26 그러한 너희들을 바로잡기 위하여 이
제 심판의 시대로써, 내가 직접 나의
성령으로써 나의 법전이라는 책을 만
들어 온 세상을 덮고자 함이니, 이것
만이 나의 피조물 만백성의 구원의 길
이요, 하늘에 오를 수 있는 길이며, 그
길 외에는 없음을 알라.
27 내가 너희들에게 다시 한 번 강조하여
전하느니라.
28 나의 아들 예수가 태어난 2천 년 전
그 당시에도 나의 아들을 통하여 모두
를 역사했으며, 그 후에 나의 아들이
라 하여 세상에 나온 자가 있으며 내
가 내린 자 있는가 너희들은 한 번 보
라.
29 2천 년이 지난 지금에 와 내가 나의
아들을 세상에 내보내, 나의 성령을

그를 통하여 전하여 예수의 시대에
역사했던 그 역사가 그대로 이루어짐
이니,
30 하늘의 뜻은 한 사람을 통하여 세상에
전해지며, 한 사람을 통해서 거두어들
인다고 내가 여러 번 너희들에게 말한
이 뜻을 너희들은 가슴 깊이 새겨야
될 것이며,
31 오늘 너의 제자들은 내가 이루는 방대
하고 웅장한 그 사업에 한 부분의 중
책을 맡은 자들이라는 것을 잊어서는
아니 될 것이니라.

## 3,359 번째 하나님 말씀

*2002년 9월 13일 08시 26분*

1 사랑하는 나의 아들아!
2 "네, 아버님! 말씀하옵소서."
3 구약의 시대, 모세의 그 시대에 십계
명이라는 것을 내려보내 그 민족을 다
스리고자 하였으나 실패하였으며, 신
약의 시대에 나의 아들을 세상에 내보
내 예수로 하여금 나의 성령의 복음을
온 세상에 덮으려 하였으나 그 또한
실패하였음이니라.
4 그리하여 2천 년이라는 역사가 흐르
는 동안에 모든 나의 피조물 만백성이
하늘에 오르는 그 길을 갈구하며 그
길을 위하여 모두를 다 바치고 산다
하였으나 정녕 나와는 관계도 없는 멀
고도 먼 길로 믿음이라는 것을 향하여
부르짖고 왔음이니,
5 지금 내가 너를 통하여 나의 성령으로
써 만백성을 구하고자 법전이라는 책
을 내려보내, 그들의 잘못 가고 잘못
행하는 것을 하나하나 지적하며 이 법
전에 기록하여 그들을 깨우치고자 함
이니,
6 그와 같이 기록하여 만백성에게 전하
는 것만이 중대함이 아니요, 내가 그
들을 지적하고 잘못된 것을 말할 때
그를 너희들이 거울로 비춰 보아 너희
들이 그와 같은 삶을 살지 않는 것이
가장 소중하니라.
7 이제 나의 성령을 받아서 책으로 내며
만백성을 이끌어 가는 나의 아들 너와
너의 제자들은 지금까지 흘러온 그 종
파의 잘못됨과 잘 됨을 알고 있음이니,
8 너희들은 그것을 거울삼아 지금 나의
법전대로 살아가는 데 최선을 다하는
그와 같은 변화되는 마음으로 살아가
는 것이 중요함을 알아야 될 것이니라.
9 말로써 아무리 구원을 외치며 구원을
받았다 해도 그것은 나와 관계없다고
말했듯이, 너희들 또한 그러니라.
10 너희들이 아무리 그들의 잘못된 것을
지적하고 잘못된 것을 말해도, 너희들
이 그들과 똑같은 행위를 한다 하면
그것은 나와 아무런 관계가 없음이니,
이는 변화와 개혁이 아니며 나의 뜻에
따라 사는 것이 아니니라.
11 그 모두를 거울삼아서 너희들이 오늘
의 삶에 한 점의 부끄러움이 없는 그
와 같은 삶을 살아가는 것이 가장 중
요하니라.
12 나의 피조물 백성들도 어떤 유혹과 인
간의 삶의 향락을 벗어나지 못하여 모
두가 다 쓰러졌음이니, 너희들은 그와
같은 삶의 향락 속에 그 모두를 접어
두고 초연히 죽은 자와 같은 자세로써

살아갈 수 있는 그 마음과 행동함이
너희들에게 필요함을 잊어서는 안 될
것이니라.
13 너희들은 행동으로써 그를 보여 주어
야 할 것이며 행동으로써 만백성을 깨
우쳐 주어야 됨이니, 이것이 너희들이
가야 할 길이고 행하여야 할 길이며,
그리하여 너희들이 나로부터 선택된
백성임을 알아야 될 것이니라.
14 지금 내가 부른 너희들 외에는 그 누
구도 이 역사를 이룰 수 없으며, 그 길
을 가고자 하지도 아니하며, 그와 같
은 삶을 살고자 하지도 아니함이니라.
15 그것은 너무나도 어렵고 힘든 고통의
길이요, 고행의 길이기 때문이니라.
16 그러나 너희들은 여기서 조금도 늦추
어서는 아니 되며, 방심해서도 아니
되며, 오로지 나의 법전대로 살아가며
천사와 같은 마음으로 변화되는 그것
밖에는 너희들이 할 일이 없으며 보여
줄 것이 없음을 알라.

## 3,360 번째 하나님 말씀

*2002년 9월 13일 08시 34분*

1 사랑하는 나의 아들아!
2 "네, 아버님! 말씀하옵소서."
3 모든 종교 집단들이 나의 피조물 만백
성을 저희들의 올가미에 쇠사슬로 묶
어 놓음이니, 그중의 하나가 너희들은
원죄를 가지고 세상에 태어났으며 그
죄부터 먼저 사해야 한다고 그리 말하
느니라.
4 그러나 나 여호와는 너희들의 원죄가
없다고 하였음이니라.
5 그 원죄는 자신들이 다 지불했으며,
너희들은 너희들의 죄와 너희들의 삶
에 대한 그 책임만 지면 된다고 내가
너희들에게 말하였음이니라.
6 너희는 여기서 하나 깨우침을 알아야
될 것이니라.
7 너희들이 육으로 세상에 태어나 육의
삶을 마친 다음에 그 영혼이 심판을
받는 것은 육에서 어찌 살았느냐에 대
한 심판을 받음이니라.
8 너희들이 세상에 태어날 때 육은 너희
들의 육적인 부모에 의하여 세상에 태
어나나, 내가 너희들을 영원히 심판하
고 다루는 그 영혼은 내가 각자에게
내림이니, 너희들이 세상에 태어날 때
그 영혼은 나로부터 새로이 생명을 받
아 세상에 나오는 것이니라.
9 그러니 내가 새로운 영혼으로써 너희
들을 사람으로 만들어 이 세상에 내보
냈으니 너희들은 그와 같은 원죄와 연
관성이 없음을 알아야 할 것이니라.
10 너희들의 육은 조상으로부터 받아 온
것이나 너희들의 영혼은 너희들의 한
생명이 세상에 태어날 때마다 나로부
터 직접 그때그때 받아 세상에 나감이
니, 그 영혼이 무슨 원죄가 있으며, 너
희들 대대손손 지은 그 죄를 받는다
말하는가?
11 너희들의 육의 삶도 또한 스스로 자기
가 지은 죄의 대가를 치러 구원받을
자와 구원받지 못할 자가 이미 결정되
어 그리 흘러가 있음이니,
12 다만 인간으로서 다시 세상에 나오는
자는 내가 한 번의 기회를 다시 준 자
이며, 그는 제가 살아왔던 이전 세상

에서 지은 그 죄를 반드시 오늘의 이
세상에서 갚아야 될 것이니라.
13 지나온 세상의 그 삶에서 너희들이 잘
못 산 것을 내가 한 번의 용서의 기회
를 주어 인간으로 내보냈을 때, 너희
들은 지난 세상에서 살았던 것을 지금
의 세상에서 열배 백배 더 아름다운
삶으로 살아 스스로 그러한 죄를 소멸
할 기회를 줌이라 말하였음이니라.
14 새로운 세상에 새로운 생명으로 태어
난 너희들은 너희 조상의 원죄를 가지
고 나오는 것이 아니니라.
15 육은 너희 조상의 한계에서 인간의 형
태를 받아 가지고 너희 부모로부터 나
오나, 내가 심판하는 너희들의 그 영
혼은 내가 너희들에게 그때그때 영혼
을 직접 심어 줌으로 인하여 너희들이
세상에 나와 살 수 있는 기능을 발휘
함이니라.
16 그리하여 너희들은 항상 새로 태어나
는 사람으로서 나로부터 은혜를 받아
세상에 나옴이니, 너희들은 원죄라는
그 말이 얼마나 모순되며 잘못되었는
가를 깨우쳐 주어야 될 것이니라.
17 원죄가 없으며, 원죄가 없다는 것을
나의 피조물 만백성이 깨우쳤을 때,
그들은 원죄로 인하여 모든 죄를 빌고
또 빌어야 된다고 그와 같이 허무맹랑
하게 가르치는 그들의 잘못됨을 알게
될 것이니라.
18 원죄가 없음을 이제 알겠는가?
19 너희 조상의 죄는 그 조상이 받으며
그 당사자가 치르고, 그들이 구원받을
자 버릴 자 구분되어 다 그 세상에서
끝난다 하였음이니라.
20 그러나 또한 영혼의 태어남은 너희들
이 모르고 있었을 것이니라.
21 너희들은 여기서 하나를 반드시 깨우
쳐야 될 것이니라.
22 세상에 너희들이 태어날 때, 그 모두
가 영혼을 받아 가지고 가는 것은 나
로부터 새로이 받아 나감이니, 새로
태어난 인생인 너희들에게 어찌하여
원죄가 있고 다음 세상에도 너희들이
대대손손 그 죄를 지고 있다 하는가?
23 심지어는 아담에 대한 그 죄까지 너희
들에게 뒤집어씌우니, 그것은 종교 지
도자들이 너희들에게 금화와 은화를
받아들이며 너희들을 쇠사슬로 묶어
속박하여 끌고 가기 위한 저희들의 계
명이며 저희들의 생각이니, 너희들은
거기에 순종하지 말며, 잘못 가르치고
알지 못하는 그들을 깨우쳐 주어야 할
때가 되었음을 알라.
24 그렇지 않으면 너희들도 지옥으로 가
며, 너희 후손들 또한 구원을 받지 못
하고 영원히 지옥으로 간다는 것을 잊
지 말라.

## 3,361 번째 하나님 말씀

*2002년 9월 13일 08시 38분*

1 사랑하는 나의 아들아!
2 "네, 아버님! 말씀하옵소서."
3 너의 제자들과 만백성은 들어야 할 것
이며, 나의 법전을 읽고 깨우쳐 가고
자 하는 너희들은 가슴에 심어야 될
것이니라.
4 너희들이 나를 경배하며, 나에게 기도
하며, 나의 법전을 읽고 정독하며, 나

의 십계명을 지키고자 하는 그와 같은
마음을 갖고 살아가나, 너희들의 진정
한 그 마음에 요동이나 변화가 있어서
는 아니 될 것이니라.
5 너희들이 나의 법전을 수십 번 읽으며
나의 아들로부터 강론을 들으며 십계
명을 지키고 살아간다 말하나,
6 너희들이 정녕 나 여호와를 향하며 하
늘의 나로부터 심판을 받는다는 굳건
한 마음의 자세가 되지 아니하고, 그
저 성서를 가지고 공부하고 나의 법전
을 가지고 공부하고 강론을 들으며 나
의 성전을 찾아오는 너희들의 마음은
콩밭에 가 있으며 육신만 여기에 와
있는 그와 같은 믿음으로써는 너희들
이 죽을 때까지 믿는다 해도 하늘에
오르는 빛을 볼 수 없으며 구원을 받
을 수 없음을 알라.
7 너희들이 모든 마음을 하나로 하여 정
신 통일된 그 마음에서 법전을 읽고
성령을 들으며 하나하나 깨우치고자
하는 그와 같은 마음 자세로 살아갈
때 너희들은 나를 볼 수 있으며, 나의
음성을 들을 수 있으며, 너희들이 스
스로 변하여 천사와 같은 마음으로 살
아가는 그 형태에 임하게 됨을 알라.
8 너희들의 마음이 하나가 되어야 하는
것이니라.
9 오죽하면 너희들 말에 그런 말이 있겠
느냐?
10 중이 불공을 드리는 데는 관심이 없고
잿밥에만 관심이 있다 하니, 그가 무
슨 말을 시부렁거리고 무슨 이야기를
하며 제가 어디에 서 있으며 어떤 행
위를 하고 있는지도 그는 모르고 있는
것이 아니던가?
11 믿음이요, 나를 향하여 경배하고 기도
하는 너희들의 마음이 콩밭에 가 있는
그와 같은 형국으로써는 나의 법전을
읽고 깨우쳐도 알 수가 없음이니라.
12 그리하여 정독하라 하였음이니라.
13 정독하는 자만이 그 속의 뜻을 알며
그 속에 숨어 있는 의미를 알게 됨이
니라.

## 3,362 번째 하나님 말씀

*2002년 9월 13일 08시 43분*

1 사랑하는 나의 아들아!
2 "네, 아버님! 말씀하옵소서."
3 정녕 네가 무엇을 깨달아 지금 하늘을
향하여 네 마음이 변하여 가고 있는가?
4 "네, 아버님!
5 인간들이 세속에 살아가면서 글로 썼
을 때 그 글을 읽지 아니하여도 그 글
의 형태를 보면 그들이 어떠한 마음으
로써 글을 썼는가를 깨달을 수 있사오
며, 그 하얀 종이에 먹물로 쓴 것이 살
아 생명이 움직이는 것을 알고 있사옵
나이다.
6 그리하여 그 움직이는 속에서 그 글을
쓴 사람의 뜻이 무엇인지 알 수 있고
쓴 사람의 마음 자세를 알 수 있을 것
같은 깨달음을 얻었사옵나이다."
7 그리고 또 무엇을 깨달았는가?
8 "네, 아버님!
9 사람은 마음의 형틀이 얼굴이라 하였
습니다.
10 마음을 알려면 그 얼굴을 보며, 얼굴
을 보면 그 마음을 알고 마음이 얼굴

로 표출되므로 얼굴이 마음의 틀이라
그와 같이 깨달았사옵나이다.
11 그러나 이제는 그것이 아니고 더 깊은
의미를 깨달았사옵나이다.
12 사람들이 말하는 것은 그 사람의 심성
이라 말하였으나, 말은 하되 그 말 속
에 하나의 말이 아니라 그 사람이 가
지고 있는 그 마음의 형태대로 모두가
갈라져 나오는 것을 알고 있사옵나이
다.
13 이제는 사람이 말을 한마디 하되 그
사람의 말 속에는 그 사람의 건강과
생각하는 것과 그가 추구하는 것과 그
가 어떤 생각으로써 말을 하는 것인
지, 그 말 한마디 음성마다 각자가 그
뜻을 가지고 세상 밖으로 나오는 것을
알았사옵나이다.
14 시기하는 마음을 가지고 말하면 시기
하는 음성의 줄이 있으며, 남을 사랑
하는 마음으로 말하면 그 사랑하는 마
음의 줄이 있으며, 진정 하나님의 법
전을 생명처럼 생각하며 말하는 자의
그 속에는 법전을 생명처럼 생각하는
마음의 줄기가 있음을 알았사옵나이
다.
15 얼굴만이 마음의 거울이 아니요, 말하
는 그 음성 속에도 그의 모든 마음이
있음을 깨달았사옵나이다.
16 음성을 들으면서 그 사람이 어떤 생각
과 어떤 마음에서 하는 말이며, 과연
건강은 어떠한 것이며 그 생각은 무엇
인지 각자 다 줄이 있어서 그 줄에 따
라 말이 나오는 것을 알았사옵나이다.
17 미워하는 사람은 미워하는 줄이 있으
며, 사랑하는 사람은 사랑하는 그 마
음의 줄이 있으며, 같은 말을 하되 사
랑하는 마음, 미워하는 마음, 질투하
는 마음 이러한 마음이 그들의 말과
음성에 각자 가지고 나온다는 것을 알
았사옵나이다.
18 그래서 하나님께서 하신 말씀 중에
'너희들이 하는 말은 향기로운 말과
아름다운 말만 세상에 나와야 한다.'
하시는 것을 깨달았사옵나이다.
19 아름답지 못하고 향기롭지 못한 말에
는 그가 마음에 가지고 있는 독소의
모두가 다 쏟아져 나오며, 그들의 줄
기가 줄기대로 있음이니, 세상에 나와
세상을 어지럽게 하는 것을 깨달았사
옵나이다.
20 말은 말이 아니요, 그 말은 말대로 줄
기가 있으며 생명력이 있으며 살아서
움직이는 것을 알았사옵나이다.
21 그리하여 말 속에 여러 의미가 들어
있는 것을 깨달았사옵나이다."
22 그러니라, 나의 아들아!
23 모든 세상의 이치가 다 그러니라.
24 너희들 말 속에 앞으로 간다 하면 그
저 앞으로 가는 것이요, 너희들이 잠
잔다고 하면 잠잔다 하나, 잠잔다는
말 속에 그 말이 여러 가지로 갈라져
세상에 나오는 것을 네가 깨달았으니,
바로 그게 네가 나로부터 선택된 아들
이요, 나의 아들이니라.
25 이 세상 모든 종파들이나 유능한 박사
라 하는 그들도 이 세상의 모두를 다
그리 깨우칠 수는 없음이니라.
26 그러하기에 네가 나로부터 선택된 아
들이요, 백성임을 알아야 될 것이니라.

## 3,363 번째 하나님 말씀

*2002년 9월 13일 08시 52분*

1 사랑하는 나의 아들아!

2 "네, 아버님! 말씀하옵소서."

3 너의 제자들이 나의 법전을 네 앞에서 읽을 때, 그가 읽어 내는 그 음성을 듣고 네가 그의 마음을 앎이니,

4 그것은 네가 그만큼 너 자신을 다스렸으며, 너 자신이 한 점의 부끄러움이 없는 깨끗하고 아름다운 삶을 살고자 몸부림치고 노력한 그 대가이니라.

5 그리하여 네가 그만큼 경지에 올라와 있음이니, 남들이 보든 보지 아니하든 네가 남으로부터 부끄러운 짓을 하지 않고자 너 스스로 그를 절제하며, 남들이 보지 않는 곳에서 너 자신을 다스리며 너를 지켜 내고자 하는 자신과의 싸움에서 네가 스스로 이겨 가고 있음이니,

6 너의 제자들과 이 법전을 읽는 만백성에게 그와 같은 삶을 살아가야 됨을 알려 주라.

7 네가 그만큼 경지에 오름으로 인하여 남들의 말이 무슨 말인가를 알며, 그 말 속에 수천 가지 갈라져 있는 그 뜻을 다 들으며 그들의 마음속의 마음을 알듯이,

8 이제 네가 나의 법전을 읽어 가는 그 제자의 목소리를 들으면서 그들의 마음을 알며 그들이 지금 처해 있는 것을 알 수 있는 그 경지에 오르는 것은 오로지 네가 그만큼 너 자신이 변화되는 삶을 살기 때문임을 알라.

9 너희들은 말하지 않느냐?

10 식물인간과 같은 사람을 불행하게 생각하나, 너희들 자신이 식물인간과 같은 마음의 형태로 돌아왔을 때 그 모두를 알게 될 것이니라.

11 그리되는 자만이 나의 법전의 진정한 의미를 알며, 성서의 의미를 알며, 십계명의 의미를 알며, 내가 이루고자 하는 그 역사의 뜻을 알게 됨이니, 그게 바로 나를 보며 나의 음성을 듣는 그 영광을 얻게 됨이니라.

12 그와 같은 마음 자세로 살아가는 것만이 구원의 길에 오를 수 있는 것임을 알라.

13 감히 앞에서 책을 읽는 그 음성을 듣고 그들의 마음을 다 알 수 있는 종교 지도자 있으면 나와 보라 말하라.

14 그리고 흘러나오는 그 말소리에 천 갈래 만 갈래 여러 가지 마음의 상태가 그대로 다 각자 힘을 가지고 나오는 것을 아는 자 있거든 한번 설명해 보라 이르라.

15 너희 인간으로서는 한계가 있으며 인간으로서는 깨달음이 없음이니, 이게 바로 나로부터 선택된 나의 아들이 가는 길이며, 그들과 네가 차별화됨을 알라.

16 그리하여 너의 제자들에게 이와 같은 의미를 하나하나 가르쳐 주고 그들이 깨달아 행하도록 그리해야 될 것이니라.

## 3,364 번째 하나님 말씀

*2002년 9월 13일 09시 37분*

1 사랑하는 나의 아들아!

2 "네, 아버님! 말씀하옵소서."
3 인간 너희들은 인간 세상의 삶을 살아
가면서 구원을 받았다, 구원의 길에
들어섰다, 그리고 구원을 받을 것이라
는 말을 너희들이 함부로 할 수 없음
이니라.
4 그 모두는 나 여호와만이 할 수 있는
것이며 나 여호와만이 이룰 수 있는
일이기 때문이니라.
5 창조주 나 외에는 누구도 구원을 받았
다, 받을 것이라, 지금 그 길에 들어섰
다는 그와 같은 이야기를 할 수 없음
이니라.
6 그 모두는 나의 고유 권한이며, 제3의
시대에 내려보낸 나의 법전을 읽고 깨
우치는 자, 그리고 계명대로 살아가고
자 노력하는 자들만이 거기에 해당되
는 것을 알아야 될 것이니라.
7 그와 같이 말하는 자가 얼마나 어리석
은 자인 줄 아는가?
8 그는 넓은 바다에 물 한 바가지를 떠
서 그를 손으로 휘저어 쏟으면서 이
바다의 모든 것을 다 알았으며 깨우쳤
다고 하는 그와 같은 어리석은 자와
똑같으니라.
9 바닷속에 살아가는 그 오묘한 환경과
그들의 이루어지는 그 모두를 제가 어
찌 바닷물 한 바가지를 떠 그를 쏟으
면서 다 보았으며 다 알았으며 바닷물
이 무엇인가를 알 수 있다 말하는가?
10 그와 같이 어리석은 것이 구원의 길에
들어섰다 하며 구원을 받았다고 말하
는 자들이니라.
11 너희들이 그와 같이 어리석은 자 밑에
가서 구원을 받고자 재물을 바치며 기
도와 광란의 짓을 함으로 인하여 그
사악한 지도자들에게 힘을 실어 주고
있음이니, 그것 또한 너희들의 죄가
무거움을 알아야 할 것이니라.
12 너희들이 재물로써 천국에 가며, 재물
을 많이 바치고 너희들이 만든 성전에
가서 기도하고 경배하는 것만으로 구
원을 받고 구원의 길에 들어섰다고 말
한다면, 너희들은 바닷물 한 바가지를
떠서 그를 쏟으면서 그 바다의 방대하
고 오묘함을 다 알았다고 말하는 것보
다도 더 어리석은 것이 그와 같은 이
야기임을 알라.
13 너희들이 바닷물 한 바가지를 쏟으면
서 느끼는 것은 바닷물이 소금과 같이
짜다는 것 외에는 아무것도 알 수 없
는 것이 너희들이니라.
14 지나가는 바람이 너희들의 살갗을 스
칠 때, 너희들은 바람이 시원하다고
느끼나, 그 바람이 불어 어디로 가며
무엇을 이루며 모두의 생명력을 존속
시키는 가장 소중한 것이라는 것을 알
지 못하며 그가 행하는 것을 모르는
것처럼, 그와 같이 어리석은 자가 지
금의 믿음으로써 구원의 길에 들어섰
으며 구원을 받았다 말함이니라.
15 하늘의 뜻이나 나 여호와 창조주가 원
하는 것이 무엇이고 내가 추구하는 것
이 무엇인가를 하나도 모르는 너희들
이 그와 같은 자들이니, 그와 같은 말
을 하는 자를 믿고 구원을 받고자, 하
늘에 오르고자 하여 모두를 다 바치는
것은 너희들의 죄만 하나하나 더 늘어
남이니, 그를 알라.
16 내가 너희들에게 구약과 신약의 시대

에는 십계명을 지키는 것만이 구원을
받는 길이라 말하였으니, 그 내 가르
침에 틀림이 있던가?
17 구약과 신약의 시대에 나의 십계명을
지키고 사는 것만이 구원을 받는 길이
라는 말이 틀린 말이 아니라면, 내가
제3의 시대에 나의 법전을 지키고 나
의 법전을 읽고 정독하여 그대로 행하
는 것이 구원을 받는 길이라는 이 가
르침 또한 틀린 말이 아님을 알라.
18 정녕 창조주인 내가 다시 한 번 너희
들에게 기회를 주어 말함이니, 너희들
은 오로지 나의 법전을 읽고 깨우쳐
그리 행하는 길만이 구원의 역사에 들
어선다는 것을 잊지 말라.

## 3,365 번째 하나님 말씀

*2002년 9월 13일 09시 41분*

1 사랑하는 나의 아들아!
2 "네, 아버님! 말씀하옵소서."
3 촛불을 밝히는 초가 아무리 단단하고
단단하게 만들어졌다 해도 그 심지에
불을 붙이면 그는 서서히 타들어 가
며, 눈물을 흘리듯이 제 스스로 녹이
며 그 초는 점점 줄어드느니라.
4 그리고 흘러내리는 그 촛농에 의하여
자신은 빛을 발하며 서서히 시들어 감
이니라.
5 추운 겨울날 너희들이 아무리 예쁘고
아름답고 단단하게 눈사람을 만들어
놓았다 해도 그 눈사람은 태양이 나와
빛을 발할 때 그 또한 서서히 녹아 그
자취를 감추는 것이니라.
6 이와 같이 너희들의 인생이 그러하니
라.
7 너희들의 삶이 죽음이라는 그 앞에서
너희 스스로 그리 서서히 녹아 가는
것이니라.
8 그를 막을 수도 없으며 돌이킬 수도
없는 것이 너희들의 운명이며, 육의
삶은 한 줌의 흙으로 돌아가나, 거기
에서 너희들이 스스로 무너지고 타고
난 다음에 남는 것은 영혼이요, 그 영
혼은 육의 삶이 어찌 살았느냐에 따라
서, 육의 세상에서 어떻게 지탱하고
살았느냐에 따라서 나로부터 심판을
받고, 구원의 길이나 지옥의 길 그 둘
중의 하나로 가게 되어 있음이니라.
9 이제 너의 제자들에게 말하여 이르라.
10 너희들 자신이 그와 같이 변할 수 없
으며 비켜 갈 수 없듯이, 촛불이 꺼지
지 아니하는 초는 눈물을 흘리며 녹아
내리는 것이며, 태양의 빛이 멈추지
아니하면 눈사람은 서서히 녹아서 없
어짐이니라.
11 거기에서 너희들은 무엇을 느끼는가?
12 그와 같이 녹아서 태워지고 없어지는
인생이 너희들이거늘, 너희들 자신도
그와 같이 녹아 가며 너희들의 더럽고
추했던 그 모두를 다 스스로 버릴 수
있는 그와 같은 마음의 자세를 가질
수는 없는가?
13 그와 같이 녹아 가는 너희들의 그 삶
에, 너희들이 거기서 추하고 더러운
것을 짊어지고 걸머지고자 몸부림친
들 과연 그것은 무엇이 되겠는가?
14 오로지 너희들에게 갚아야 할 죄목만
남으며 무거운 죄의 짐만이 남음이니,
15 이제 너희들이 육에서 지은 모든 죄를

육이 존재할 때 스스로 그를 용서 빌
고 회개하며, 그보다 더 아름답고 그
보다 더 깨끗한 삶을 열배 백배 추구
하고 살아갈 때 그를 용서받을 수 있
음을 알아야 될 것이니라.
16 너희들의 가는 길이 얼마나 험난하고
무거운가 너희들은 생각해 보라.
17 내가 너희들에게 말하였음이니라.
18 하나의 사과를 훔쳤으면 열 개를 도로
갖다 놓았을 때 죄가 상쇄된다 하였으
며, 너희들이 지금까지 살며 지은 그
죄를 열 배로 갚아야 함이니, 그를 과
연 너희들은 갚을 수 있겠는가?
19 갚지 못할 그 죄목은 어찌하여야 되는
가?
20 너희들은 많은 덕과 공과 사랑과 나눔
으로써 모두를 살아가야 될 것이니라.
21 그와 같은 마음으로 살았을 때 너희들
이 구원의 빛을 보게 됨이니, 이는 나
의 뜻임을 알라.

## 3,366 번째 하나님 말씀

*2002년 9월 13일 11시 45분*

1 사랑하는 나의 아들아!
2 "네, 아버님! 말씀하옵소서."
3 내가 너희들에게 무어라 일렀느냐?
4 나의 법전을 정독하지 아니하는 자는
심판대에 설 수 없다는 그 글을 내가
법전에 실어 너희들에게 전하였음이
니, 너희들은 그 의미를 어찌 받아들
이는가?
5 내가 너희들을 통하여 다시 한 번 강
조하나니, 너희들이 죽어 나에게 와
심판을 받는 그 심판대에 섰을 때, 나
의 법전을 읽고 정독하지 아니한 자는
그 심판대에 설 자격도 없다 하였음이
니, 이 얼마나 무서운 말인가를 너희
들은 아는가?
6 이를 읽고 깨우치는 자는 심판대에 설
것이며 그렇지 못한 자는 지금의 너희
들의 삶에서 지옥으로 간다는 그 말의
뜻이 있음이니, 너희들은 이 말을 믿
지 아니하며 두려워하지 아니할 것이
니라.
7 그러나 너희들은 들어야 할 것이니라.
8 내가 나의 성령을 태워서 나의 아들을
통하여 160권의 법전이라는 책을 세
상에 만들어 냄이나, 그들은 이게 나
의 성령이라는 것도 믿지 아니할 것이
며 믿으려 하지 아니할 것이니라.
9 그러나 이것은 엄연한 사실이니라.
10 나의 성령이기에 160권이라는 책이
단시간 내에 세상에 나와 나의 피조물
만백성을 구하게 됨이니, 이것은 내가
추수의 시대에 이루는 역사이니라.
11 내가 추수의 시대에 직접 내려가 너희
들을 구별하고 있는 그와 같은 형국에
있음이니, 바로 그것이 무엇이더냐?
12 나의 법전이 기준이요, 내가 내리는
나의 성령의 뜻인 '하늘에 오르는 길'
'하나님! 말씀하옵소서.' 이 책이 기본
이니라.
13 그래서 이것을 읽지 않는 자는 정녕
나의 앞에 와 심판대에 설 자격도 얻
지 못함이니, 그것은 너희들이 알아서
깨우쳐 행하여야 될 것이니라.
14 너희들이 지금에 가는 믿음 속에서 구
원을 받는다 생각하는 자는 그대로 믿
음을 가면 될 것이며, 그러나 너희들

은 지옥행 열차를 타고 간다는 것을
잊어서는 안 될 것이니라.
15 나 여호와가 말함이니, 나의 법전을
한 권 읽고 접하는 자는 나에게 심판
을 받을 자격이 있다 하였음이니,
16 너희들은 모든 것은 나 여호와의 주관
이요, 나의 뜻에 의해 세상에 다 나온
다고 하면서, 나의 성령이요, 나의 말
씀이요, 나의 뜻이라 하여 너희들이
생명보다도 더 소중히 읽고 깨우쳐야
될 이 책은 사탄이요, 이단이라 하여
열지도 못하게 하며 보지도 못하게 함
이니, 그것이 너희들의 그 사악한 마
음의 자세이며 어리석고 우매한 행동
이니라.
17 이 세상의 모두는 내가 주관하여 내보
냄이니, 나의 법전이 세상에 나오는
것도 나의 뜻이니라.
18 한두 권의 법전이 아니요, 160권이라
는 대장정의 나의 성령이 세상에 내려
가는 것이 얼마나 위대하고 무서운 역
사가 이루어지는 것인가?
19 새로운 시대를 열고자 하는 대혁명의
길이 지금 열리고 있음이니, 너희들이
깊이 나의 뜻을 깨우쳐 나의 법전을
접하여야 될 것이니라.
20 너희들이 나의 이 모두를 믿지 아니하
듯이, 이 법전을 읽는 자만이 나에게
심판을 받는다는 것을 너희들이 또 지
워 버리며 정신 나간 자가 하는 소리
라 말할 것이니라.
21 그러나 이는 엄연한 사실이니라.
22 너희들이 머지않아 육의 삶을 마치고
왔을 때, 이 법전 한 권이 얼마나 소중
한 것인가를 알게 될 것이니라.
23 내가 무어라 깨우쳤더냐?
24 소낙비가 쏟아지는 속에서 내가 황금
의 빗방울 하나를 내릴 때 그것을 손
에 담는 것보다도 더 큰 영광이 나의
법전을 읽는 것이라 내가 그리 강조하
였거늘,
25 이를 읽지 않는 자는 심판대에 설 수
없다는 것을 너의 제자들은 오늘 가슴
속에 깊이 새기며, 자부심을 가지고,
너희들은 영광의 선택된 자임을 알 것
이며, 그리 너희들의 영광된 그 모두
를 만백성을 위하여 나의 법전을 전하
는 데 소홀히 하지 말아야 할 것이니
그리 알라.

## 3,367 번째 하나님 말씀

*2002년 9월 14일 08시 55분*

1 사랑하는 나의 아들아!
2 "네, 아버님! 말씀하옵소서."
3 너희들 인간사에 지금 너희들을 이끈
다는 종교 지도자 그들이 오만하고 자
만하기 한이 없으며 겸손을 모르며 사
랑을 모르느니라.
4 그리고 저희들이 나의 종이요, 만백성
의 종이라는 그 자체도 모르고 제왕적
인 위치를 지키고 제왕적인 행위를 하
며 살아가는 그들을 용서할 수 없듯이,
5 지금 믿음이요, 구원의 길을 간다 하
여 재물로써 무엇인가를 얻으려 하는
너희들 또한 용서할 수 없는 그와 같
은 나와는 관계도 없는 길을 가고 있
음을 알아야 될 것이니라.
6 진정한 믿음이 무엇이더냐?
7 너희들은 아브라함이 자기 아들 이삭

을 나에게 바치라 했을 때 바치려 하
였던 것과, 욥의 고통과 시련의 그 싸
움을 읽고 들어서 알지 않는가?
8 과연 너희들은 그들과 같은 믿음으로
써 나를 향하는가?
9 그와 같은 믿음으로써 행한다 하면 너
희들은 진정 나로부터 선택된 백성일
것이니라.
10 그러나 너희들은 그와 같은 믿음을 갖
지 못하고 금화 몇 닢이나 은화 몇 닢
을 더 많이 내고 바쳤다 하여 모든 종
교 집단에서 군림하고자 하며 너희들
의 의사대로 이끌어 가고자 하며 너희
들의 목소리가 높아짐이니,
11 이와 같은 마음으로 너희들이 무슨 믿
음을 가지고 가는 자들이며, 나를 향
하여 하늘에 오르는 구원의 길을 온다
생각하는가?
12 자기 자식을 나의 명에 의하여 바치려
했던 자나 모두가 만신창이가 되어 벌
레가 우글거릴 때까지 나를 놓지 않고
버틴 욥의 그와 같은 자세에 너희들을
비할 때, 너희들이 얼마나 오만하고
자만했던가?
13 그들은 끝없이 겸손했으며 두려움을
알고 있었음이니라.
14 그러나 지금 종교 지도자들, 구원의
길에서 하늘에 오르는 티켓을 사겠다
하는 자, 너희들이 나로부터 관리를
위임받은 재물을 몇 푼 더 내놓았다
하여 그걸 가지고 그 모두를 좌지우지
하려 하며 너희 생각대로 성전을 이끌
어 가고자 하는 그와 같은 너희들의
그 심성이 얼마나 잘못되었는가 너희
들은 깨달아야 될 것이니라.
15 직급을 재물로써 사 가지고 그 직급에
의한 너희들의 그 오만방자한 행위는
종교 지도자들 못지않은 그와 같은 너
희들의 자세이며, 너희들이 흉악한 행
동을 하고 있음을 알아야 될 것이니라.
16 그러면서 너희들이 어찌 욥과 아브라
함과 같은 마음의 만분의 일이라도 따
라가겠는가?
17 그와 같은 마음을 가진 자가 나의 자
식이요, 나의 백성이요, 나에게 순종
하는 자라 하니, 너희들이 얼마나 적
은 것으로써 오만한가?
18 그를 가지고 어렵고 힘든 신도들 앞에
군림하고자 하며 그들의 의사를 무시
하며, 너희들 몇 사람의 뜻에 의하여
모두를 운영하고자 하며, 그 뜻이 반
영되지 아니할 때 너희들은 금화와 은
화를 낸 사람의 목소리만큼 큰 음성을
내니,
19 이러고도 너희들이 무슨 구원을 받는
자들이며 하늘에 오르는 역사를 이루
고자 하여 기도하며 경배하는 자라 말
하는가?
20 너희들 자신을 돌이켜 보라.
21 너희들은 성서라는 것을 몇십 년 동안
가지고 다녔으며 거기에 따라서 너희
들은 재물이요, 은화를 많이 바쳤음이
니, 그래서 너희들은 직급을 금화와
은화의 재물로써 산 자들이니라.
22 그리하여 너희들은 그 값을 하기 위해
서 얼마나 오만하며 너희들 음성을 높
이고자 하며 너희 자신의 자리를 지키
고자 하는가?
23 이와 같은 자로서 너희들이 어찌 나에
게 선택된 백성이며 구원을 받는 백성

이라 하느냐?
24 너희들이 아브라함과 욥과 같은 역경을 겪은 자라면 너희들은 정녕 작은 신과 같은 행위를 하고자 할 그와 같은 자들이니라.
25 이제 내가 나의 법전을 통하여 너희들에게 전함이니, 욥과 같이 어렵고 힘든 고통을 겪는 자도 겸손하며 아브라함과 같이 자기 자식을 바치라 할 때 그 자식을 제물로 바쳤던 그도 겸손하였음이니라.
26 너희들은 먼저 자신을 돌아다보며, 겸손함을 먼저 배우며, 낮은 자세로써 모든 삶을 살아가는 그 형태부터 먼저 배우라.
27 너희들이 직급이 높으며 재물을 좀 바쳤다 하여 그를 가지고 너희 손으로 지은 성전에서 반목하여 화합하지 못하며, 제 의사대로 모든 것을 이끌어 가며,
28 또 나의 종이라 하여, 나로부터 선택된 종교 지도자라 하여 교리를 가르치고 설교를 하는 그들까지도 좌지우지 하려고 하는 그와 같은 너희들의 마음 자세가 아닌가 보라.
29 그러니 너희들이 위는 위대로 내용을 모르고 가르치는 썩은 자요, 아래는 아래대로 저희들이 인간의 능력을 가지고 인간으로서 그 모든 욕심과 제 주관대로 이끌어 가고자 하는 그와 같은 것이 지금 아름다운 성전에서 하늘에 오르는 길을 간다는 자들이 하고 있는 그 형태이니, 그게 어디 사랑을 베풀며 나로부터 선택된 백성들이 존재하는 곳이더냐?
30 썩은 냄새가 나는 곳이 지금 너희 손으로 지은 성전이요, 그 썩어 가는 곳에서 어찌하여 너희들이 구원의 길을 보며 하늘에 오르는 길을 보며 영광된 길을 볼 수 있다 생각하는가?
31 그곳이야말로 죄의 온상이며, 가장 사악한 무리들이 우글거리는 곳이니라.
32 차라리 너희들이 말로 청산유수같이 사랑을 베풀며 사랑을 나누며 나의 뜻에 살아가는 자들이라는 그 말을 하지 말라.
33 너희들은 이제 우리 부자의 이름을 팔지 말며, 나의 아들 예수의 보혈로써 구원받았다는 말을 하지 말라.
34 그곳에는 나의 아들 예수로서 구원할 자도 없으며 구원받을 자도 없음을 알라.
35 너희들은 아비규환이니라.
36 그곳이 가장 썩어 온 세상의 죄의 온상이 그곳임을 너희들은 알아야 될 것이니,
37 너희들 스스로 깨우쳐 너희들의 지금의 형태를 너희 스스로 파악하여, 내가 내리는 말이 틀리면 너희들이 나의 법전을 덮을 것이며, 그렇지 않다면 나의 법전을 보고 깨달으라.
38 그리하여 하늘에 오르는 그 길로 돌아서는 그와 같은 마음의 자세를 갖지 아니한다면 너희들은 영원히 구원의 길을 볼 수 없으며, 구원의 길을 갈 수 없음이니라.
39 지금 너희들이 금화 몇 푼을 더 냈다 하여 그 앞에서 음성을 높이며 너희들의 몫을 찾으며 너희들의 자리를 찾으며, 높은 단상에 앉아서 너희들만의

권위의식을 가지고 예배하며 나에게
경배함이니, 다 부질없는 짓들이니라.
40 높을수록 겸손해져야 하며, 알수록 겸
손하며, 많이 바친 자일수록 겸손한
그런 미덕도 모르는 너희들이, 오래
다녔다는 이유로 또 재물을 바쳤다는
이유로 돈을 주고 직급을 사고 직급에
따라서 높은 데 앉아서 예배 보고 경
배하며 너희 권위를 높이고자 하니,
41 감히 나 여호와 앞에 와서 그리 높고
자 하는 자들이 얼마나 오만한 자들인
가?
42 아들을 바친 아브라함이나 그 모든 시
련과 고통을 겪고 이겨낸 욥과 같은
자도 겸손하거늘, 감히 그에 비해 천
분의 일, 만 분의 일도 못한 너희들이
그와 같이 작은 것으로써 베풀었다 하
여 높은 좌석에 높은 곳에 앉아 높은
위치에서 생색을 내고자 함이니, 가소
로운 일이니라.
43 너희들은 나의 성경책으로 얼굴을 가
리고 그 성전을 뛰어나오는 부끄러움
을 알아야 될 것이니라.
44 더 이상 부끄럽고 추한 짓을 하지 말
라.
45 너희들은 지옥으로 가 오늘의 너희들
이 높은 단상에 앉아 생색을 내려고
했던 것이나 너희들 종교 집단끼리 성
전이라는 곳에서 반목하며 제 위치를
지키고자 음성을 높이며 제가 재물을
낸 만큼 저희들의 위치를 지키고자 했
던 그 추한 모습들이 얼마나 무서운
것인가를 죽어 내 앞에 왔을 때 알게
될 것이니,
46 지금 내가 너희들을 바로잡아 하늘에
오르는 그 길을 인도하고자 제3의 시
대의 역사를 열어 법전을 내림이니,
이것이 곧 나의 성령이요, 나이니라.
47 너희들이 나의 성령으로 기록된 나의
법전을 읽지 아니하고는 정녕 구원의
길을 볼 수 없을 것이며,
48 너희들이 이를 보고 깨우치지 아니하
고 죽어 나에게 왔을 때 너희들이 얼
마나 추하고 더러운 짓을 한 것인지
알 것이며,
49 신도라 하는 자들 위에 군림하고자 하
는 자, 몇 푼의 금화와 은화를 내어 그
것으로 직급을 산 자, 너희들은 정녕
용서받지 못할 그와 같은 형국에 이를
것이며, 너희 자신이 얼마나 부끄러운
행위를 하고 있는 것인가를 알 것이니
라.
50 너희들이 한번 죽어 나에게 와서 심판
을 받는 심판대에 서 있는 자라 생각
하고 오늘의 삶을 다시 비추어 보지
아니하면, 너희들은 영영 구원을 받을
수 없을 것이니라.
51 내가 너희들에게 다시 명하나니, 몇십
년 너희들이 지은 성전을 다닌 자, 그
곳에서 재물과 은화를 주고 직급을 산
자, 너희들은 그 죄가 얼마나 무서운
것인가를 지금 너희들이 죽어 와 나에
게 심판을 받는 자라 생각하며 너희들
이 행한 행위를 하나하나 점검해 보며
종이에 그 죄목을 써 보라.
52 그러고도 과연 너희들이 나로부터 구
원을 받고 축복을 받을 수 있으며 하
늘나라에 오를 수 있다 생각하는 자가
몇 명이나 있는가 보라.
53 너희들은 너희 스스로 한 명도 없음에

부끄러움을 알 것이니라.

## 3,368 번째 하나님 말씀

*2002년 9월 14일 09시 07분*

1 사랑하는 나의 아들아!
2 "네, 아버님! 말씀하옵소서."
3 너희들은 욥의 그 고통과 시련을 알고 있는가?
4 너희들은 욥이 버티고 인내한 그 믿음에 대한 것을 그저 흘려보내서는 아니 될 것이니라.
5 그리하면서 너희들은 무엇이라 말하는가?
6 너희들은 욥이 나로부터 받은 은혜와 영광과 축복만을 생각함이니, 너희들 자신의 믿음이요, 너희들의 지금의 마음 자세를 너의 제자들에게 물어보아야 할 것이니라.
7 과연 너희들은 욥과 같은 그 시험을 견딜 수 있으며 지금의 마음이 그와 같은 자세로써 믿음을 향하여 가고 있는가?
8 오로지 너희 자신은 한량없이 밑에 있으면서 욥이 받았던 영광과 축복만을 생각하면서 믿음의 길을 가고 있다 하면 너희들 자신은 구원을 받을 자격이 없음을 알아야 될 것이며,
9 아들을 바치라 할 때 그 외아들을 바치려 했던 아브라함의 마음과 순종함을 너희들은 지금 얼마나 따라갈 수 있다 생각하는가?
10 너희들은 과연 그와 같이 너희 자신의 가장 소중한 것을 다 바칠 수 있는 마음으로써 믿음을 가고 있는가?
11 너희들은 여기서 고통과 시련 속에서 160권이라는 책을 만들어 만백성을 구하는, 내가 새로운 시대를 여는 그 역사를 이루어 가는 나의 아들에게 너희들이 무엇으로써 160권의 책이 나올 수 있도록 도와주었으며 힘이 되어 주었으며, 그를 보필하여 했는가 생각해 보라.
12 지금 나의 명을 받고 나의 성령을 받아 160권의 법전을 세상의 만백성에게 전하기 위하여 새로운 역사가 열리는 이 역사가 이루어졌다 하면, 욥은 과연 어찌했겠는가?
13 그는 병들어 썩어 가는 그 몸을 가지고도 지탱하였음이니, 그가 재물로써 160권이 나오는 것을 돕는 것에 주저했겠는가, 그리고 그가 두려워했겠는가?
14 그리고 그가 진실로 제 재산을 감추어 놓고 재산이 없는 것처럼 말하며 160권의 법전이 나오는 것을 돕지 않았을 것인가?
15 그는 그 재물을 감추어 놓지 아니하고 속이지 아니하며 그 모두를 다 가지고 160권의 법전의 역사를 이루려 했을 것이니라.
16 아브라함도 어떠했겠는가?
17 자기의 소중한 자식을 바치려 했던 아브라함에게 160권의 법전을 만드는 그 역사를 맡겼을 때, 과연 그가 시간과 재물과 그 모두를 감추어 놓고 나의 아들을 돕지 아니하였겠는가, 그렇지 않으면 모든 재물을 다 바쳐 그를 만들어 새 역사를 이루는 속에서 나로부터 축복을 받으며 영광과 영예를 받

을 수 있는 그 길을 선택했겠는가?
18 내가 오늘 나의 아들을 통하여 나의
법전에 기록함이니, 너희들이 그와 같
은 마음 자세로 이루어졌을 때 이 역
사는 이루어질 것이며, 그와 같이 너
희들이 하나의 마음이 되고 모든 제자
들이 하나로 뭉쳤을 때 모든 역사는
이루어질 것이니라.
19 나의 아들이 법전을 가지고 세상에 나
와 나의 성령을 받아 만백성을 구원하
기 위하여, 새 시대를 열기 위하여 이
역사를 이룬다 할 때, 과연 아브라함
과 욥은 재물을 감추어 놓으며 시간을
감추어 놓으며 그 모두를 속여 가면서
나의 아들을 따랐겠는가?
20 그들의 마음을 보고 너희들의 마음을
지금 짚어 봐야 될 것이니라.
21 과연 160권의 법전이 세상에 나와 만
백성을 구하는 그 역사가 위대한 것인
가 아니면 너희들이 편안하게 살아가
는 삶을 사는 것이 진정 위대한 것이
며 나를 위하는 길인가?
22 여기서 너희들이 너희 자신을 돌아다
보아야 될 것이며, 너희들이 마음의
각오를 다시 하지 않으면 아니 될 것
이니라.
23 너희들이 열과 성의를 다했을 때 나의
아들의 많은 제자들이 열과 성의를 다
하여 따를 것이며,
24 너희들이 그와 같은 욥과 아브라함의
마음 자세를 가지지 못하는 것은 나를
믿지 못함이요, 나의 법전을 믿지 못
함이요, 나의 아들을 믿지 못함이니,
25 믿지 못하는 자가 나의 성전에 와서
백날 앉아 강론을 들어도, 너희 마음
의 의혹의 뿌리는 제거할 수 없으며
지울 수 없으며 정녕 하나가 될 수 없
는 자들이니, 이 이치를 깨우쳐 각자
반성하도록 그리하라.

## 3,369 번째 하나님 말씀

*2002년 9월 14일 10시 14분*

1 사랑하는 나의 아들아!
2 "네, 아버님! 말씀하옵소서."
3 너희들 말에 호랑이를 잡으려면 호랑
이 굴에 뛰어들라는 말이 있느니라.
4 이제 내가 너를 통하여 세상에 내려보
내는, 10부로 나누어진 160권의 법전
이 3부가 완성되어 가면 너희들이 곧
세상 속에 뛰어들어 그들을 구원하는
역사를 이루어야 할 것이니라.
5 언제까지고 너희들이 방호벽을 치며
너희 자신만 공부하며 만백성이 너희
들을 찾아와 힘을 보태 주기를 바라는
것은 아니 됨이니라.
6 이제 3부가 끝나면 너희들이 세상에
나가 그 내용을 가지고 만백성에게 깨
우쳐 주어야 될 것이며, 크고 작은 너
희들의 집회를 만들어 거기에서 강론
하는 그와 같은 역사를 이루어야 될
것이니라.
7 너희들이 모든 장소를 만들며, 나의
아들이 이제는 원고가 없고 기록한 것
이 없이도, 3부의 법전을 끝내는 이
시점에 만백성을 위하여 나의 뜻을 충
분히 전할 수 있으며, 강론을 할 수 있
으며, 그 강론을 듣고 놀라지 아니할
자 없을 것이니라.
8 그리고 그 강론을 듣고 깨닫는 자가

구원의 길을 얻는 영광을 얻는 그 역
사가 이루어실 것이니,
9 너희들은 작고 큰 강론을 할 수 있는
장소를 만들어 너희들이 강론을 하며,
10 또 너희들이 나의 아들을 필요로 할
때 나의 아들이 직접 나가 강론을 하
는 식으로, 이제는 너희들이 세상 속
에 뛰어드는 그와 같은 용기 있는 생
활로써 바꾸어야 될 것이니라.
11 3부라는 법전이 세상에 나왔음이니,
160권이라는 것을 믿지 아니하는 자
들도 50권에 가까운 법전이 나왔다
하면, 앞으로 110권이라는 법전을 쓸
수 있다는 것은 누구나 다 생각할 수
있을 것이며, 이미 50권의 법전이 나
왔다는 것도 기적이라는 것을 그들은
알 것이니라.
12 그러니 이제 너희들이 그들 속에 뛰어
들어야 될 것이니라.
13 병든 자 속에 뛰어들어 너희들이 병드
는 것이 아니라, 그곳에 가서 치료하
는 유능한 의사가 되어야 될 것이며,
너희들 자신을 굳건히 다스리는 심지
있는 백성으로서 너희들이 변해야 될
것이니라.
14 너희들 자신의 믿음이 굳건한 만큼 너
희들이 이제는 병든 자 속에 뛰어들어
가 그들을 치료하며 그들을 구원해야
될 것이니라.
15 지금까지는 너희들이 병에 전염되어
너희 스스로 쓰러질 염려가 있어 나
여호와가 그를 자제했으나, 이제는 너
희들이 그만큼 견딜 능력이 있으며 버
틸 능력이 있으며 자신을 다스릴 수
있는 경지에 올라 있음이니, 너희들이
만백성 속에 뛰어들어 그들을 구원하
는 데 최선을 다하라.
16 이제는 뛰쳐나갈 때가 되었음이니라.
17 그리고 소리 질러 외칠 때가 되었음이
니라.
18 그리고 그 소리를 듣고 오는 자는 구
원받을 것이며 듣고 오지 않는 자는
구원을 받지 못할 것이니,
19 나의 아들 예수가 만백성을 위하여 설
교하고 교리를 가르쳤듯이, 너희들이
이제는 만백성을 상대로 나의 법전을
전하는 그와 같은 전사의 역할을 해야
할 것이니, 그와 같은 방향으로 바꾸
라.
20 그리고 모든 홍보 매체를 활용하여 너
희들이 존재함을 알려 주며, 나의 아
들이 세상에 내려와 있음을 알리며,
이 법전이 세상에 내려와 이를 읽는
자만이 구원을 받는다는 그와 같은 역
사의 변화를 서서히 시작하도록 그리
하라.
21 그것이 이제 너희들이 행하여야 할 길
인 것이니라.

## 3,370 번째 하나님 말씀

*2002년 9월 15일 08시 52분*

1 사랑하는 나의 아들아!
2 "네, 아버님! 말씀하옵소서."
3 너희들이 자신을 다스림에 있어서,
'나 자신'이 존재하면 아니 되느니라.
4 너희들이 '나 자신'이 존재하지 아니
하며, '내가 있다.'고 생각하지 아니하
는 그와 같은 마음에서 살아갈 때, 그
모든 너희들의 마음이 너그러운 마음

이요, 용서하는 마음이요, 세상사 모
두를 다 덮어 줄 수 있는 마음의 자세
가 그것에서부터 나옴을 알아야 될 것
이니라.
5 '내가 존재하며, 내가 무엇을 챙기고
자 하며, 내가 더위를 먼저 느끼며, 내
가 추위를 느끼며, 내가 배고픔을 느
끼며, 내 감정을 느끼며….', 이와 같이
'나'를 먼저 생각하고 사는 삶 속에서
는 정녕 사랑이 무엇이고 베푸는 것이
무엇인지 알 수가 없음이니라.
6 이제 너의 제자들이 경지에 오를 만큼
올랐으며, 나의 법전을 읽고 깨우칠
만큼 깨우쳤음이니라.
7 이제 그들은 스스로 '나 자신'이 존재
하지 않은 위대한 그 변화의 시도를
해 나가야 될 것이니라.
8 모든 것을 자신이 우선이 아니고 자신
이 먼저가 아닌 그와 같은 상태로써
너희들이 이끌어 갈 때, 거기에서 진
정한 사랑이요, 진정한 하늘에 오르는
빛을 알게 됨이니라.
9 자기 앞에 큰 밥그릇이요, 자기 앞에
큰 것을 먼저 놓고자 하는 생각을 한
다면, 너희들은 정녕 변할 수가 없음
이니라.
10 이는 욕심이라는 뿌리가 남아 있기 때
문이니라.
11 내가 그리하여 너에게 굴러가는 돌이
되라 하였으며, 죽은 자로 살라 한 뜻
이 여기에 있음이니라.
12 자기 자신을 의식하지 아니하며 자신
이 존재하지 않는 상태에서 많은 사람
들을 구원하며 너희들이 하늘에 오르
는 길로 이끌 수 있음이니라.
13 모든 종교 집단이 저희들의 종교 집단
의 운영이요, 저 자신을 먼저 생각하
기에 많은 신도들을 도울 수 없으며,
돕지 못하는 그와 같은 형국이니라.
14 너희들의 집단에서 금화와 은화를 거
둬들여 운영하며 존재하기 위해서, 너
희들이 능력 있는 신도들에게 재물을
거둬들여 집단을 운영하는 곳에 쓰고
자 한다면, 있는 자가 없는 자를 도울
수 있도록 하는 그 안내 역할을 너희
들이 할 수가 없음이니라.
15 이게 바로 자기 자신을 생각하는 가장
큰 맹점이며, 아무리 마음을 비웠다
해도 비울 수 없는 것이니라.
16 지금 나의 성전에서 가르치는 너의 제
자들과 나의 아들 너는, 네 앞에 무엇
을 놓고자 생각지 아니하며, 어려운
자를 먼저 생각하며,
17 그리하여 가진 자로부터 네가 무엇인
가를 거둬들이며 나의 성전을 운영하
기 위해 그로부터 모두를 얻어내고자
하는 그 사악하고 추한 마음이 없기
에, 너는 있는 자로부터 없는 자를 도
와주도록 역사를 이루도록 하여 5달
란트의 그 역사를 이행하고 있지 아니
한가?
18 이것은 바로 너 자신이 존재하지 아니
하기 때문이니라.
19 네가 먼저 무엇을 얻고자 하며 큰 것
을 가지고자 하며 남으로부터 편의를
보고자 하며 남으로부터 금화와 은화
를 거둬들여 네 앞에 쌓아 놓고자 하
는 그와 같은 생각을 하고 있다면, 절
대 너는 마음이 변한 자가 아니며, 나
의 아들도 아니며, 만백성을 구하는

목자가 아니니라.
20 너의 제자들에게 그리 가르치라.
21 그와 같은 마음으로써 살아갈 때, 이
세상은 아름다운 나의 천국이 될 것이
며, 그와 같은 후손들이요, 백성들만
이 세상에 존재하도록 하는 것이 나의
뜻이니라.
22 누가 와서 무어라 하며 어떤 역사의
기적을 이룬다 해도, 그 기적을 보고
너희들이 변화될 수는 없음이니라.
23 오로지 나의 성령이요, 나의 법전을
보고 너희들이 변화되게 되어 있으며,
깨달아 실천하는 속에서 하늘에 오르
는 그 길을 알게 됨이니라.
24 그리하여 내가 법전을 접하지 않은 자
는 나에게 와서 옳고 그름의 심판을
받을 자격이 없다는 무서운 그 말을
나의 법전에 기록하여 내려보낸 뜻이
여기에 있음을 알라.

## 3,371 번째 하나님 말씀

*2002년 9월 15일 12시 28분*

1 사랑하는 나의 아들아!
2 "네, 아버님! 말씀하옵소서."
3 내가 나의 아들 예수를 통하여 만백성
을 구하고자 하였으며, 그가 세상에
왔을 때 그가 이루는 역사 외에, 다른
사람이 그 역사를 이루거나, 나의 음
성이나 나의 성령을 전한 자가 있는가?
4 진리는 하나의 뜻이며, 나 여호와는
하나이며, 내가 가르치는 것을 한 사
람 외에는 내가 내릴 수가 없으며 내
리지 아니함이니라.
5 나의 아들 예수를 세상에 내보내 그가
나의 뜻을 전할 때 그 혼자 들었으며,
모든 기도를 상달하여 하늘에 전하고
전하지 아니하는 것도 그 하나를 통하
여 이루어졌음이니라.
6 그리하여 2천 년이라는 역사가 흐른
지금, 내가 아무것도 모르는 너를 나
의 아들이라 명하여 부르며, 나의 성
령을 받아 세상에 전하라 하였음이니,
그게 곧 무엇이던가?
7 또한 지금도 내가 너를 통하여만 세상
에 모두를 다 내려보내며 너를 통하여
지상의 모든 기도하는 그것을 들어준
다 하였음이니, 너희들은 여기서 알아
야 될 것이 있느니라.
8 너희들이 지금에 드리는 그 기도와 너
희들이 구원을 받고자 경배하며 너희
손으로 지은 그 성전에 가서 울부짖으
며 기도하는 그것이 나와 아무런 관계
가 없다는 것을 너희들은 알겠는가?
9 나의 아들을 통하여서만 너희들의 기
도가 상달되어 내가 접한다 하는 것은
바로 그 뜻을 의미함을 너희들은 깨달
아야 할 것이니라.
10 나와는 정녕 관계도 없는 자들이 저희
들의 뜻에 의하여 저희가 생각나는 대
로 지껄여 댐이니, 그러한 기도가 나
와는 아무런 관계가 없다 하였으며,
11 오로지 내가 너를 통하여 듣는 것은
나의 법전을 읽고 깨우치며 십계명에
따라 살아가고자 노력하는 자, 그리고
그 스스로 변화하고자 하며 살아가는
자, 그와 같은 자의 기도를 들어줌이
라 하였음이니,
12 얼마나 많은 나의 피조물 만백성이 나
와는 전혀 관계도 없는 그 길을 가고

있는가 하는 것을 너희들은 여기서 깨달아야 될 것이니라.

13 지금 내가 나의 법전이라 하여 나의 성령을 마지막으로 태워 너에게 전하여 '하늘에 오르는 길'이요, '하나님! 말씀하옵소서.'라는 이 책을 세상에 내려보냄이니,

14 오로지 이 모든 성령은 너만을 통해서 내가 지상에 내려보내며 너만을 통하여 내가 모두를 거둬들인다는 것을 믿지 아니한다면, 너희들은 나의 법전 열여섯 권의 기초 위에 160권의 법전이 세상에 나가는 그 자체도 믿지 아니할 것이니라.

15 내가 나의 아들을 통하여 세상에 역사했듯이, 그가 6일에 한 권씩의 책을 쓰도록 만들어 160권이라는 나의 법전을 너희들이 말하는 2년이라는 그 세월 안에 세상에 내보내는 그 역사를 이루고 있는 그 자체를 너희들은 무엇으로써 설명할 수 있겠는가?

16 그와 같이 너희들이 설명할 수 없고 이룰 수 없는 것이 이루어져 가는 것을 기적이요, 나 여호와가 역사를 이루는 것이라고 생각하지 못하며, 그를 돌이켜 보지도 못하는 것이 너희들의 마음이니라.

17 그와 같이 아름다움을 아름답게 보지 못하며, 나의 성령이 내려가는 것을 나의 성령이라 보지 못하며, 내가 너희들을 구원하고자 마지막 심판하는 추수 때 너희들의 알곡식을 고르는 그 역사가 시작되고 있음을 모르는 것은 너희들의 마음에 욕심이 있기 때문이니라.

18 욕심을 비운 자는 그것을 볼 수 있음이니라.

19 욕심을 비우지 못했기 때문에 그것을 볼 수 없는 것이니라.

20 너희들은 이 엄연한 사실을 알아야 될 것이니라.

21 지금 내가 160권의 법전을 세상에 내려보내, 세상에 눈이 덮이며 비가 와 세상을 다 적셔 모든 동식물의 생명이 되는 물이 되듯이, 나의 법전이 나의 백성을 구하는 그 길임을 알아야 될 것이며,

22 이 시대에 너희들이 더불어 같이 살아가는 축복된 영광 그 자체를 모르고 나의 법전을 태우고 찢어 버리며 이단이요, 사탄이라 소리 지르고 그에게 갑론을박하며 핍박을 하다가 너희들이 죽어 나에게 왔을 때, 너희들이 어떠한 것인가를 그때 알게 될 것이니라.

23 너희들은 여기서 하나 깨우쳐야 될 것이니라.

24 나의 아들이 기록하여 너희들에게 전하는 나의 법전 속에 너희들에게 잘못 살라는 것이 있으며, 너희들에게 사악한 짓을 하며 거짓되게 살라는 것이 있는가?

25 이 세상의 모두는 내가 이룬 성전이라 하였으니, 이 자연의 동산은 내가 만든 것이며 이 동산을 마음껏 즐기다 나에게 오르라 하여 내가 너희들에게 내려 준 것이니, 이 세상이 성전이니라.

26 내가 지은 성전에서 나에게 기도하고 경배하면 구원을 받는 것이며, 나의 아들 예수도 그리하였으며 지금의 나

의 아들 또한 그리 갈 것이니라.
27 그러나 너희들은 너희 손으로 지은 그
두꺼비집 같은 성전에 와서 모두를 바
치며 재물과 금화와 은화를 바치며 너
희들의 육의 삶에 고통스럽고 힘들다
하더라도 나 여호와에게 경배하며 나
를 만나는 성전은 더 위대하게 지어야
되며 아름답게 꾸며야 된다 하여 너희
들이 그와 같이 나의 피조물 만백성을
세뇌시켜 끌고 감이니,
28 세상 어느 집단이나 어느 사악한 집단
도 평생을 이와 같이 끌고 가지는 아
니 함이니라.
29 사랑이 무엇이더냐?
30 사랑이 무엇이라고 말하였던가?
31 배로 주는 것이 사랑이요, 어려운 자
에게 짐을 덜어 주는 것이 사랑이라
하였음이라.
32 무거운 수레를 끌고 가는 자에게 그
짐을 나누어 지고 밀어 주는 것이 사
랑이거늘, 어찌하여 너희들은 거기에
다 더 무거운 짐을 얹어 주는 것이 사
랑이며 나의 뜻이라 하며 그리 어리석
게 그것 하나를 깨우치지 못하는가?
33 너희들은 육의 삶에 어렵고 힘든 그들
에게 나에게 와서 재물을 바치고 경배
하고 기도하면 축복을 받고 나로부터
은혜를 받는다고 해서 그 생활이 점점
어렵고 힘들어 감이니,
34 이것이 사악한 이단이요, 기복 신앙이
며, 사이비 종교 집단이 바로 여기에
너희들임을 알아야 할 것이니라.
35 너희들은 오늘 하나를 짚고 넘어가야
될 것이니라.
36 어려운 짐을 끌고 가는 자에게 무거운
짐을 계속 얹어 주는 자가 사랑인가,
아니면 그 짐을 나누어 짊이지며 그
수레를 밀어 주는 자가 사랑이던가?
37 나는 너희들에게 그 힘든 재물을 거둬
들일 필요도 없으며, 나의 성전이라
하여 너희들이 그 죄의 온상을 짓기
위하여 거둬들이는 그와 같은 역사를
원하지 아니하며 그를 선택하지 아니
하였음이니라.
38 나는 오로지 어려운 나의 백성들에게
의식주를 해결해 주며, 그것이 나를
대신하여 너희들이 사는 것이며 내 임
무를 너희들이 수행하는 것이라는 이
뜻을 너희들이 깊이 새겨야 될 것이니
라.
39 그리하여 어려운 자가 나 여호와가 존
재하며 살아 있는 하나님이라 하여 저
희 처자식과 손을 잡고 나에게 눈물의
기도를 드리는 그와 같이 변화되는 것
이 나의 백성이요, 내가 원하는 길이
니, 너희들은 여기서 너희 스스로 깨
우쳐야 될 것이니라.
40 이와 같이 너희들을 깨우치기 위해 세
상에 나간 나의 법전을 읽고도 이단이
요, 사탄이요, 사악한 자라 말하는 자,
너는 네가 말하고 비방한 만큼 그 죄
가 너에게 가중되는 것이며, 너는 그
죄를 짊어지고 지옥으로 간다는 것을
잊지 말라.
41 말로써 네가 비방하고 말로써 음해한
것만큼, 말로써 나의 아들을 음해하고
시기한 만큼, 그 모든 죄를, 나의 법전
을 욕하며 나의 법전을 불 속에 집어
넣고 찢어 버린 자, 그리고 이단이요,
사탄의 것이라 말한 자, 그 말의 숫자

만큼 그 죄를 면치 못할 것이니 그리
알라.
42 그리고 오늘 너의 제자들에게 내가 다
시 한 번 깨우쳐 주노니, 모든 쌓은 그
공을 말로써 무너트리지 말라 이르라.
43 내가 너희들이 죄를 사함 받는 것은,
하나의 사과를 훔쳤을 때 열 개의 사
과를 갖다 주어야만 너희들이 그 죄의
용서를 받을까 말까 한다 하였느니라.
44 너희들이 말 한마디로써 남을 시기하
고 욕하며 질투하고 음해했을 때 너희
들은 열 개의 죄를 지음이니, 열 번의
선한 일을 행하여야 될 것이며, 너희
들이 하루에 열 마디 욕을 하면 백 번,
천 번까지 선한 일을 할 수 있는가?
45 너희들의 입에서 나오는 말은 아름답
고 향기로운 말만 나와야 될 것이니,
이 이치를 알고도 너희들이 시행하지
못하고 고치지 못하며 지키지 못한다
하면, 너희들은 나에게 구원을 받고자
오는 자들이 아님이니라.
46 너희들은 그와 같은 이치를 깨우쳐 삶
에 바로서 가야 될 것이니라.

## 3,372 번째 하나님 말씀

*2002년 9월 15일 15시 34분*

1 사랑하는 나의 아들아!
2 "네, 아버님! 말씀하옵소서."
3 내가 너의 제자들 한 사람 한 사람의
머리 위에 손을 얹어 놓고 있음이니,
그들에게 일깨워 깨우쳐 주라.
4 인간 너희들의 마음에는 선과 악의 두
가지 마음이 있음이니, 너희들이 어느
것을 선택하느냐에 따라서 승자나 패
자가 된다고 내가 수십 번 너희들에게
가르쳐 주었음이니, 인간의 육의 삶이
또한 그러한 것이니라.
5 너희들 중에 스스로 인생을 포기하고
쓰러져 가는 자는 감당할 수 없이 쓰
러져 가며 폐인이 되어 가지 않는가?
6 자기 자신을 추스르지 못하고 알코올
에 몸을 맡기는 자, 되는 대로 제 몸을
버려두는 자, 그리고 되는 대로 살아
가는 자, 그와 같이 저희들의 목숨이
소중한 줄 모르고 자신을 던져 버리면
그는 구렁텅이에 빠지는 것이며 시간
과 초를 다투지 아니하고 무너지는 것
이 인간의 삶이며 너희들의 생명이니
라.
7 그러나 그 생명의 소중함을 알고 귀함
을 알며 그를 잘 다스리고 관리해서
살아나간다면, 너희들은 얼마나 값진
인생의 삶을 사는 것이더냐?
8 지금 내가 너희들에게 특별히 머리 위
에 손을 얹고 이 이치를 깨우쳐 주는
것은, 너희들이 나를 향하여 가는 믿
음의 길을 어찌 가느냐 하는 그것을
내가 너희들에게 묻고자 함이니라.
9 너희들이 과연 믿음에 있어서 그저 추
락하는 사람들처럼 그 추락하는 삶을
살 것인가, 그렇지 않으면 그와 반대
의 형국에서 너희들이 목숨과 모두를
다 바쳐 나 여호와를 경배하며, 내가
존재함을 믿으며, 나의 뜻을 지키며
살아가는 마음 자세로 살아서, 나의
아들이요, 딸로서 나의 품에 오는 그
영광을 얻을 것인가?
10 너희들이 지금 노력하고 있는 마음의
자세를 항상 점검하고 너희 자신을 검

증하며 가야 함을 알아야 할 것이니라.
11 너희들이 잠시라도 나 여호와에 대한
생각을 지우거나 나의 법전을 정독하
고 읽은 그 내용의 뜻에 따라 살아가
고자 아니 한다면, 너희들은 지옥으로
떨어지는 그와 같은 추락하는 사람의
형국이 되는 것이며,
12 나의 법전을 읽고 고통과 시련의 그
시간을 넘기며 깨우침을 얻어 나에게
전진한다면, 너희들에게는 모든 영화
와 영광이 거기에 있음을 알아야 될
것이니라.
13 너희 모두를 다 바쳐 경배하며 믿음의
길을 달려가는 그 마음에서 너희들은
한 치도 소홀히 하거나 딴생각을 해
서는 아니 될 것이니라.
14 너희들이 그와 같은 마음 자세로 믿음
의 길을 가야 될 것이며,
15 나의 아들이 죽음을 선택했으며 또 욥
이 그와 같은 역사를 겪었으며, 그와
같은 믿음을 가진 자들이 스스로 자기
목숨을 던져 가면서까지 한 시대를 지
키고자 한 자들이 많이 있느니라.
16 너희들은 그중에 과연 어디에 서 있는
가를 너희 스스로 점수를 매겨 봐야
될 것이니라.
17 너희들이 1점서부터 100점이라는 그
점수를 놓고 너희 스스로 점수를 매겨
봐야 될 것이니라.
18 너희들이 50점이라는 점수를 넘지 못
할 때 너희들은 너희 자신을 추락하는
쪽에 던진 자들이며, 거기서 너희들이
그보다 점수가 더 높다고 느껴질 때
너희들은 나를 향하여 바르게 산 자들
이며 미래가 있음을 알아야 될 것이니
라.
19 인간은 추락하기 시작하면 감당하지
못하며, 깨우쳐 역사를 이루고자 하면
그 역사 또한 감당하지 못할 만큼 기
적과 역사를 이루는 것이며,
20 너희들에게 무한한 잠재 능력을 주었
음이니, 이를 너희들이 좋은 쪽으로
활용하고 가꿈으로 인해서 너희들은
남에게 지탄받지 않는 삶을 살 수 있
을 것이니, 그것이 바로 나에게 오를
수 있는 기초요, 근본임을 너희들은
잊어서는 안 될 것이니라.
21 인간은 추락하고자 하면 감내할 수 없
이 추락하며, 깨달음의 경지에 오르고
자 하면 그 깨달음의 경지가 날로 변
화되며, 그 경지가 높아지는 것을 너
희 스스로 깨달을 것이니, 그 길은 너
희들이 선택함에 달렸음이니 이를 명
심하여 행하도록 그리하라.

## 3,373 번째 하나님 말씀

*2002년 9월 15일 20시 50분*

1 사랑하는 나의 아들아!
2 "네, 아버님! 말씀하옵소서."
3 어떠한 고통과 시련이 있다 하여도 네
가 경배하며 기도하는 것을 늦추어서
는 아니 될 것이니라.
4 네가 그것을 늦춤은 결국 너 자신이
게으름이며, 네가 모두를 인내하고 견
디는 데 그 나약한 마음일 것이니,
5 너는 아무리 힘들고 어려운 역경이라
도 네가 기도하고 나에게 경배하며 만
백성을 구하는 나의 성령을 받는 그
역사를 멈추고 중단해서는 아니 될 것

이니라.
6 네가 정신을 집중하고 마음을 다스리
면 모든 것을 다 이기고 견디고 갈 수
있거늘, 네가 네 마음을 스스로 늦춤
이니라.
7 네가 너의 제자들에게 말하기를, 나를
향하여 하늘에 오르는 길은 쉬지 아니
하고 물이 위에서 낮은 곳으로 흐르듯
이 그와 같이 꾸준하고 변함없는 믿음
을 가는 것이라고 나의 백성들에게 가
르치면서, 네가 어렵고 힘든 고비라
하여 기도하고 경배하는 것을 중단하
며 게을리해서는 아니 됨을 알아야 될
것이니라.
8 나의 법전이요, 나의 성령이 세상에
나가 만백성을 구하는 것은 네가 알다
시피 초를 다투며 시간을 다툼이니라.
9 이 시간 한 시간에 어느 많은 나의 백
성들이 구원을 받을 것인가 못 받을
것인가, 초를 다투어 그들이 구원을
받고 못 받는 그 역사가 이루어지는
것이 지금 나의 법전을 접하는 자와
접하지 아니하는 자의 차이점이니라.
10 나의 법전을 읽는 자만이 구원의 길을
볼 수 있으며 구원의 빛을 보며 나로
부터 심판을 받는다고 내가 말하였음
이니,
11 네가 나의 법전을 세상에 내는 것이
얼마나 소중하고 귀한 것인가를 알아
야 될 것이며, 네가 중단해서는 아니
됨을 알아야 할 것이니라.

## 3,374 번째 하나님 말씀

*2002년 9월 15일 21시*

1 사랑하는 나의 아들아!
2 "네, 아버님! 말씀하옵소서."
3 너희들이 육의 삶에 얽매여 육의 부귀
와 영화를 위하여, 육의 삶의 그 속에
서 인간의 욕구를 충족시키기 위한 삶
을 살아간다 하면, 너희들은 정녕 영
혼의 욕구요, 영혼이 요구하는 것이나
영혼이 가야 하는 그 길을 모르며, 그
리하여 구원을 받을 수가 없음이라 내
가 말하였음이니라.
4 너희들이 영혼의 욕구나 영혼이 추구
하는 그 삶이 있는 것을 깨닫지 못하
고, 오로지 육의 삶의 모든 향락과 부
귀영화의 그 욕구를 충족시키기 위하
여 살아간다면 너희들은 정녕 구원의
참빛을 모르게 됨이니라.
5 그리하여 너희들이 진정한 하늘에 오
르는 참진리를 모르기 때문에 너희들
은 어려움과 두려움과 공허함에 너희
자신의 육이 벗어나지 못하는 그와 같
은 삶을 살아가는 것이며,
6 아무리 너희들이 손으로 지은 그 성전
에 가서 재물을 바치며 구원을 받았다
고 울부짖으며 축복받았다 그리 말해
도 너희들의 그 공허한 마음을 달랠
수 없음이니라.
7 이제는 너희들이 그와 같이 잘못 가는
그 믿음의 관행대로 정녕 그리 갈 것
인가를 너희들 스스로 선택할 때가 되
었음을 알아야 될 것이니라.
8 육의 삶이요, 지금 종교 지도자들의
가르침에 맹목적으로 추종하는 그와

같은 방법으로써는 정녕 하늘에 오를
수 없음을 알아야 될 것이니라.
9 그리하여 내가 너희들에게 알기 쉽고
깨닫기 쉬우며 누구든지 읽어서 깨달
을 수 있는 나의 법전을 간단히 너희
들에게 해명하여, 그 설명을 바닥에서
부터 위에까지 다 담은 그와 같은 내
용의 나의 성령을 너희들에게 내려보
냄이니,
10 오로지 이를 보고 깨우쳐 하늘에 오르
는 길을 선택하고 선택하지 아니함도
너희들에게 달렸음을 알아야 될 것이
니라.
11 지금 수천 년 역사가 흘러오는 동안에
잘못 믿어 오고 잘못 가르친 그 믿음
때문에 너희들은 영혼을 구하는 나 여
호와의 목소리를 듣지도 못하고, 내가
추구하고 원하는 것을 듣지도 보지도
못하는 그와 같은 형국에 살아가고 있
음이니,
12 너희들의 감성과 감각을 다 잊어버렸
으며, 너희들은 송누리째 세뇌되어 지
금의 종교 지도자들의 그 세 치 혓바
닥에만 너희들이 좌우되고 움직이는
그와 같은 형국에 있으며,
13 너희들이 그들의 가르침 속에서 인간
의 욕구와 욕심에서 벗어나지 못하고
지금도 너희들은 구원을 받은 자요,
구원을 받았다는 환상과 착각 속에서
살아가고 있음을, 너희들은 어찌하여
이를 모르는가?
14 나 여호와가 너희들에게 말하느니라.
15 육의 삶에서 아무리 너희들이 부와 명
예를 얻었다 해도, 두려움과 불안하고
공허한 마음이요, 그 생각에서 벗어날
수 없는 것이 너희들의 지금의 믿음이
라 하였음이니라.
16 이는 곧 무엇이더냐?
17 너희들이 진정한 하늘에 오르는 그 길
을 모르고 있으며, 너희들이 지금 가
고 있는 그 믿음의 길이 진정한 하늘
로 인도하는 믿음이 아니라는 것을 느
끼고 있기 때문에 너희가 불안과 초조
와 공허함 속에서 살아가느니라.
18 그 모두를 다 지울 수 있는 것이 나의
법전에 다 기록되어 있음이니, 나의
법전을 읽고 깨우쳐 너희들이 구원을
받는 길과 그리고 선택에 있어서 너희
들이 바른 선택을 할 수 있는 그와 같
은 기회를 다 너희들에게 내림이니,
19 오로지 나의 법전을 읽으며 나의 아들
이 강론하는 그 강론을 듣고 구원의
빛과 구원의 길을 찾는 것만이 그를
지울 수 있음을 알라.
20 너희들이 나의 법전을 정독하지 아니
하며, 나의 아들이 너희들에게 전하는
성령의 강론을 듣지 아니하고는 정녕
구원의 빛을 볼 수 없다는 것을 알아
야 될 것이니라.
21 이 무섭고 엄연한 사실 앞에 너희들은
나의 아들을 정신병자요, 잘못된 자
요, 사탄이요, 사악한 자라 말하겠지
만, 이는 나 창조주가 직접 너희들에
게 전함이니, 엄연한 사실임을 너희들
이 잊어서는 아니 될 것이니라.
22 머지않아 너희들이 이것이 진실이라
는 것을 알게 될 것이며, 그 모두가 나
의 뜻이요, 진실이라는 것을 알게 됐
을 때는 너희들이 나에게 구원의 기도
를 드릴 수 없으며, 나에게 소원하는

기도를 드릴 수 없으며, 나를 창조주
요, 아버지라 부를 수 없다는 사실을
알라.
23 너희들은 너희들이 지은 죄의 대가를
치르기 위하여 너희들의 가야 할 길이
있으며, 나의 천국의 문을 감히 바라
보지도 못하는 그와 같은 형국의 심판
이 머지않은 것을 알라.

## 3,375 번째 하나님 말씀

*2002년 9월 15일 21시 08분*

1 사랑하는 나의 아들아!
2 "네, 아버님! 말씀하옵소서."
3 너희들은 이 세상 것을 누가 다 관장
한다고 말하는가, 누가 주관한다고 말
하는가?
4 "네, 아버님!
5 이 세상의 모든 것은 창조주인 아버님
것이라 그리 말들을 하며 그리 깨우쳐
살아가고 있사옵나이다."
6 그러하니라.
7 이 세상을 내가 주관함이니, 이 자연
의 아름다움이요, 여기에 사는 나의
피조물 만백성 너희들이 스스로 자연
을 벗삼아 나에게 기도하고 경배하며
계명에 따라 살아가면 너희들의 소원
을 들어주는 지상이 나의 성전이라 그
리 말하였느니라.
8 그러나 그 속에서 너희들이 너희 손으
로 성전을 지었음이니, 그것은 믿음의
너희 조상이 어떠한 마음에서 그를 지
었는가?
9 너희들을 끌어들이기 위하여, 너희들
로부터 금화와 재물을 거둬들이기 위
하여 그들은 장삿속으로 그와 같이 성
전을 지었으며, 그 속에서 너희들을
평생 쇠고리에 걸어 끌고 가는 그와
같은 형국이 되어 있음이니라.
10 너희들이 성전을 짓는 것을 장삿속으
로, 상업적으로 지었다 내가 말함이
니, 너희들은 감히 성전을 그리 평가
한다고 노발대발하며 나의 아들을 보
고 미친 자라 그리 말할 것이나, 그 속
에서 이루어지고 행하고 있는 것이 과
연 상업적이고 상술적인 것이 아닌가
너희들이 한번 돌이켜 보라.
11 너희들이 그 속에서 진정한 믿음이요,
나에게 오르는 말씀을 가르치며 그 길
을 인도하며 너희들이 사랑을 베풀며
살아가는 곳이라면, 그것은 너희들이
장삿속으로써 이루었으며 장삿속으
로써 그를 만들지 아니하였다고 말할
수 있을 것이며 그와 같은 형국으로써
만들어진 것이 아니라 변명할 수 있을
것이니라.
12 그러나 너희들이 만든 그 두꺼비집 같
은 성전을 내가 너희들에게 상업적이
요, 장삿속으로 만들었다 하였음이니,
그 속에서 상업적이고 장삿속이요, 상
술적인 그와 같은 것이 병행되고 있다
하면, 너희들은 내가 하는 말에 한마
디도 거부할 수 없으며 변명할 여지가
없을 것이니라.
13 너희들이 과연 그 속에서 믿음을 가르
치는 것인가?
14 너희들이 얼마나 간악하게 나의 피조
물 만백성의 재산을 긁어모으며, 영수
증이라는 것 하나도 지불하지 아니하
고 그 대가를 주지 아니하며 우리 부

자의 이름을 팔아 거둬들이는 상술적
이요, 장삿속으로 지금 변질되어 있으
며 변화되어 있는가?
15 너희들은 금화와 은화를 거둬들이기
위하여 창조주인 나도 생각할 수 없는
갖은 수법과 방법을 다 동원하여 그때
그때 그를 거둬들이니, 그것이 상업의
장이요, 장사하는 장소가 아니고 무엇
이던가?
16 그렇다면 너희들은 성전을 짓는 자체
가 장사를 하기 위한 너희들의 장사의
터전으로써 만든 것이니, 그리하여 그
곳은 나의 성전이 아니며 나와는 관계
가 없다 하였으며, 그 속에서 모두가
이루어지는 것이 죄의 온상이 시작된
다 하였음이니라.
17 그리하여 그곳은 너희들이 최초에 만
들었던 그 뜻대로 그리 흘러감이니,
그 모두는 나와 아무런 관계도 없으
며, 그 속에서 가르치는 자도 나와 관
계없으며, 그 속에서 배워 구원을 받
겠다는 자도 나와 관계가 없다 함을
너희들은 알아야 할 것이니라.

## 3,376 번째 하나님 말씀

*2002년 9월 15일 21시 22분*

1 사랑하는 나의 아들아!
2 "네, 아버님! 말씀하옵소서."
3 세상사 모든 종교 지도자들과 만백성
은 나 여호와가 존재함을 알지 못함이
니, 그들은 또 저희 스스로 나를 만난
것이 아니요, 나를 본 것이 아니요, 나
로부터 명을 받은 것이 아니기에, 그
들은 그와 같은 역사의 길을 가도 불
안하며,
4 그들 자신이 소신껏 어떠한 일을 할
수 없고 자신이 결여되어 있는 그와
같은 상태에서 그저 성서라는 것을 가
지고 나의 피조물 만백성을 깨우친다
고 이끌어 가고 있음이니, 그들이 성
서에 들어 있는 깊은 이면의 뜻을 과
연 알 수 있다고 생각하는가?
5 그들은 그를 들여다보지 못함이니라.
6 그리하여 지금 나의 피조물 만백성이
저희들이 지은 성전에 가서 믿음의 길
을 가고 있는 사람들과 같이 그 길을
가지 아니하며 나 여호와가 존재한다
생각하지 않는 자들을 멸시하며, 그들
을 버려진 사람처럼 생각하며,
7 정녕 하늘에 오르는 길을 가는 너희들
을 이단시하며 가장 어리석고 가증한
사람들이라 하는 것이 지금 일반 나의
피조물 만백성, 종교 집단에 가 경배
하고 기도하는 그들이 보는 눈빛이요,
그들의 마음임을 너희들은 알고 있는
가?
8 내가 너희들에게 말하느니라.
9 성서의 그 깊은 이면의 뜻을 알아야
된다 하였으니, 너희들은 흰 종이에
검은 글씨로 써 놓은 그것을 읽어서
깨닫는 것 외에 무슨 이면의 깊이가
있으며 이면의 내용이 있겠는가 생각
할 것이니라.
10 그러나 그렇지 않음을 알아야 될 것이
니라.
11 거기에는 너희들이 생각할 수도 없는
방대한 수천수만 가지의 뜻이 이면에
있음을 알라.
12 나의 아들이 너희들에게 무어라 말하

였던가?
13 너희들이 언성을 높여 말을 하며 책을
읽을 때, 너희들이 들을 때는 그 사람
이 보통으로 책을 읽으며 그 사람의
목소리나 특성에 따라 책을 읽는다 하
나, 나의 아들은 나의 백성들이 책을
읽는 그 음성을 들으면 그가 가진 생
각이 수천 가지 줄기 줄기가 다 따로
음성에 섞여서 하나의 목청으로 나온
다 그리 말함이니, 과연 너희들은 그
뜻을 알 수 있으며 이해할 수 있겠는
가?
14 과연 지금 종교 지도자 중에 나의 피
조물 만백성이 하는 이야기나 찬송하
며 성서를 읽는 그 음성을 듣고 그들
의 음성 속에 섞여서 천 갈래 만 갈래
갈라져 나오는 마음을 분류해서 들을
수 있는 자가 있는가?
15 지금 나의 아들이 그와 같이 듣는다면
너희들은 무어라 말할 것이냐?
16 너희들의 마음이 정녕 음성 속에 그리
갈라져 나옴이며, 너희 마음과 생각과
건강의 상태까지도 그 음성 속에 들어
있음을 너희들은 모를 것이니라.
17 바로 그와 같이 나의 법전에 기록되어
있는 내용들은 모두가 다 수천수만 가
지의 의미를 가지고 있으며 그 뜻을
알지 못하는 자는 정녕 나의 뜻을 알
수 없음이니,
18 지금 성서를 가지고 나의 피조물 만백
성을 구한다는 종교 지도자 너희들이
과연 어디까지 깨달았으며 무엇을 얼
마나 알고 있는가?
19 이를 너희들은 돌이켜 보아 너희 스스
로 점검해 볼 때가 되었음을 알아야
될 것이니라.
20 너희들은 나 여호와가 존재함을 모르
고 있으나, 나의 아들은 내가 존재함
을 알며, 그는 나의 성령을 들으며 나
의 음성을 들으며, 내가 스스로 그를
가르치고 있음이니, 그것이 너희들과
나의 아들과 다름을 너희들이 알아야
될 것이니라.
21 내가 이제 나의 법전에다 나의 성령을
태워 세상에 내려보내며, '하늘에 오
르는 길'이요, 나의 법전이라 하여 책
으로 만들어 너희들에게 역사하여 지
금 내려보내고 있음이니라.
22 과연 그 법전을 전하는 나의 아들의
삶의 행동이 틀리거나 그의 행함이 틀
리거나 가르침이 잘못되었거나 너희
들에게 가르치는 것이 진리가 아니고
거짓된 것을 가르치며 너희들에게 재
물을 거둬들이고자 하거나,
23 너희들의 어려운 살림을 도와주기 위
하여 재물을 지원해 주고 너희들의 육
의 삶의 의식주를 해결할 수 있도록
도와주는 나의 아들이 아니고, 너희들
에게서 재물을 거두는 아들이라면, 너
희들은 그를 떠나도 될 것이며 그를
나무라며 핍박해도 될 것이니라.
24 그러나 그와 같지 않다 하면, 너희들
은 나의 아들이 지금 기록하는 책이
진정한 성령이요, 나 여호와의 말이며
나의 뜻이라는 것을 깨달아야 될 것이
니라.
25 나의 아들이 만일 너희들과 같은 그
믿음 세계에서 평생 동안 너희들로부
터 재물과 금화를 거둬들이는 데만 연
연하며,

26 진리를 깨우쳐 주는 것이 아니고, 어려운 신도들에게 그가 살아갈 수 있는 길을 만들어 주는 데 모두를 다 바치지 아니하고, 그저 거둬들이는 데 온갖 신경을 쓰고 모든 계략을 다 동원한다면, 그는 정녕 나의 아들이 아니요, 그가 받아서 기록하는 법전이 나의 성령이 아님이니, 너희들은 이를 버려도 될 것이니라.

27 그러나 너희들과 차별화된 믿음으로 가며 그런 행동을 하며, 그가 한 행동에 책임을 지며, 그가 가르치는 것이 진정한 진리이며, 너희들에게 거짓된 길로 가르치는 것이 아니라면, 너희들은 이것이 나 여호와가 나의 뜻임을 증명하는 것임을 알아야 할 것이니라.

28 이는 나의 성령이며 나의 뜻으로써 내가 만백성을 구하기 위하여 마지막 너희들을 심판하는 시대에 내가 직접 성령의 이 법전과 같이 내려가 있다 하였음이니, 내가 직접 내려가 너희들을 심판하며, 버릴 자와 구할 자를 구분하고 있음을 너희들은 알아야 될 것이니라.

29 그리하여 이를 가지고 너희들이 증명하여야 될 것이니라.

30 오로지 나 여호와의 뜻은 진리에 속하는 것이며, 너희들이 나의 진리를 깨닫는다면, 내가 그 속에서 하고자 하는 그 말의 뜻을 알게 될 것이며,

31 너희들이 진실한 마음으로써 모두를 비우며 나의 법전대로 깨우쳐 그대로 행하고 십계명을 지키고 사는 그와 같은 마음의 자세로 바꾸어 살아갈 때, 너희들은 정녕 나의 음성이요, 나의 성령을 듣게 되며 보게 될 것이며, 그리하여 너희들이 진정한 구원의 길로 갈 수 있다는 것을 알아야 될 것이니라.

32 재물과 권세요, 그 만족함이 인생의 전부라고 생각하고 사는 자는 아무것도 볼 수 없으며 얻을 수 없는 것이니라.

33 그리 사는 자들은 진정 지옥행 열차를 타고 가는 것이 너희들의 지금의 삶임을 알아야 될 것이니라.

34 너희들이 이제 정녕 나 여호와의 존재함을 믿으며 내가 존재하는 것을 알았다 하면, 그리고 나의 뜻을 따라 만백성을 구하는 길을 가고자 한다 하면, 너희들은 나 여호와가 존재하는 그것 하나로써 세상의 모든 끈을 다 놓을 수 있으며,

35 부귀와 영화요, 인생의 향락이나 어떠한 것도 너희 손에서 나를 향하는 마음보다 더 소중한 것같이 쥐고 있는 것이 있어서는 아니 될 것이니라.

36 너희들이 영원히 사는 구원을 받는 나 여호와가 존재함을 알며, 너희들이 정녕 구원의 길을 선택받아 나로부터 선택된 백성이라는 그 한 가지로써 너희들이 세상사 모두에 손을 놓을 수 있는 그와 같은 마음의 자세가 되어야 될 것이니라.

37 나로부터 구원을 받는 그 길을 보며, 그 빛을 보며, 그 법전을 손에 든 것보다도 너희들에게 더 소중한 것이 있다 하면, 너희들은 진정 깨우친 자가 아님이니라.

38 이 세상의 어느 것과도 바꿀 수 없는

것이 나의 법전이요, 너희들의 구원이
요, 생명을 구하는 빛이니, 그 하나를
접한 것으로써 이 세상의 무엇과도 바
꿀 수 없는 소중함이라 생각하며,
39 그리하여 너희들이 모든 것을 손에서
다 가볍게 놓고 마음에서 지울 수 있
는, 욕심을 뿌리째 뽑을 수 있는 그와
같은 변화의 자세가 아니라면, 너희들
은 정녕 나를 믿고 나를 경배하는 것
이 아니며, 나를 진심으로 따르는 것
이 아니니, 그리 알라.

## 3,377 번째 하나님 말씀

*2002년 9월 15일 21시 33분*

1 사랑하는 나의 아들아!
2 "네, 아버님! 말씀하옵소서."
3 나의 피조물 너의 제자들과 만백성이
과연 무엇을 얼마나 안다고 말하는가?
4 세상사 그 모두를 저희들이 다 알며
저희들이 다 주관하며 역사를 이루는
것같이 말하나, 내일 아침의 저 자신
의 운명을 모르며 모레의 제 운명을
모르는 것이 너희들이 아니던가?
5 과연 너희들이 자신에 대해 아는 것이
무엇이 있으며, 얼마만큼 너희들이 미
래를 안다고 말할 수 있는가?
6 너의 제자들과 이 법전을 읽는 백성,
너희들은 깨우쳐야 될 것이니라.
7 너희들은 육의 세상의 그 삶이 아닌
영혼의 세상이 있음을 믿어야 될 것이
며, 너희들은 육의 세상의 삶에 있어
서 내일을 모르는 그와 같은 삶이니,
바로 그것이 무슨 의미를 내가 말하고
자 함이던가?
8 너희들은 항상 영혼을 위해 준비된 그
삶을 살아도 구원을 받을까 말까 함이
니, 준비된 영혼의 삶을 살라 함이니
라.
9 너희들이 육의 생활의 삶에서 오늘이
요, 내일이요, 시간을 두고도 모르는
것이 너희들의 운명이거늘, 어찌하여
너희들이 그와 같은 운명 속에서 내일
과 미래를 모르는 속에서 살면서, 닥
쳐오는 심판에 대한 두려움을 모르고,
거기에 대한 준비를 하지 아니하고 사
는가?
10 항상 그 준비를 완벽하게 하고 살았을
때 너희들에게 어떠한 불행이나 너희
들의 육의 삶에 종말이 오더라도 너희
들은 당당하게 나로부터 심판을 받을
자격이 있음을 알아야 될 것이니라.
11 내가 너희들에게 정녕 무엇을 위하여
어찌 살라고 말하였는가?
12 너희들 자신을 의식하지 말라고 하였
음이니라.
13 너희들 자신을 의식하고 너희 자신을
먼저 내세운다면 너희들은 정녕 욕심
을 버릴 수 없다고 하였음이니라.
14 그리하여 내가 너희들에게 자신을 지
우라 하였으며, 자신을 버리고 자신을
생각지 말라 하였음이니라.
15 내일에 유명을 달리하는 자가 무엇을
챙기고 무엇을 갖고자 하며 무엇을 이
루고자 하는가?
16 내일 너희들의 육의 삶에 종말이 이루
어진다는 생각을 할 때, 너희들은 자
신을 비울 수 있을 것이니라.
17 항상 그 대비를 하면서 살아야 될 것
이며, 그와 같은 준비 속에서 너희들

이 살아야 될 것이니라.
18 그와 같은 준비와 각오로 다스려 나가
는 자, 마음을 비울 수 있음을 알라.
19 이 이치를 너의 제자들에게 깨우쳐야
될 것이며,
20 나의 법전을 읽는 만백성은 내일에 너
희들의 운명이 바뀌는 그것을 준비하
는 삶으로써 살아갈 때, 하늘에 오르
는 그 빛을 정녕 볼 수 있으며, 구원의
길에 들어설 수 있음을 알아야 할 것
이니라.
21 그리하여 나의 법전을 읽지 않는 자는
깨우칠 수 없다 함이며, 나의 법전을
읽지 않은 자는 심판받을 수 없다 하
였음이니, 이는 엄연한 사실임을 뼛속
깊이 새겨 두어야 될 것이니, 잊지 말
라.

## 3,378 번째 하나님 말씀

*2002년 9월 16일 10시 42분*

1 사랑하는 나의 아들아!
2 "네, 아버님! 말씀하옵소서."
3 너희들 인간의 한계가 끝이 없으며,
너희들이 나 여호와요, 신에게 도전하
는 그와 같은 마음으로써 모든 것을
이루고자 하며 이룰 수 있다 말하나,
4 고산에 있는 식물들이나, 땅속 깊이,
바다 깊이 살아가는 그 미물들이 어찌
살아가며 어찌 형태가 이루어지는지
그와 같은 이치를 깨달아 볼 때, 너희
들은 한 줌의 모래를 쥐고 세상의 이
치를 다 아는 것처럼, 지구를 형성하
고 있는 흙 한 주먹을 너희 손으로 쥐
어 날려 보내며 이 지구의 흙이요, 세
상과 이 지구의 형태와 모든 이치를
다 아는 것처럼 그리 지금 가고 있는
것이 바로 너희들의 삶이니라.
5 지금 모든 종교의 깨우침의 집단이라
하여 저희들이 가고 있는 그것만이 하
늘에 오르는 길이며 하늘에 올 수 있
는 길이며 만백성을 구할 수 있다 하
여 그리 가르치고 설교하며 구원을 받
았다 소리치는 그 자체도,
6 나의 성경이나 성서나 나의 법전이나
내가 너희들에게 추구하는 그 뜻에 비
한다면, 너희들은 지구의 흙 한 주먹
을 쥐고 지구의 모든 세상을 다 들여
다보고 아는 것처럼 말하는 그와 같은
어리석은 자와 같음이니라.
7 지금의 믿음 속에 가고 있는 너희들이
세상 것을 다 얻으며 세상을 다 지배
하며 너희들만이 하늘에 오르는 길이
라 그리 말하며 구원에 자신 있다고
말하며 구원을 받았다 말하나, 너희들
은 흙 한 주먹을 가지고 세상을 다 보
는 것과 같이 말하는 그와 같은 어리
석은 믿음이니라.
8 그리하여 너희들이 성서의 깊이를 모
르고 이치를 모르며 내가 너희들에게
원하는 것을 모름이니,
9 내가 법전이라 하여 나의 책을 세상에
내보내 상세히 기록하여 160권으로
너희들을 깨우치고자 하는 그 깊은 뜻
이 여기 있음이니, 너희들은 이와 같
은 뜻을 알아야 될 것이니라.
10 날아다니는 잠자리 한 마리를 잡고 너
희들이 날아다니는 모든 곤충이요, 벌
레들의 사는 형태를 다 아는 것처럼,
그리고 그들을 다 잡을 수 있는 것처

럼, 잠자리 한 마리로써 모든 곤충이
나 날아다니는 벌레들의 습성이요, 형
태와 얽히고설키고 그들이 어울려서
살아가는 그 모습을 다 아는 것처럼,
그 세계를 다 바라보는 것처럼 그와
같은 어리석음으로 너희들이 믿음의
길을 가지 말라.
11 이제 너희들이 구원을 받으며 세상의
이치를 깨달으며 하늘에 오를 수 있는
참빛을 볼 수 있는 것은 오로지 나의
법전밖에 없으며, 법전을 접하지 않은
자는 그 길을 볼 수 없으며 하늘에 오
르는 그 문턱에 들어서지 못함이니,
너희들이 나로부터 시험을 받을 수 없
는 것이니라, 심판을 받을 수가 없음
이니라.
12 너희들이 직장이나 벼슬이나 너희들
의 명예를 위하여 시험을 볼 수 있는
것은 그 과정을 공부한 자, 그 과정을
연구한 그러한 자가 자격이 있어 그
시험을 보아 실력을 검증받음이니,
13 너희들은 지금 그 시험 과정에 들어오
지 아니한 자가 시험을 보아서 얻는
직급에 들어올 수 있다고 생각하는 것
과 마찬가지이니라.
14 너희들이 고시라는 시험을 보는 것은
시험 과정에 저희들이 공부한 만큼 그
실력으로 맞추어 합격했을 때, 거기에
상응하는 직급을 맡으며 대우를 받음
이니라.
15 그 시험의 과정에 들어오지 아니한 자
가 어찌 그 직급을 받으며 시험을 볼
수 있는가?
16 지금 너희들의 믿음의 깨우침이 그러
하니라.
17 이제 나의 법전을 읽고 법전에 따라
살고자 하는 사람들은 시험의 과정에
든 사람이요, 그리고 너희들이 그대로
살았는지, 실력이 얼마나 있고 없는지
는 너희들이 죽어 와 마지막 심판을
받을 때 그를 알게 됨이니,
18 그게 구원의 길에 오름이요, 그렇지
않으면 지옥으로 가는 것이요, 이와
같은 갈림길에서 심판을 받아 움직임
이니, 바로 그와 같은 이치임을 알라.
19 그리하여 나의 법전을 접하지 아니하
고 읽지 아니한 자는 시험 과정에 들
지 못한 자들이니, 그러한 자들이 직
급이나 그 시험으로써 합격한 영광의
그 자리를 넘보는 어리석은 우를 범하
고 사는 것이 지금의 믿음을 가지고
가는 너희들이니,
20 이제 내가 나의 법전에 이 뜻을 명백
히 기록하여 너희들에게 전함이니, 이
를 보고 너희들이 깨우쳐 구원을 받아
야 될 것이며, 나의 법전을 읽고 십계
명대로 지키며 살아가는 자, 그러한
자만이 나로부터 심판을 받는다고 내
가 말한 뜻을 너희들은 알아야 될 것
이니라.
21 초등학교에서부터 공부하지 않은 자
는 중학교에 갈 수 없듯이, 그 과정을
거친 자만이 다음의 과정을 넘어갈 수
있는 인간사의 법칙이 있듯이, 너희들
이 한 과정을 거치지 아니하고 다른
과정에서 그 과정으로 넘어온다 생각
하지 말라.
22 오로지 그 과정의 밑의 단계를 밟은
자만이 다음 단계를 오를 수 있음이
니, 너희들이 다음 단계인 영혼의 세

계를 위하여 올 수 있는 그 길의 가르
침이 바로 나의 법전이요, 이 책임을
알아야 될 것이니라.
23 너희 영혼이 구원받아 하늘나라의 그
영혼의 세계로 오는 것은 십계명대로
지키는 데 피나는 노력을 하는 것과
나의 법전을 읽고 깨우쳐 행하는 그것
외에는 하늘에 오르는 과정이 아님을
알라.
24 오로지 그것만이 너희들의 영혼을 구
원받으며 영혼을 심판받는 공부하고
깨우쳐야 할 과정임을 잊지 말라.
25 이 엄연한 사실을 부인하는 자들은 너
희들이 죽어 왔을 때 이를 알 것이며,
이를 보고 깨우쳐 그 길을 행하여 가
는 자들은 정통의 그 길에서 나에게
심판을 받는 그와 같은 영광을 얻게
됨이니 이를 명심하여 행하여야 할 것
이며,
26 이를 읽고 듣고 깨우친 자가 이를 행
하지 아니하고 이를 의심하고 의혹한
다면, 그는 영원히 구원을 받을 수 없
음을 알라.

## 3,379 번째 하나님 말씀

*2002년 9월 16일 10시 49분*

1 사랑하는 나의 아들아!
2 "네, 아버님! 말씀하옵소서."
3 네가 깨달아 말하기를, 만백성이 말하
는 그 음성 속에 그 마음에 있는 뜻이
천 갈래 만 갈래 갈라져 그가 가지고
있는 가슴의 뜻을 네가 하나하나 들을
수 있다고 말하지 아니하였는가?
4 너의 제자들과 만백성이요, 나의 법전
을 읽는 백성, 너희들은 깨우쳐야 될
것이니라.
5 너희들이 말로써 고운 말을 하는 것이
아니요, 너희들의 그 음성 자체가 옥
이 구르듯이 그와 같은 고운 음성으로
변해 나와야 될 것이며,
6 그와 같은 마음으로 대화를 하며 세상
사람들을 그리 보고 대화해야 할 것이
니라.
7 너희들의 입에서 추한 말과 더러운 말
이 나오는 것은 너희들의 가슴이 비워
지지 아니하였기 때문이니라.
8 남을 시기하는 말이나 질투하는 그러
한 말이 너희 입에서 나오는 것은 너
희들 가슴속에 질투하는 마음과 시기
하는 마음이 그대로 남아 있기 때문이
며, 너희들의 마음이 하나도 비워지지
아니하였기 때문이니라.
9 너희들 입에서 더러운 욕설이 나오며
시기하는 말과 질투하는 말이 나올 때
그 모두는 너희들의 마음이 비워지지
않았기 때문이니라.
10 그리하여 너희들이 마음을 비우는 만
큼 그 말 자체가 옥과 같이 구르듯이
그와 같은 말이 너희들에게서 나와야
됨이니, 너희들은 말이면 다 말이라
생각하지 말라.
11 똑같은 말이라도 너희들이 마음을 비
우지 아니하고 하는 말은 그 속에 비
우지 않은 욕심의 그 갈래를 사람들이
알아들을 수 있는 것이며 남들이 알게
됨이니라.
12 너희들이 경지에 오르면 그를 알 수
있음이니, 너희들은 마음을 비워야 될
것이니라.

13 그래서 너희들 입에서 나오는 어떠한
말이든 옥과 같이 구르는 아름다운 말
이 아니면 너희들의 그 가슴속에 그와
같은 마음이 있음을 알아야 할 것이니
라.
14 너희들이 입으로 더러운 말을 한마디
하며 남을 욕하는 말을 한다면, 너희
들의 가슴속에 더러운 것이 남았으며,
남으로부터 욕을 얻어먹을 수 있는 그
와 같은 행위를 너희들이 할 수 있는
자라는 것을 알아야 될 것이니라.
15 말이면 다 말이 아니니라.
16 말로써 곱게 말하는 것이 아니요, 너
희들의 말로써 나오는 그 음성이 옥과
같이 구르는 듯이 흘러야만 그 속에
너희들의 마음이 정녕 비워져 있는 자
라는 것이니라.
17 그러니 가슴의 모두를 비웠을 때 그
음성이 그리 아름다우며, 나의 법전을
읽는 그 음성이 또한 그와 같이 옥이
구르듯이 아름다운 음성으로 나오는
것이니라.
18 나의 아들은 이것을 알고 있음이니라.
19 너희들도 그와 같은 경지에 오를 날이
머지않았음이니, 스스로 마음을 비운
속에서 말을 하며, 마음속을 깨끗이
다스린 다음에 말을 하며,
20 너희들이 마음속에 하나의 티라도 숨
겨 놓고 말을 하면 그 말이 옥같이 구
르는 것이 아니요, 갈라지고 찢어져
세상에 나오는 것이니, 이를 명심해서
그리 살아가도록 해야 될 것이니라.

## 3,380 번째 하나님 말씀

*2002년 9월 16일 10시 56분*

1 사랑하는 나의 아들아!
2 "네, 아버님! 말씀하옵소서."
3 너의 제자들과 나의 성전에 와서 나의
성령을 직접 들으며 법전을 가지고 공
부하는 너의 제자들에게 일깨워 주어
야 될 것이니라.
4 종교 집단이 성서에서 가르치기를, 하
늘의 창고에 재물을 많이 쌓아 놓는
자는 구원을 받는다고 그리 말하며,
그리하여 그들로부터 많은 재물을 거
두어들이고 그리 가는 것이 아니던가?
5 그러나 나 여호와는 그와 같은 재물이
필요 없으며, 쌓을 데도 없으며, 관계
없다 하였음이니라.
6 너희들은 여기서 깨우쳐야 될 것이니
라.
7 너희들은 지금 나의 법전을 읽고 깨우
침이니, 그리고 나의 성령을 가지고
공부하는 너희들이 나의 피조물 만백
성을 구하는 데 선봉장이 되지 아니하
면 과연 어찌 나의 피조물 만백성을
구할 수 있겠는가?
8 너희들이 나의 법전을 읽고 깨우쳐 나
의 법전을 세상에 많이 전하는 것이
금은보화를 하늘에 쌓는 것보다 더 큰
영광임을 너의 제자들에게 일깨워 주
어야 될 것이니라.
9 나의 성령을 태워 마지막으로 나의 백
성들을 구하고자 내가 법전이라 하여
밤과 낮을 가리지 아니하고 나의 아들
에게 내려 책으로써 너희들에게 전함
이니, 이를 가장 먼저 접하고 가장 먼

지 공부한 너희들이 과연 어찌해야 되
겠는가?
10 너희들이 안일한 마음으로 감으로 인
하여 만백성이 죽어 가는 것을 막지
못함이니, 너희들이 어떠한 것을 하늘
에 쌓는 것보다도, 너희들이 나의 법
전을 읽으며 나의 법전을 가지고 만백
성에게 전하는 것이 얼마나 나 여호와
에게 금은보화를 그득히 쌓아 놓는 영
광인지 알겠는가?
11 너희들은 법전을 전하는 데 잠시도 소
홀히 해서는 안 될 것이며, 너희들의
몸과 마음을 다 바쳐 법전을 전하는
데 최선을 다해야 될 것이니라.
12 그것만이 너희들이 하늘에 영광을 쌓
는 것이며 나 여호와를 기쁘게 함이
니, 자식으로서 부모에게 효도함이요,
그 효도하는 자식을 보고 기쁨을 얻는
나 여호와의 마음을 너희들은 알겠는
가?
13 너희들은 나에게 소중한 자들이며, 내
가 이루고자 하는 웅대한 역사의 한
부분을 맡아서 너희들이 존재하기에
그 역사가 이루어질 수 있음이니라.
14 너희들이 읽고 깨우친 나의 법전을 만
백성에게 전하는 것이 너희들이 구원
을 얻는 것이며, 그들에게 나의 법전
으로써 양식을 주어 깨우쳐 주며 정녕
하늘에 오르는 빛이 무엇인가를 알 수
있도록 지도해 주는 것이 바로 너희들
이 해야 할 길이니라.
15 나의 법전을 읽지 않는 자는 영원히
심판을 받을 수 없으며, 영원히 구원
을 받을 수 없으며, 지금 진정한 하늘
에 오르는 길을 몰라 영혼이 굶주리고
허덕이는 그들에게,
16 그들이 정녕 하늘에 오르는 그 뜻을
모르고 나의 음성을 듣지 못하며 나를
보지 못하기에 그들은 평생 재물과 금
화와 은화를 저희들이 손으로 지은 성
전에 갖다 바치면서도 의혹 하는 마음
과 의심하는 마음과 불안한 마음이 이
루 말할 수 없으니, 그들은 진정한 믿
음의 길을 위하여 갈증에 허덕이고 있
음이니라.
17 갈증에 허덕이고 있으며 영혼의 구원
에 굶주리고 있는 나의 불쌍한 백성들
에게 너희들이 나의 법전을 전하여 그
들을 구원하여,
18 그들을 지옥행으로 인도하는 잘못된
지도자들이 지은 성전에 가서 그 성전
을 운영하기 위한 노예로써 금화와 은
화를 바치며 시간과 모두를 다 바치고
어리석게 사는 그들을 구해야 되지 아
니하겠는가?
19 그들이 바로 누구더냐?
20 너희 부모요, 너희 형제요, 너희들과
같이 나로부터 생명을 받아 세상에 나
간 나의 아들딸이니, 너희들은 어찌하
여 그 형제들이 죽어 가는 것을 그대
로 보고만 있으려 하는가?
21 너희들이 구원하지 않으면 아무도 그
들을 구원할 수 없음이니, 오늘의 너
희들의 임무가 얼마나 위대한 것인가
를 깊이 깨우쳐, 최선을 다하여 너희
들이 읽고 깨우친 나의 법전을 이웃에
게 전하는 데 게을리하지 말라, 나의
사랑하는 백성들아!

## 3,381 번째 하나님 말씀

*2002년 9월 16일 20시 07분*

1 사랑하는 나의 아들아!
2 "네, 아버님! 말씀하옵소서."
3 너희들이 아무리 바빠도 바늘 허리에
실을 매어 꿰맬 수 없다 하였거늘, 네
마음은 앞에 달려가나 네 육신이 따라
가지 못함이니, 어찌하여 그와 같이
육과 영혼의 다스림을 그리도 잘못하
는가?
4 네 정신적인 다스림과 네 육신의 다스
림이 같이 평행을 이루어 가야만 모든
역사가 이루어짐이니라.
5 네 마음만 앞에 달려가고 네 육신이
따라가지 못한다면 이는 정상적으로
모든 것이 이루어질 수 없음이니,
6 너 스스로 네 육신을 다스리며 네 마
음과 정신을 다스리는 그와 같은 자세
로써 서서히 가도록 그리하라.
7 네가 나의 법전을 만들어 세상에 전하
는 일에 그리 정신적으로 강행군을 하
다 보면 네 육신과 네 건강이 그를 받
치지 못함이니라.
8 어찌하여 너는 이와 같은 것을 깨닫지
못하고 그리도 네 정신적인 것만으로
지켜 나가려고 그리하는가?
9 서서히 가라.
10 서서히 가야 할 것이니라.
11 네가 급히 서두른다 하여 하루아침에
역사가 이루어지는 것이 아니요, 서서
히 감으로 인하여 모든 것이 다 이루
어짐이니라.
12 네 정신과 마음은 급하나 거기에 네
육신이 따라주지 못한다면 정녕 네 육
신이 무너짐이니, 160권이라는 이 법
전을 세상에 내는 역사를 이루지 못할
수가 있음이니라.
13 또한 너의 제자들도 마찬가지이니라.
14 믿음에 있어서 너희들의 육의 다스림
과 믿음의 마음의 자세가 같이 평행하
게 공조를 이루어 가야 할 것이거늘,
너희들이 무리한 마음과 정신으로써
육을 함부로 다스린다 하면 너희들 자
신이 쓰러져 지키지 못함이니라.
15 네가 지금 그와 같이 정신은 앞에 달
려가나 네 육신이 너를 따르지 못하는
그와 같은 형국이 된다 하면, 너는
160권의 법전을 이루는 역사를 이룰
수 없음이니, 네 육신의 조절과 정신
의 조절을 합리적으로 균등히 평행을
이루어 가도록 그리하라.
16 그리하지 아니하면 아니 될 것이니라.
17 "네, 아버님! 알겠사옵나이다.
18 저 자신이 시간을 잘못 활용하며 저
자신이 육의 다스림을 잘못하고 있음
을 깨닫고 있사옵나이다.
19 바른 정신과 바른 육신의 다스림으로
써 서서히, 멀리 보고 달려가는 아들
이 되도록 하겠사옵나이다.
20 저의 어리석은 죄를 용서하여 주옵시
고, 제가 견디고 이길 수 있고 바로 설
수 있는 자세로써 갈 수 있도록 저에
게 힘과 용기를 주옵소서.
21 그리고 무한한 지혜로써 만백성에게
가르치고 지도함에 부족함이 없는 지
혜를 주옵소서.
22 제가 법전 1권을 쓰며, 1부를 쓰고, 2
부를 쓰고, 3부를 쓰면서 세상사의 두
려움을 알겠사오며,

23 너무나도 뒤죽박죽 거꾸로 돌아가는
이 세상을 정상이라고 믿고 가는 그
속에서, 그를 바로잡고 바로 세운다는
것은 그들의 그 거부를 감내하기 어려
울 것 같사오며,
24 그들과 맞부딪혀 견딘다는 것이 너무
나 어렵고 힘든 길이며, 저로서는 감
내할 수 없는 그런 두려움과 무서움
에, 아버님의 말씀을 듣고 세상을 보
고 깨닫는 경지가 오르면 오를수록 저
자신이 나약해져 가는 것을 느끼고 있
사옵나이다.
25 저에게 용기를 주옵소서."

## 3,382 번째 하나님 말씀

*2002년 9월 17일 0시 54분*

1 사랑하는 나의 아들아!
2 "네, 아버님! 말씀하옵소서."
3 지금 이 세상에서 너희들을 지도하고
이끄는 종교 지도자라 하는 그들이 어
찌 역사의 흐름 속에 편승해 왔는가?
4 그들은 처음에 작은 성전이라는 것을
만들어 놓고 나의 피조물 만백성을 하
늘에 오르는 그 길로 인도한다 함이니,
5 그들이 시작할 때는 그 어려운 환경에
서 그래도 너희들을 믿음의 길로 인도
하며 스스로 아름답고 고운 믿음 속에
서 나 여호와를 경배하며 나의 피조물
만백성을 성서에 의해 하늘에 오르는
그 길로 인도하고자 함이니라.
6 그러나 그들은 세월이 지나며 그 지도
자들이라는 그들에게 경제력이 생기
기 시작하며 저희들을 따르는 신도가
생기면 그들은 저희들을 떠받들도록
그 신도들을 만들기 시작하며,
7 그리고 그들은 나 여호와의 뜻에 따라
만백성을 가르치는 것이 아니라, 나
여호와만이 저희들을 심판할 수 있으
며, 저희들을 받들어 지금까지 이루어
놓은 신도들은 저희를 심판할 수 없다
그리 말함이니,
8 오로지 저희를 심판하는 자는 하나님,
나 여호와밖에 없다고 그리 말하느니
라.
9 그리하여 그들은 우리 부자 이름을 앞
세우기 시작하여 그 신도들을 깔고 앉
아 추하고 더러운 짓을 하기 시작하
며, 양심에 부끄러운 행동도 서슴지
않고 행하게 되는 것이 너희 종교 지
도자들이 지금까지 흘러온 형태인 것
이니라.
10 그리하여 너희들은 광신자와 맹신자
를 잘 골라 조정하며 그들을 이용하여
수없는 죄를 짓기 시작함이니,
11 이것이 바로 너희 종교 집단이 지금까
지 이루어 놓은 그 실태가 아니라면,
너희들은 과연 내가 지금 나의 아들을
통하여 법전에 기록하는 이 내용을 어
찌 생각하는가?
12 어렵고 힘든 너희들이 성전이라는 것
을 짓고 이루어 가기 시작하며 너희들
에게 경제력이요, 힘이 생기면 너희를
따르고 원하는 그 백성들을 깔고 앉기
시작하며, 그들에게 어떠한 행위로써
지금 이끌어 가고 있는가?
13 내가 지금 나의 법전에 기록하는 이
내용이 정녕 거짓된 것이며, 너희들과
관계없는 이야기를 내가 너희들에게
내린다 생각하는가?

14 너희들이 진정한 나 여호와의 구원의 길을 위하여 그들을 이끌어가며, 너희들이 진정한 믿음 속에서 처음에 시작했던 어렵고 힘들었던 그 마음과 같이 일관되게 나를 경배하고 따랐다면, 내가 너희들에게 지금 제3의 시대에 나의 법전을 세상에 내려보내 나의 아들을 통하여 나의 성령이라 하여 이와 같이 어렵고 힘든 160권의 대장정의 역사를 만들지 아니하였을 것이니라.
15 너희들을 이대로 더 이상 방치했을 때 너희들은 어찌 가겠는가?
16 종교 지도자 너희들은 사욕에 눈이 어두워 나 여호와가 존재하는 것까지도 망각하며, 너희 스스로 나를 부정하는 행위를 하고 있음이니라.
17 그리하여 너희들이 그와 같이 나의 피조물 만백성을 간교한 방법으로 이용하여 속이고 그들 앞에 만행을 저질러 와서, 이제는 더 이상 견딜 수 없으며 더 이상 너희들이 감추고 이끌고 갈 수 없는 그와 같은 형국에 이름이니,
18 너희 스스로 살아남기 위하여 종교 전쟁이라 하여 나의 피조물 만백성이 고통을 겪고 생명을 잃는 그와 같은 것을 이루고 행할 자들이 너희들이니라.
19 그리하여 나의 불쌍한 백성들을 구하고 너희들을 그 희생에서 구원하고자 내가 제3의 시대를 열어 지금 나의 법전을 세상에 내려보냄이니, 이를 읽고 깨우쳐 너희들이 스스로 깨달음의 길을 가야 될 것이며,
20 맹종하며 맹신하는 나의 백성 너희들은 스스로 너희 자신이 어디 있는가를 깨우칠 때가 되었음을 알아야 할 것이니라.

## 3,383 번째 하나님 말씀

*2002년 9월 17일 01시*

1 사랑하는 나의 아들아!
2 "네, 아버님! 말씀하옵소서."
3 지금 나의 피조물 만백성이 수천 년 역사가 흐르는 동안에 오로지 하늘에 오르는 길이요, 영혼의 구원의 그 길을 위하여 모두를 다 바치며 살아온 백성들이 수없이 있음이니라.
4 그러나 구원의 길이라 하여 따라가고 그들의 설교에 귀 기울여 살아가는 너희들은 지금 어떠한 형국에 이르러 있는가?
5 그들이 지은 성전에 가서 기도하며 나를 경배하며, 너희에게 교리를 가르치며 너희들에게 설교하는 자, 그들이 과연 하늘의 뜻이 무엇이며, 하늘에 오르는 길이 무엇이며, 내가 성령에 비유하여 가르친 그 뜻이 무엇인지 과연 얼마나 깨우쳐 알고 있어 나의 피조물 만백성 너희들을 가르친다 생각하는가?
6 지금 종교 지도자라 말하는 그들은 금화와 은화를 거두어들여 저희들의 육의 삶의 영화를 위하여 그곳에 모두를 다 바침이니, 정녕 진정한 교리를 연구하는 자가 없음이니라.
7 그리하여 저희 자신들의 능력과 저희 자신이 가고 있는 그 한계를 모르고 있으며, 저 자신이 구원의 빛이 무엇이며 구원의 길이 어디서부터 오는 것이며 무엇을 어찌 배우고 깨우쳐야 구

원의 길로써 나 어호와의 품에 오는 것인지 그 자체도 모르고 있는 자들이 지금 가르치고 있음이니라.
8 종교 지도자라는 자들이 미래를 볼 줄 모름이니, 그들이 결국 무엇이더냐?
9 앞을 못 보고 걷는 소경과 같은 형국이니라.
10 지금 그것을 따라가는 나의 피조물 만백성 또한 어떠하던가?
11 저희들 자신의 위치를 깨닫지 못하며 자신의 자제력을 감당치 못하는 그와 같은 형국이요, 미래를 보지도 못하는 소경과 같은 종교 지도자 앞에 가서 배우는 나의 피조물 만백성 너희들이 소경의 그 형국과 다름이 없음이니라.
12 바로 앞을 보지 못하는 자가 미래를 보지 못하는 자에게 가서 다 똑같이 배움이니, 가르치는 자나 배우는 자가 다 앞을 보지 못하고 눈을 감은 그와 같은 자와 같음이니, 앞을 보지 못하는 자가 어찌 앞의 길을 가르치며 미래의 길을 인도한다 할 수 있겠는가?
13 그리하여 가르치는 자도 앞을 못 보며 배우는 자도 앞을 못 보니, 둘이 다 구렁텅이에 빠지는 그와 같은 형국이 지금 나의 피조물 만백성 너희들이 성전이라는 곳에 가 기도하고 경배하며 그 곳에 가 교리를 들으며 설교를 듣는 그와 같은 형국이니,
14 가르치는 자와 배우는 자가 다 똑같이 지금 지옥으로 가고 있는 그와 같은 형국임을 너희들은 알아야 될 것이니라.
15 자신과 미래에 대해 내가 지금 이루고자 하며 가고 있는 것이 무엇인가도 모르는 그들에게 너희들은 재물과 시간 모두를 다 바쳐 그들의 세 치 혓바닥에 현혹되어 너희들 자신을 돌아다보지 못하는 그와 같은 삶에서 돌아설 수 있는 그 용기를 갖춘 자, 그와 같은 자만이 구원을 받을 수 있는 것이며, 구원의 길에 오를 수 있음이니,
16 너희들은 앞을 못 보는 자 앞에 가서 앞을 못 보는 자의 형국이 되어 그들에게 길을 인도해 달라고 너희 모두를 다 바치고 맡기는 그와 같은 어리석은 행위를 더 이상 해서는 아니 될 것이니 그리 알라.
17 너희는 육에서 행하는 그 모든 것을 지금 보지 못하고 있음이니라.
18 다음 세대의 영혼을 위한 그 삶을 너희들이 바라볼 때, 너희들이 육의 삶을 어찌 살아야 될 것이며 오늘의 삶을 얼마나 소중한 자세로써 살아가야 될 것인지 그것을 알게 될 것이니,
19 너희들은 육의 삶에 행해지는 그 모두에 너희 모두를 다 던지고 살아감이니, 영혼이 이루고자, 영혼이 행하고자 함을 너희들이 모르기에 너희들이 오늘의 육의 삶의 환경에 처해 있는 그 위치를 모름이니,
20 너희들은 영혼의 세상이 있음을 먼저 깨우쳐 오늘의 삶을 바라다볼 수 있는 그와 같은 현명함을 깨우쳐야 될 것이니 그리 알라.

# 부 록

【하나님께서 가르쳐 주신 운동】

천재지변이 일어날 때, 동물이나 미물들은 미리 알고 대피하지만, 인간은 알지 못하고 큰 화를 당합니다. 하나님께서 인간에게 가장 높은 지혜를 주시고 완벽하게 창조해 주셨기에 동물들보다 더 잘 알 수 있지만, 욕심으로 마음이 혼탁해져서 한 치 앞을 보지 못하는 것입니다.

마찬가지로, 인간은 누구나 스스로 필요한 운동을 해서 건강을 지킬 수 있도록 하나님께서 만들어 주셨습니다. 우리의 머리에서 우리 몸에 필요한 동작을 해 달라고 끊임없이 신호를 보내지만, 인간이 혼탁하게 살아서 그 신호를 알아채지 못합니다. 그러니 자연스럽게 자기 몸이 원하는 그 신호를 따라서 운동하는 것이 하나님께서 가르쳐 주신 운동 방법입니다. 바로, 우리의 영이 육을 이끄는 운동입니다.

▶ 하나님 운동법

1. 눈을 감고, 발을 어깨너비로 벌리고 바르게 선다.
2. 몸에 힘을 풀고, 허리를 숙이면서 손과 머리를 아래로 내린다.
3. 허리를 펴고 싶을 때, 천천히 펴면서 하고 싶은 동작을 하면 운동이 시작된다. (사람마다 다르다.)
4. 멈추지 말고, 어떤 동작이든지 자기 몸의 느낌대로 계속 이어서 한다.

▶ 참고 사항

① 눈을 감은 상태로 아무 생각 하지 않고, 자기 몸의 느낌대로 움직입니다.

② 마음을 비우고, 욕심을 버리고, 지난 날의 잘못을 반성하면서 몇 차례 시도하다 보면, 자기도 모르게 하고 싶은 동작이 끊임없이 생깁니다.

③ 운동 장소는 방 안이든 운동장이든 관계없으며, 걷거나 달리고 싶을 때는 눈을 떠도 됩니다.

④ 매일 40분 이상, 주 4회 이상, 3개월 이상 하면 음식 조절에 들어갑니다.
- 음식으로 생긴 병은 음식으로 치료하게 되며, 어떤 음식을 먹어야 하는지 스스로 알게 됩니다.
(자기 몸에 필요한 음식만 먹고 싶어집니다.)

⑤ 사랑하는 사람과 함께 운동하면 서로 치료해 주기도 합니다.

⑥ 운동을 하다가 몸의 어느 한 부분을 계속 손으로 자극한다면 그쪽에 이상이 있는 것이니, 의사에게 상담을 받고 적절한 치료를 받으면 됩니다.

⑦ 다이어트 및 기타 건강관리에 효과적입니다.

⑧ 꾸준히 운동하여 영이 맑아지면, 자신의 과거와 미래를 스스로 보게 됩니다.

누구나 스스로 하실 수 있습니다.

# 간 행 사

### 《새로운 성경》은:

· 새로운 성경은, 하나님께서 선량하고 선한 자를 선택하여 십계명을 암송하도록 하시고, 십계명을 암송한 다음에 음성으로써 들려주시는 말씀을 듣고 그대로 카세트테이프에 녹음해서 받아쓴 책입니다.

· 90분짜리 녹음테이프 700여 개에 달하는 말씀으로, 1999년 8월부터 2004년 7월까지 총160권(권당 288쪽)을 완성하였으며, 그 이후에도 현재까지 계속 말씀을 내려 주고 계십니다.

· 새로운 성경은 "하늘을 두루마리 삼고 바닷물을 먹물삼아 쓰고 써도 다 못 쓴다"는, 끝없이 방대한 하나님의 말씀이 두루마리로 직접 내려오는 것입니다. 이러한 새로운 성경은 구약과 신약을 폐하려는 것이 아니라 "인봉된 성서의 비유의 뜻"을 상세히 설명하여 완성하고자 하나님께서 직접 내려 주신 말씀입니다.

### 《새로운 성경》의 구성:

· 제 목: 2013년, 160권 모음집을 발간하면서, 본 도서의 제목을 "하나님! 말씀하옵소서"에서 《새로운 성경》 으로 명해 주셨습니다.

· 단행본: 각 권당 288쪽(신국판) 책이 160권까지 시리즈로 출판됩니다.
(모음집은 단행본을 16권씩 묶어서, 총 10부로 구성됩니다.)

### 《새로운 성경》의 성경적 근거:

· 신약 성경 [요한복음] 16장 13절에 "진리의 성령이 오시면 그가 너희를 모든 진리 가운데로 인도하시리니 그가 자의로 말하지 않고, 오직 듣는 것만을 말하며" 하신 말씀처럼 하나님의 음성을 들은 것만 기록하였으며,

· "장래 일을 너희에게 알리시리라" 하신 말씀과 같이 개인, 나라, 인류의 "장래"일을 하나님께서 알려 주시는 것만 기록하여 책으로 만들었습니다.

### 《새로운 성경》의 기록 방법:

· 1999년 8월부터 하나님께서 저에게 들려주시는 음성을 기록하였습니다. 처음에는 제가 들은 말씀을 불러 주면 저의 아내가 기록하여, 2000년 1월 29일에 1권 초판이 세상에 나왔습니다. 2000년 4월부터는 주시는 말씀을 받아 녹음기에 기록하여 시리즈로 출간하기 시작하였습니다.

· 녹음을 시작하면서 하나님의 말씀을 받는 데 가속도가 붙었고, 2001년 5월 3일에 1부(1~16권까지)를 인쇄하여 출판하였으며, 2004년 7월까지 총160권 분량의 말씀을 받아 기록하였습니다.

### 하나님께서 저에게 주신 것은:

· 첫째, 만백성을 상대로 내려 주시는 "기도", 둘째, 수시로 내려 주시는 "묵상", 셋째, 개인의 과거, 현재, 미래를 알려 주시는 "개인 기도", 넷째, 개인의 건강을 위해서 내려 주시는 "음식 처방", 다섯째, 하나님께서 가르쳐 주신 "운동"등이 있습니다. 이 중에 첫 번째, "기도"를 책으로 편찬하였습니다. 사람의 생사, 개인의 미래에 관한 천기는 수록하지 말라 하셨습니다.

### 강론 안내:

· 하나님께서는 지금도 매일 저에게 새로운 하늘의 비밀의 말씀을 내려 주고 계십니다. 수시로 내려 주시는 말씀을 정리해서 제자를 육성하라는 말씀에 따라 매주 강론을 하고 있습니다. 누구나 무료로 들으실 수 있습니다. (book160.com)

### 《새로운 성경》을 읽는 분들에게 드리는 선물:

· 개인 기도: 개인의 과거, 현재, 미래에 관하여 말씀을 내려 주십니다.

· 음식 처방: 사람은 음식을 먹고살다가 건강을 잃으니, 음식과 운동으로 건강을 되찾는 방법을 알려 드립니다. 단, 하나님이 계심을 믿고, 십계명을 지키겠다고 진실로 서약하는 분들께 알려드립니다.

### 《새로운 성경》의 은혜와 기적:

· 새로운 성경 전160권은 16권씩 묶어서 총 10부의 모음집으로 구성됩니다. 모음집 한 부를 읽고 깨우치는 자에게 하나님께서 다음과 같은 기적이 있다고 하셨습니다.

· "첫째, 그가 죽어 하늘에 갔을 때 그의 죄를 묻지 아니하며, 구원을 받는 위대한 은혜가 있으며, 둘째, 그의 소원과 소망이 이루어지고, 셋째, 죽은 자(부모, 형제, 자식, 사랑하고 은혜 입은 분)의 이름으로 구입한 책을 읽고 누군가 한 사람이 깨우칠 때, 그 죽은 자가 지옥에서 천국으로 구원을 받게 되며, 넷째, 유산, 중절 수술 등으로 태어나지 못한 아이를 위하여 구입한 책을 보고 한 명이 깨우쳤을 때, 그 아이가 사람으로 다시 한 번 태어나는 은혜를 받는다."

· "새로운 성경"을 3회 이상 정성을 다해 정독하는 자, 성서의 비밀을 알게 되고, 세상의 이치를 알게 되며, 세상을 지배하고 통제할 수 있는 지혜를 다 얻게 된다고 하셨습니다. 이 책은 만백성이 정독하고 이웃에게 전하여, 평생 가슴에 묻은 슬픔과 고통의 짐을 벗고 미래를 위한 힘찬 삶을 살아가도록 하는 책입니다.

## 끝으로

· 하나님께서는 흰 눈이 세상을 덮듯이 새로운 성경을 온 세상에 전하라고 하셨습니다. 《새로운 성경》을 각국어로 번역해서 온 인류에게 구원의 길을 깨우쳐 주고, 그 수익으로 가난하고 어려운 백성을 구제하여, 만백성의 영과 육을 함께 구원하는 선지자의 임무를 수행하라고 저에게 명하셨습니다.

· 하늘에서 내려 주신 말씀의 보화를 만백성에게 나누어 주는 것이 선지자의 임무라고 하셨습니다. 새로운 성경을 통해서 얻는 재물을 사용할 곳도 하나님께서 일일이 명해 주십니다. 모든 재물은 저의 자의로 쓸 수 없고, 하나님께서 명하시는 대로만 쓰여집니다.

· 어떤 명분으로든 십일조나 각종 헌금을 거두어들이지 말라 하셨으며, 국내뿐 아니라 각국에 성전과 단독 서점을 운영하며, 한국의 많은 젊은이들을 전 세계에 지도자로 내보내라고 하셨습니다.

· 우리는 세계적으로 새로운 성경을 보급하며 어려운 이들을 돕는 역사를 해 나갈 것입니다. 지금까지 비록 몇 명 안 되는 제자들과 함께 이러한 일을 역사했지만, 앞으로도 계속 하나님께서 기뻐하시는 일들을 해 나갈 것입니다. 부족한 저희에게 여러분들의 지혜와 성원을 보내 주시기를 바랍니다. 많은 분들의 참여와 도움을 간절히 기다립니다. 감사합니다.

한국어로 내려온 《새로운 성경》 단행본을 출간하며
2016년 4월 10일

발행인 **김 용 철**

한국어로 내려온

# 새로운 **성 경** · 3부 · 제46권


지은이 하나님 말씀
대역자 김용철





초판인쇄 1쇄 2009년 11월 21일
재판인쇄 1쇄 2017년 4월 3일

펴낸 곳 도서출판 하얀마음
등록번호 제 10-2107호 (2001년 2월 14일)
주소 서울시 노원구 덕릉로86길5, 2층
전화번호 02) 313-1114
팩스 02) 393-5554
전자우편 book160@hanmail.net
편집위원 조나영 김미향 이석교
제작지원 김철종 조현숙 김영환 이계숙

도서상담 1600-7527
ISBN 978-89-5875-146-5 (04230)
978-89-5875-100-7 (세 트)

값 10,000원
잘못된 책은 구입하신 곳에서 바꾸어 드립니다.


※이 책은 10부로 제작되며, 각 부 16권씩 총160권으로 구성됩니다.※

| 1부 | 2부 | **3부** | 4부 | 5부 | 6부 | 7부 | 8부 | 9부 | 10부 |
|---|---|---|---|---|---|---|---|---|---|
| 1권 | 17권 | 33권 | 49권 | 65권 | 81권 | 97권 | 113권 | 129권 | 145권 |
| 2권 | 18권 | 34권 | 50권 | 66권 | 82권 | 98권 | 114권 | 130권 | 146권 |
| 3권 | 19권 | 35권 | 51권 | 67권 | 83권 | 99권 | 115권 | 131권 | 147권 |
| 4권 | 20권 | 36권 | 52권 | 68권 | 84권 | 100권 | 116권 | 132권 | 148권 |
| 5권 | 21권 | 37권 | 53권 | 69권 | 85권 | 101권 | 117권 | 133권 | 149권 |
| 6권 | 22권 | 38권 | 54권 | 70권 | 86권 | 102권 | 118권 | 134권 | 150권 |
| 7권 | 23권 | 39권 | 55권 | 71권 | 87권 | 103권 | 119권 | 135권 | 151권 |
| 8권 | 24권 | 40권 | 56권 | 72권 | 88권 | 104권 | 120권 | 136권 | 152권 |
| 9권 | 25권 | 41권 | 57권 | 73권 | 89권 | 105권 | 121권 | 137권 | 153권 |
| 10권 | 26권 | 42권 | 58권 | 74권 | 90권 | 106권 | 122권 | 138권 | 154권 |
| 11권 | 27권 | 43권 | 59권 | 75권 | 91권 | 107권 | 123권 | 139권 | 155권 |
| 12권 | 28권 | 44권 | 60권 | 76권 | 92권 | 108권 | 124권 | 140권 | 156권 |
| 13권 | 29권 | 45권 | 61권 | 77권 | 93권 | 109권 | 125권 | 141권 | 157권 |
| 14권 | 30권 | 46권 | 62권 | 78권 | 94권 | 110권 | 126권 | 142권 | 158권 |
| 15권 | 31권 | 47권 | 63권 | 79권 | 95권 | 111권 | 127권 | 143권 | 159권 |
| 16권 | 32권 | 48권 | 64권 | 80권 | 96권 | 112권 | 128권 | 144권 | 160권 |